華人文化主體性研究叢書

上田義文唯識學論文集

——色即空．空即色——

上田義文——著
陳榮灼——編譯

國家圖書館出版品預行編目(CIP)資料

色即空・空即色：上田義文唯識學論文集 / 上田義文著；陳榮灼譯. -- 初版. -- 臺北市：國立政治大學政大出版社, 國立政治大學華人主體性文化研究中心出版：國立政治大學發行, 2022.03
面； 公分. --（華人文化主體性研究叢書；A2003）
ISBN 978-626-95670-2-7（精裝）

1.CST: 唯識 2.CST: 佛教哲學 3.CST: 文集

220.12307 111003514

華人文化主體性研究叢書A2003

色即空・空即色：上田義文唯識學論文集

作　者｜上田義文
翻　譯｜陳榮灼

發 行 人　郭明政
發 行 所　國立政治大學
出 版 者　國立政治大學政大出版社
合作出版　國立政治大學華人主體性文化研究中心
執行編輯　林淑禎
地　　址　11605臺北市文山區指南路二段64號
電　　話　886-2-82375669
傳　　真　886-2-82375663
網　　址　http://nccupress.nccu.edu.tw

經　　銷　元照出版公司
地　　址　10047臺北市中正區館前路28號7樓
網　　址　http://www.angle.com.tw
電　　話　886-2-23756688
傳　　真　886-2-23318496
戶　　名　元照出版有限公司
郵撥帳號　19246890

法律顧問　黃旭田律師
電　　話　886-2-23913808

初版一刷　2022年3月
定　　價　400元
I S B N　9786269567027
G P N　1011100385

政府出版品展售處
- 國家書店松江門市：104臺北市松江路209號1樓
  電話：886-2-25180207
- 五南文化廣場臺中總店：400臺中市中山路6號
  電話：886-4-22260330

謹以誌念
河村澄雄教授
（Dr. Leslie Kawamura）
【1935-2011】

對於林鎮國與林淑芬兩位教授及
黃雯君女士的熱心協助與幫忙，
謹表衷心的感謝！

目　次

譯者導言

近百年來，日本佛學研究十分鼎盛，可說是人才輩出，成果斐然。日本學者那種能夠直扣梵文原典、出入漢藏譯論的本領，以及虛心向歐美學界學習和交流的胸懷，都使人讚嘆不已！

迄今為止，日本佛學界之主要成就是在「印度佛學」，特別是「中觀學」（Mādhyamika）和「唯識學」（Yogācāra）方面之研究。由於不少重要的相關梵文原典之先後被發現，加上藏譯的校訂本通行，使得「中觀學」和「唯識學」研究在日本成為顯學。日本在這兩方面之專家學者真是數以百計。而整個當代日本佛學研究之人口至少達至八、九千人以上！[1]

基本上，日本佛學界之成果仍多偏重於「文獻學」（philology）之層次。一般而言，日本學者都擅長於考據、訓詁和翻譯；但在求意解文、義理分析上之表現則仍有頗嫌不足之處。不過，上田義文（1904-1993）在唯識思想研究方面之貢獻則是絕對的例外，這乃係昭和年代日本佛學界的一塊瑰寶！

「唯識宗」在印度原稱「瑜伽行派」（Yogācāra School），其開宗人物是彌勒（Maitreya）、無著（Asaṅga）、世親（Vasubandhu）。

1　請參照：林傳芳，《日本的佛學研究》（臺北：獅子吼月刊出版社，1970）。

三者之間既有傳承關係，也存在發展上的開拓。雖然瑜伽行派的學說之基本規模至世親已大體上完成，但在世親之後，於印度本土即出現所謂「十大論師之爭」。[2] 其中，就現存資料所能見出者，十分清楚，至少有安慧（Sthiramati）和護法（Dharmapāla）兩大系的分歧。

而瑜伽行派在傳入中國之初，亦首先產生了所謂地論宗「相州南北道」之爭，繼而在真諦（Paramārtha）來華後，其弟子又開創了「攝論宗」。後來，為了結束這種眾說紛紜的局面，唐玄奘遂遠赴天竺，而於去國十七年之後，重返故土而開出「法相宗」。在本質上，玄奘所傳回者實屬護法之體系，顯然與真諦所傳譯者迥異。可是，究竟真諦所傳的「唯識古學」與玄奘所傳的「唯識新學」之間差別何在？又孰是孰非呢？由於唯識之學在中國的傳播只屬曇花一現的現象，因而很少人去探究這些問題。不過，大抵由於玄奘師弟的影響比較大，所以一直以來均以「奘傳唯識」為瑜伽行派之正宗。而近代由歐陽竟無所創立的「支那內學院」，更直以遙承奘基之學統為其職志所在！但是，這種「重玄奘新譯、輕真諦舊譯」之風氣，卻由於日本學者宇井伯壽喊出「回歸真諦」之口號而為之一轉。加上寺本婉雅和山口益等人先後從藏譯和梵文原本整理出《安慧釋》之論點，更加速了唯識原義之研究。可以說，關於「安慧釋唯識思想」之定性問題，對於釐清「唯識古學」與「唯識新學」之本質差別，是起著關鍵性決定作用！

雖然宇井伯壽撰述了《攝大乘論研究》、《印度哲學研究》（第

2 所謂「十大論師」，相傳是指德慧、安慧、親勝、難陀、淨月、火辨、護法、勝友、勝子、智月等十人。

6卷）等一系列巨著，試圖為「真諦唯識」翻案。不過，由於宇井將真諦唯識定位為「真心派」── 即等同於《大乘起信論》式「如來藏緣起系統」，因此，儘管他也很能對比出「安慧釋」與「護法釋」間之差別，卻仍無法做到以安慧之立場來釐清真諦唯識的真貌，更遑論有藉此以達致恢復彌勒、無著、世親之原義的鴻圖。另一方面，山口益及其高足長尾雅人仍然獨尊護法系，奉奘傳唯識為瑜伽行派之正宗發展。而儘管山口和長尾等人見出「安慧釋」與「護法釋」的一些不同之處，但卻認為兩者之間並無本質上的差別。在此一錯綜複雜的局面中，上田義文（1904-1993）的工作獨樹一幟。他一方面反對其師把真諦定位為「真心派」之做法，另一方面他迥異於長尾，矢志要釐清「安慧釋」與「護法釋」之本質差異，從而揭示「安慧釋」與「真諦釋」之一致性，以圖恢復彌勒、無著、世親之原義。而於究明「安慧釋」之真貌上，上田非常詳盡分析了「識轉變」（vijñānapariṇāma）和「唯識」（vijñaptimātratā）這兩個基本概念的本質意義。上田所顯示出來之絲絲入扣的分析功夫，毫不遜色於當代西方分析哲學家。

儘管宇井伯壽本人十分讚嘆其弟子之工作，但是，在當代日本佛學界上田卻處於一種異端的地位。而對於上田的唯識解釋，先後引起了來自長尾雅人、橫山紘一、勝呂信靜、高崎直道以及竹村牧男等人之批評。[3] 其中爭論的焦點主要包括了「識轉變」為「同時

---

3 上田與長尾之論爭可說是戰後日本佛學界最重要的一場論戰。對於來自橫山紘一、高崎直道等人的批評，上田本人嘗於其《梵文唯識三十頌の解明》（東京：第三之明社，1987）有所答辯。請參照：陳一標，《真諦唯識思想之研究》。近年來日本年青一代學者北野新太郎企圖仲裁上田與長尾之論爭，惜仍未能洞見「上田解」之精義。請參照：北野新太郎，〈三性說の變遷におけ

因果」抑是「異時因果」、「依他性」有無「相分」作為「內境」、「依他性由於分別性而為無」一陳述應如何了解，以及 vijñapti 能否譯為「表象」等等。當然，仍有一些著名的學者如服部正明、袴谷憲昭和海野孝憲等於不同之程度上支持上田之解釋。在本質上，這場論爭可說是「唯識古學」與「唯識新學」之爭的現代版。而這場仍未能蓋棺論定的論爭亦顯示了當代日本佛學界之生機蓬勃。特別是其中所涉及的豐富哲學問題尚有待更深入之了解！簡言之，從一純哲學的角度來看，這場論爭是關涉到唯識學在本質上：

（1）究竟是否為一「觀念論」（idealism）之立場？

（2）其「思維模式」，是否只局限於「知性的思維」、抑或已進至「辯證的思維」？

（3）其「真如觀」容許「性相永別」、抑或主張「性相圓融」？

可以說，經長尾雅人所下開的當代日本學界之正統立場，便將整個「唯識學」定性為「觀念論」之學說。這可以長尾的高足梶山雄一之下列陳述作為代表：

> 瑜伽行派說：我們之認識所投入的表象並非實在，由於是虛妄的，故不能說現象存在。不過，由於自有作為表象之基體，及超表象之實在自體（vastu-mātra）存在，所以雖然現實世界並非真實的，但是作為表象之基體的物自體並非表象，而仍係真實的（Erich Frauwallner, *Die*

る世親の位置——上田，長尾論争をめぐって〉，《国际仏教学大学院研究紀要》2（1999），頁 69-101。

> *Philosophie des Buddhismus* [Frankfurt am Main: Akademie Verlag, 1969] pp. 267-268）。現實世界不過是此之錯誤表象，而最高之真實則是離脫這虛妄的心。

又：

> 此真實一方面是唯一的，另一方面則是內在於有情的精神。這種觀念論的立場認為：迷染的存在世界本來是絕對的清淨，只是由於心遇到偶然而來的汙垢所覆蓋，方有表象出現。與只見出現象世界不過是相依性而在這一意義上為空的龍樹不同，將現象世界視作心之表象而為空，乃是這一學派的哲學之出發點。換言之，儘管表象世界是空的，但這裡所剩下的心卻是根源的實在。現象世界只是心之表象而已。[4]

而上田的解釋，可說是對於這種當代日本佛學界之主流了解的根本反動。在提倡以「三性」作為整個唯識學之基盤上，上田極力反對將護法系的觀念論立場擴及至整個唯識本義，他並且主張唯識學在本性上首先應是一「認識論」。因而上田特別回到真諦將「依他性－分別性」等同為「能緣－所緣」之基本立場。上田還通過安慧與真諦均主張「分別性為無，依他性亦為無」這一點來論證兩者之本質一致性。而將唯識學的「辯證的思維」性格凸顯出來，則更是上田之革命性貢獻。在上田眼中，長尾等人之所以未能恰如其分地了解安慧、真諦乃至整個唯識本義，均是根源於他們仍然囿於「知

4　梶山雄一，〈「唯識三十頌」解說〉，長尾雅人等編，《大乘佛典 15 世親論集》（東京：中央公論社，1976），頁 414-422。

性的思維」之局限。此外，長久以來，我們都知道唯識宗之「轉識成智」理論深受非議，特別是遭受到來自華嚴宗人如法藏之嚴厲抨擊，這使得唯識宗在中國之傳播蒙受極大的負面影響。然而，上田的研究辨明：造成唯識學轉依理論之困難的病因只不過在於主張「性相永別」的「真如觀」，而這種「真如觀」只屬護法—玄奘「唯識新學」之主張；與此不同，唯識本義乃是提倡「性相圓融」。因此，不但代表唯識本義之「唯識古學」的「真如觀」可避免法藏式之批判，而且建基於此種「真如觀」之上的「轉依理論」，亦無如存在於法相宗之困難。

一言以蔽之，於回歸真諦唯識之本來面目上，上田一方面將唯識學從「超越觀念論」（transcendental idealism）〔即視先驗清淨心為一切法之根源〕的詮解中解放出來——與宇井伯壽相反；另一方面把唯識學從「經驗觀念論」（empirical idealism）〔即視經驗意識為一切法之根源〕的發展方向扭轉回來——與長尾雅人相反。而正是在將整個唯識學定性為一「認識論」立場上，上田真正落實了宇井伯壽之「回歸真諦」的信念。同時，安慧釋之無可取替的珍貴價值，於此方可真正地得到極成。[5]

整體而言，上田之佛學研究存在一「十字打開的格局」：於「縱貫面」、上田深入地辨別了「唯識古學」與「唯識新學」的差異所在，而且能將之提升至哲學的層次來加以釐清。特別是於恢復「唯識學」之本來面目的努力上，迄今為止尚無人能出其右。而於

---

5 霍韜晦教授的《安慧「唯識三十頌釋」》（香港：香港中文大學出版社，1980）顯深受山口益和長尾這一系解釋所影響，因而主張將 vijñaptimātratā 譯作「唯表」（頁 111ff），並將安慧的唯識思想定性為「主觀觀念論」（同上書，頁114-115）。

「橫切面」、上田不但拓清了印度佛教——尤其是唯識學——與漢傳佛教中種種不同之「心識說」的差別，而且還透過一種多元相互補充之方式來對待，充分地體現了其所認同的「唯識古學」之「性相融通」精神。又能從「方法論」之視野作出反思，於現今仍在日本佛學界蔚為主流的「文獻學方法」之外，非常強調對「存在的進路」之兼顧，以重返佛陀的初心。這亦重申了瑜伽行派之重「實踐」傳統。

如果從一發展哲學的角度來看，則上田之工作之整個意義，可以通過下面兩點加以闡明：

首先，內在於佛教發展史上，作為中觀學派之復興人物的清辯（Bhāvaviveka）和月稱（Candrakīrti），曾先後對唯識學作出批判。其中月稱的批判尤為嚴厲，這大大打擊了唯識學在印度之發展。即使後來在印度還有由寂護（Śāntarakṣita）和蓮花戒（Kamalaśīla）所創立的「瑜伽行中觀派」（Yogācāra-Mādhyamika School）出現，但在這一合流中，唯識學顯然已淪為附中觀學之驥尾了。這種現象在「藏傳佛學」中尤為明顯：作為主流的格魯派在理論上完全以中觀為圭臬，瑜伽行只是在實踐、修行之層次上被保留下來。

其實，清辯所針對的乃是護法的「三性說」，而月稱所批判者則是唯識之觀念論立場。如果唯識學正如上田所指出在本質上並非一觀念論立場，而其觀念論立場只不過是偏離了無著、世親原義的護法系之扭曲性發展的結果，那麼，由安慧和真諦所代表的「唯識古學」思想，應還可有與中觀思想抗衡甚至融合之潛力。

其次，外在於佛教而言，特別是從一「現象學」（Phenomenology）之觀點來看：真諦「唯識古學」與玄奘「唯識新學」之爭論，和沙特（J.-P. Sartre）「指述現象學」與胡塞爾（E. Husserl）「觀念論現象學」的相違十分相似。基本上，現象學與唯識學同屬「意識哲學」（Bewusstseinsphilosophie / Philosophy of Consciousness）——視「意識」為整個「哲學」之核心概念。作為現象學奠基人之胡塞爾後期與護法—玄奘一樣主張觀念論之立場；而另一方面，沙特和真諦—上田相同，都是反對將「意識哲學」帶往「觀念論」之方向發展。特別地，沙特之反對胡塞爾的「內在對象」（immanent object）一概念，與真諦—上田不承認有所謂「內境」之存在，兩者之間確有異曲同工之妙！[6]

當代西方哲學之主流發展可以說是「語言哲學」（Sprachphilosophie / Philosophy of Language）——主張以「語言」為整個「哲學」之核心概念——與「意識哲學」的抗衡。其中，「語言哲學」的主將是提出「溝通行動理論」之哈伯馬斯（J. Habermas），而作為當代「意識哲學」之代表則是「現象學」。從哈伯馬斯對現象學之批判可以見出，其實他所針對的不外是胡塞爾的「觀念論」立場。基本上，其論證之有效範圍只局限於「觀念論式意識哲學」（idealistic philosophy of consciousness）。可是，在現象學運動中，反對觀念論者大有人在，如同沙特、梅露・龐蒂（M. Merleau-Ponty）便屬其中之佼佼者。簡言之，法國現象學所發展出來的主流便是「反觀念論式意識哲學」（anti-idealistic philosophy of consciousness）。因此，當我們見出真諦與安慧的唯識思想和沙特的現象學之本質相類點，則通過沙特之思想不但可以為「唯識古學」提供一嶄新的現代解釋，而且，另一方面，作為一種「非觀念

6　此方面請參閱拙作，《上田唯識思想之研究：現象學的進路》（新竹：國立清華大學出版社，2022）。

論式的意識哲學」，「唯識古學」也可以參與跟哈伯馬斯等所代表之「語言哲學」的論戰，從而展示出其在當代之相干性。

準此而觀，上田義文的唯識解釋使得唯識學無論在佛學內部或外部，在思想史上的定性或在當代哲學發展中的定位，都可重新獲得一種正面的清新形象。

最後，本論文集之能夠編譯成書，首先要感謝上田義文教授本人之肯首和支持，除了提供部分原文之抽印本或影印本外，還特別為本書撰寫一長文作為代序。其不吝指導和主動參與的精神實在使人刻骨難忘！其次要感謝我的日文老師田中更女士及其先生陳文政教授之熱心幫忙。若非田中老師悉心教導，個人對於日文，只能停留於略識之無的階段。此外，對於吳汝鈞學長和鈴木仁子女士之鼓勵與幫助，表示衷心的銘謝！還有許洋主老師之慨允其所譯之〈瑜伽行派之根本真理〉一併收錄於本集，更是銘感不已！

由於種種未能預料之原因，早已譯出的本書一直延至今天才出版。十分遺憾，期間上田教授與陳文政教授先後辭世。又若非陳一標教授伉儷及其多位學生之熱心協助，恐怕還會延誤，這也是要一併感謝的！

【附】

日本學界環繞「上田唯識解釋」之論戰文章目錄：

長尾雅人，〈唯識義の基盤としての三性說〉（〈作為唯識基盤的三性說〉），長尾雅人，《中觀と唯識》（東京：岩波書店，1977），頁455-501。

橫山紘一，〈世親の識轉變〉，見平川彰等編，《講座大乘佛學》第 8 冊《唯識思想》（東京：春秋社，1984），頁 113-144。
勝呂信靜，〈唯識說の體系の成立〉，同上書，頁 77-112。
高崎直道，〈瑜伽行派の形成〉，同上書，頁 1-42。
竹村牧男，〈彌勒論書の三性說〉，《筑波大學哲學・思想論集》第 15 號（1990），頁 155-188。

有關「上田唯識解釋」之中文研究資料目錄：

陳一標，《真諦唯識思想之研究——以《轉識論》為中心》（臺中：東海大學碩士論文，1992）。
蔡伯郎，《「中邊分別論」之三性說》（臺中：東海大學碩士論文，1992）。
陳榮灼，〈論唯識學與華嚴宗之「本性」—— 對《佛性與般若》之兩點反思〉，《鵝湖學誌》第 4 期（1990），頁 79-86。
陳榮灼，〈唯識學之「真」「妄」問題〉，《鵝湖學誌》第 8 期（1992），頁 1-28。
陳榮灼，〈唯識宗與現象學中之「自我問題」〉，《鵝湖學誌》第 15 期（1995），頁 47-70。
耿晴，〈《辯中邊論》頌文中的兩種唯識三性說模型〉，《臺大佛學研究》28（2014），頁 51-104。

代序：何謂「唯識」(Vijñaptimātratā) ？

長尾教授之著作《攝大乘論和譯》上、下二卷（東京：講談社，1982-1987）將「vijñapti」全部譯作「表象」。此外，亦有數位學者採用相同的譯語，大抵此乃現代日本佛學界之一般傾向。不過，愚見卻認為此一譯語乃屬錯誤。其主要理由有二：首先，從玄奘、真諦二大家開始，所有的漢譯者都將之譯作「識」，而從沒有譯作「表」者。無疑，由「表業」、「無表業」這些漢譯中可知「表」之原語乃是「vijñapti」，此等漢譯者顯然均以為「vijñapti」是「表」之意義；然若不拘此點，於 vijñaptimātratā [唯識說] 之場合中的「vijñapti」，則常譯作「識」，而非譯作「表」的。這裡，與「vijñāna」不同之「vijñapti」雖亦含有「表」之意義，但「vijñapti」之基本意義則是「識」；因此之故，唯識說之「識」，必然是「識」而非「表」。唯識說將 citta、manas、vijñāna、vijñapti 視為「同義」(synonym) 之基本了解立場，於世親《唯識二十論》之開首便表現出來。雖然今天日本之印度學、佛教學界有因西藏譯之研究大盛而輕視漢譯之傾向，但是，即使藏譯之研究盛行亦沒有減少漢譯之價值。無疑，漢譯不同於逐字直譯的藏譯，因而於梵文原典之推定上有所不便，不過，若從思想之研究的角度來看，則漢譯中有利之處不少。就漢譯者「意譯」之場合所見，中國人也好、日本人也好，都會認為漢文是比較容易表達的；而且，對於這些漢譯根本不必再作原典意義之推定，任何嘗對羅什譯或真諦譯作過研究的人都會知道此點的。何況，佛教梵語所採用與一般之「梵文」（saṇskrit）不同的獨特意義，這還得多要從漢譯方可知。而從思想研究之角度來看，更不能無視漢譯與藏譯下列幾點之差別：藏譯乃是印度大乘進入衰頹期之八世紀後所翻譯者，漢譯則屬自二世紀至七世紀印度大乘之最盛期中傳入中國時譯出的。在過去，六世紀之《成唯識論》，依華嚴宗之法藏所見，並非一般大乘佛教共通之本質（法藏稱之為「大乘權教」，原因在於其言「悟入之方式」與一般大乘不同），由此可見在此一時代已經顯示出印度大乘出現了根本的變化。自此以後的印度大乘，便喪失了創造的精神，一直到終結為止，其間所出現的論書多屬註譯或學院式之整理，而新的創造之作品只在邏輯學方面。此一問題十分重要，但在此不作詳論。

「Vijñapti」譯作「識」之場合與譯作「表」之場合，作為「能知與所知」之「認識論」關係存在「對反」之意義——「識」是「能識」（vijñāna）之意義，而「表」則是「所識」（vijñeya）之意義——因此之故，如果主張「vijñapti」應作為「表」的現代日本之佛學研究者的見解正確，則將「vijñapti」當作「識」之玄奘、真諦及其他漢譯者之見解顯然與此相對反，因而應被視為錯誤的。但是，我曾經（於拙著《梵文唯識三十頌の解明》〔東京：第三之明社，1987〕，頁 115）指出：那些在無著、世親之後不過一、二世紀時代，不但生長於印度，且長年累月地居住於此，通過瑜伽行之實修來理解唯識說之人，自然比起那些後於無著、世親十四、五個世紀，不但生長於與之遠離的異國，且只單憑文獻來從事研究的現代學者，無論在思想理解之正確或深度上，都必然來得更為優勝。

第二點理由是：《唯識三十頌》之〈第二十五頌〉承接著〈第二十四頌〉之「三種無自性」說：「因而，此就是諸法之勝義。此外，由於此就是真如，(所以)此直就是所謂『唯識』了。」如果所謂「唯識」即「vijñaptimātratā」中之「vijñapti」乃是「表象」，那麼，「見表象一事」便變成「真如」了；不過，顯然「識所現」者全屬「表象」，然則此可否稱作「真如」呢？我想任何通曉大乘佛教的人，都會十分清楚的！

宇井伯壽先生曾經宣稱：「vijñapti 並非指能識，而是以所識為其根本的意味，因此，必定會見到所表之意味重。」又說：「唯識之大綱領就是：一切法悉為於吾等之思惟範圍內浮現的存在。」(前引拙著頁 111) 其他很多的學者也有類似之見解。因此之故，這種見解可說是日本佛教學界對於唯識說之一般理解。這一傳統的理解之所以在日本佛教學界出現，自不待言乃是由於日本之唯識說研究向來以玄奘譯之《成唯識論》作為中心所致。《成唯識論》在解釋《唯識三十頌》之 vijñānapariṇāma(識轉變)時說：「變謂識體轉似二分，依自證起相見故。」這裡很清楚地表現出「『從』識之自體『變現』相分與見分」的思想。以此作為根據，「無論能見或所見，一切法均是『從』識(其根本就是阿賴耶識)所變現出來」這樣的思想，便擴大為一般對於唯識說之理解。但是，由於現代梵文原典之發現，與歷史的研究方法一併自西洋傳入，因而使得對真諦譯與其他異譯之比較研究成為可行。《唯識三十頌》之「識轉變」(vijñānapariṇāma)一概念，已被論證為與《成唯識論》之「識體轉化二分」的解釋完全不同(見前引拙著)。進而可知在《成唯識論》之前的無著、世親之唯識說中，並無《成唯識論》所有之「識轉變」思想。無疑，於無著、世親之唯識說中確有「識顯現似境」

的思想，只不過是那直至今日仍於一般廣為流行的傳統解釋，卻將之理解成為「識之境是由識變現出來者」之意味。

但這正是必須加以考察之二點理由中的第二者。依照梵文《唯識三十頌》之〈第二十五頌〉所言，「勝義」、「真如」均稱作「唯識」，如果此「識」（vijñapti）就是「表象」，那麼便變成了：「『僅只有表象』就是『真如』」，但顯然這並不是大乘佛教之思想；因此之故，此「vijñapti」並非「表象」。這必須如漢譯所示乃是「識」。而由於此「識」（能知）與「所識」（所知）為一「認識論」的關係，「識」自是「能識」，而「境」則是「所識」，所以所謂「僅『只有』識」這回事，必定是說：只有屬於「能知」之側的「識」是「有」，而屬於「所知」之側的「境」則是「無」。因而《唯識二十論》開首便說：「唯，為遣境之意」（matrām ity arthapratiṣedba-artham）。這樣，當問到：「只有識」是否就是「真如」呢？對於此一問題之回答，便會有「顯現為似境之識」（artha-ābhāsā-vijñaptiḥ）的思想。如上面所見，對於此一思想，那向來已於一般廣為流行之傳統唯識說的理解，都是將之解作「識之境不過是自識所變現出來的表象」般之思想。但是，也正如上面所已指出：如果以「為何『真如』會是『唯識』呢？」一問題作為主導來考察「顯現為似境之識」的思想，那麼，便會見出一種與傳統唯識說完全不同的理解之意義。然則，這會是一種怎麼樣的思想呢？當我們不引入「表象」這樣的概念，而單就文字來考察「識」與「境」時，則所謂「現似境」一語，其實是指「於取境（三界之一切法＝構成生死界的萬法）之形的識之前所現的東西（即識所見之東西）不外就是此一能見之識自身。」換言之，識便是於其境中見識自身，所識與能識於此為一，然而此中卻有這種關係出現：

只就「境」（所識）而言之範圍為限，則此顯非「識」（能識）；同樣地，只就「識」（能識）而言之範圍為限，則此顯非「境」（所識）。這裡，「境」與「識」有「相互否定」的關係；但是境與識更加有「成為合一」之可能性。無疑從我們的知性角度來看，持有相互否定之關係的兩者絕對不可能成為合一。可是，唯識說卻主張這樣的「合一思想」。於唯識說中，這便是所謂：「所緣與能緣平等（無差別）平等」（samasama-ālambhya-ālambhaka）。（見：梵文《唯識三十頌》〈第二十八頌〉之《安慧釋》，宇井伯壽譯《安慧護法唯識三十頌釋論》頁 147，《攝大乘論》《大正》三一，205b）由於此「所緣與能緣平等」形成一「矛盾的構造」，所以不能依我們普通的知性來加以思惟。依安慧釋，這是要依「無分別智」方始見出。因而是「無分別智見真如」；換言之，無分別智之境就是真如。因此之故，「真如」便與「勝義」為同義語。所謂「勝義」，就是「最勝智（paramasya jñanasyā）之義（artha 境）」的意思。在中國佛教的用語中，這一所緣與能緣平等之智，就稱作「境智不二」。「唯識」（vijñaptimātratā）意謂「識之境不外就是識」（識之境就是似現境的識），此中「『唯』（mātra）意味境（artha）之無」（mātram ity artha-pratiṣedha-artham）。因而，言「只有識」之中的「識」，乃是指「似現境之識」（artha-ābhāsā-vijñaptiḥ）本身。而在此識之外，便無見境之識了。這裡，所謂「境」（所識＝所緣）與「識」（能識＝能緣）的「不二」、所謂「所緣與能緣平等平等」便可以成立了。這樣正是所謂「無分別智」、「真如」（境智不二）。當此一「境智不二」的「無分別智」變成「後得智」時，能緣之識便會一如「所緣能緣平等平等」般見所緣之境（萬物），這裡遂現出「識」與「境」之區分，本來「根本智」所含有的東西便在此中現出來了。

「根本智」必然地變成「後得智」。如果以這種方式分析「真如」，則便可以明瞭其中所含有的「只有識」之意義了。

至於將「唯識」解成「單單只有表象」之傳統唯識說理解，則是建基於以普通的知性來解釋「唯識」所致。我們普通的知性並不思惟矛盾的東西，但是，無分別智所見者（真如、勝義）乃是矛盾的東西。無分別智見出具有這種矛盾構造的真如，而對此一矛盾的構造加以分析和敘述，這一敘述便稱作「唯識說」。因此之故，對於唯識說，只憑我們普通的知性是難以理解的。欲單靠普通之知性來理解唯識說者，除了同意此點之外，還必得依照這種心意，去作出理解上之努力。若非如此，則便只會見出：「唯識說不過是一種觀念論。」但是，唯識說乃是依照菩薩「自所證亦能為他說」(《大正》三一，207b）而立的，因而乃係得無分別智而見真如的菩薩以其本身之所證得在思想上之展開。長尾教授則認為唯識說是一種觀念論，進而宣稱：這是「為了瑜伽行的觀念論，對瑜伽行有用、指導解脫的觀念論」(《攝大乘論和譯》，頁 18)；可是，所謂「由觀念論所指導而到達的解脫」是否能達至在觀念論之外的東西呢？這點則很有疑問，而且十分值得深思的。我個人認為：只有超出觀念論而達致真實，方屬佛教實踐之本來面目。

所謂「唯識」並非「單單只有表象」式觀念論，而乃是「悟」本身，亦即是唯識說中所說的「無分別智」、「真如」。若能這樣來考究，則當見到在中國成立作為大乘佛教之一型態的「禪」之思想時，便會對兩者之一致性感到興趣。所謂「臨濟之四料簡」在禪方面究竟是什麼意思呢？我個人原完全不知曉，然於見到它時，卻驚覺其與《唯識三十頌》中〈第二十四頌〉與〈第二十五頌〉兩頌所說之「三無性」思想十分一致。〔「四料簡」就是〕(1) 奪人不奪境，（2）奪境不奪人，（3）人境兩俱奪，（4）人境俱不奪。當這四者與《唯識三十頌》之「三無性說」作比較時，最明顯不同者乃是於唯識說中（1）與（2）之順序倒轉了過來。禪是站在「拂去妄想之後、境便自然滅掉」之立場，但唯識說則主張「由於境被遣，故識（妄分別 vikalpa）滅——若所取之境為無，能取之識亦無」之立場。因此之故，遂有「境之無」（相無性）、「識之空」（生無性）這樣的順序出現。不過，這是否意味在觀行之方法上會有所不同呢？我們認為由此觀行而到達悟（無上菩提）本身是不會有任何分別的。這點可從對「四料簡」與梵文《三十頌》之比較便可知。

四料簡中之「人」就是唯識說中的「識」。「奪人」即是「識（依他性）之空」。《三十頌》之〈第二十二頌〉中說：「真實性與依他性不異」。對此《安慧釋》說明道：如果相異，那麼便不會有「依他性由於分別性而空」這回事了。所謂「依他性由於分別性而空」，其實就是說：所取之境為無（這就是分別性、即「相無性」），因此能取之識（這就是依他性）為空（無）。《成唯識論》則斷然地否認「識（即依他性）之空（無）」。這可說是梵文《三十頌》或《安慧釋》與《成唯識論》之間的一個根本不同點（參照前引拙著，頁 78-80）。至於「不奪境」，就是說：由於屬「空」的「緣生」之「識」似現為「境」，此中可見出萬物之「形」（nimitta 相）。

（2）之「奪境」則是「境之無」，這就是所謂「相無性」。「分別性」即成「相無性」。「相」（nimitta）乃是由識所見的萬物之形。「分別」（vikalpa、parikalpa）見萬物，即由此識之作用，使得具有這樣的形狀之物可被見出（如果用現代之語言來說，就是由主體所作出之對象化過程）——這就是「所妄分別」（vikalpita、 parikalpita）——因此之故，其本身並非一如作為「有」而被見。正因為這並非「通於真實」所見到的東西，故此就其「本身非真實」之義上說之為「無」。不過，由於這裡仍會見出有不同的形相，故說「似現為境」(artha-ābhāsā)。這因為此中所似現者，在真實上，並非如所見之形，而只不過是「識」(vijñapti）而已，故稱之為「識之似現」。就「此識是依緣而生者」這點，稱之為「依他性」。「依他性」就是「緣生」(緣起）的意義。所謂「諸法緣生故空」乃是龍樹之佛教，但在唯識說，並不言「緣生故空」，卻說「由於識之所取（所見者）為無，故能取之識亦空（無)」。這就是《安慧釋》所說的「依他性由於別性而為空」。「不奪人」相當於「只唯有識」。由識所見之境，不外就是識，識之境就是識之似現。

(3）之「人境兩俱奪」，就是「分別性（境）之無」(＝相無性)、[1]與「依他性（識）之空」的意味。[2]在真諦譯的諸書中，便說「分別、依他兩性之無性」。此「分別、依他」兩性之「無性」加上「真實無性」便是所謂「三無性」。承接著〈第二十四頌〉中之「三種之無性」，〈第二十五頌〉說：「此就是勝義，亦即是真如」。由於此「三無性」就是「真如」，因此，這裡說「無乃是真實在」便可理解了。而在真諦譯之諸書中，便常常地出現「三無性真如」一詞。於《中邊分別論》和《攝大乘論》，作為「空」(śūnyatā）之同義詞者，就舉出了「無相」(animitta)、「真如」(tathatā)、「實際」(bhutakoṭi)、「勝義」(paramārtha)、「法界」(dharmadhātu)。所謂

1　由於屬「所分別的東西」(vikalpita, parikalpita）故「有之東西」實際上為「無」。

2　因緣生之東西＝識（有）。

「空」（śūnyatā）就是一切法之無，這就是（3）之「人境兩俱奪」。這就是人與境無別、如來與眾生無別、消融一切法之差別的「絕對無」。由於這就是「真實在」，因而《唯識三十頌》之《安慧釋》便說：「真實性（玄奘譯之「圓成實性」）（pariniṣpanna-svabhāva）以無為自性（abhāva-svabhāvatva）」（〈第二十五頌〉之《釋》）。所謂「三無性」即是「真如」，這就是（4）之「人境俱不奪」之謂。〈第二十五頌〉中所有之「此真如即唯識」，就是指「人境兩不奪」不外即是「唯識」。

在所謂「唯識」中，「境之無」（奪境）[3]與「識之有」（不奪人）、[4]「識之空」（奪人）[5]與「緣生之識似現為境」（不奪境）、「分別、依他兩性之無性」（絕對無）（人境兩俱奪）、[6]「真如」（人境俱不奪）[7]這些等全都包含在內。有與無、識與境（能見與所見），只有無分別智可見出這些絕然相反的兩者之「不二」（advaya）。於《攝大乘論》便將此種「智」與「般若波羅蜜」當作「名異義同」（《大正》三一，245a）。

因而，所謂「唯識」（vijñaptimātratā）之中包含了：

（a）「境之無」＝「奪境」＝分別性＝相無性

（b）「識之有」＝「不奪人」＝依他性（緣生）

（c）「識之空」＝「奪人」＝生無性

（d）「緣生之識似現為境」＝「不奪境」

---

3 分別性＝相無性。

4 緣生＝依他性。

5 生無性。

6 即作為「相無性與生無性」之二無性的「同一無性」之「真實無性」。

7 作為真實在之萬法。

（e）「分別、依他兩性之無性」，即作為「相無性」與「生無性」之「同一無性」的「真實無性」（絕對無）＝「人境兩俱奪」

（f）「真如」（作為真實在之萬法）＝真實性＝「人境俱不奪」

（g）最後（e）即（f）（真實性以「無」為自性，這裡包含了一切法）。[8]

此中不單只「有」與「無」，就是「識」與「境」也有互為相反之關係。因此之故，它們雖是「不二」（advaya）之關係，但無論「有」與「無」、抑或「識」與「境」，均存在「於一方出現之處他方便無」這樣的矛盾關係。四料簡中最初之兩者，便清楚地顯示了這一雙向的相互否定之關係。於唯識說中，則顯示為下列兩點：只有識而無境（境之否定），以及識似現為境（在似現識之外，便無見此境之識）（識之否定與境之肯定）。[9]「無分別智」則能見出這一雙向的相互否定之兩者的「不二」（即「真如」＝「唯識」），這就是所謂「境（所見）智（能見）不二」，亦即唯識說用語中的所謂「所緣與能緣平等平等」（sama-sama-ālambhya-ālambhaka）。其實這就是「法身」。這一「無分別智」，依無著所述，是與「般若波羅蜜」為「名異義同」（《大正》三一，245a）。

---

8 請參照上田義文，《梵文唯識三十頌の解明》，頁 117-118。

9 上田義文，《攝大乘論講読》（東京：春秋社，1981），頁 63-65。關於「識作為物（境）而見物」或「識於物（境）中自己見到自身」，請參照上田義文，《梵文唯識三十頌の解明》，頁 117-118。

一、初期瑜伽行派哲學之研究方法問題

關於初期的瑜伽行派哲學之研究，除以起源於中國的法相宗、攝論宗、地論宗、華嚴宗等之傳統來研究外，通過近代的研究方法累積了重重的新業績，可以說是面目一新。現在一般的見解都以為已達到能說「此學說的大綱已經釐清了」。其中甚至關於在初期瑜伽行派之唯識說中最基本的層面上所要釐清的「三性說」可聽聞到的論調是：「到目前為止已全然詳論了」。不過，在仔細地思索由這樣所達致的成果，一層一層地去往下深入發掘個中之問題，則必定會說；這些由近代的方法所獲致的輝煌成果，也還未達到對此派的學說之真相有一確實的把握。（這樣見解的一些理由將於下面舉出。）若考究對此派的研究之所以處於這樣子的狀態的主要原因，則一者是此派的哲學作為一深遠的思想採用了特多之術語來作出精密的敘述。此外，這些術語中特別的重要的幾個都具有複雜的邏輯結構，從而分別地構成了唯識說之整個體系的要素。因此，即使對每一個術語一一地分別理解也不能得到充分的瞭解，何況還有一些術語之意義，若非對整個體系有一綜合的掌握便難以正確地掌握的。而要對這樣複雜的內容之思想作綜合性的掌握，則一定要在讀通梵、藏、漢中大量資料之足夠語言能力的訓練之上，還具有理解深奧的宗教哲學思想之思索力，當然這是很不容易的。但這種困難又有誰能輕易地解決呢？我們認為要克服此一困難乃是要靠努力之累積。作為問題，我們毋寧考察是否存在與此事關連的下列之點。從印度與中國之歷史狀況來看妨礙掌握此派哲學之真相的事情，首先之困難在於：僅藉著普通之印度哲學史（特別是其中之佛教史）研究所採用之方法來究明這些複雜的事情，則很難取出此一哲學之真相，所以，這應是方法論上之問題。而在這裡我們想考察用以闡明此派之學說的方法問題。

至於方法問題之考察上，首先應該注意的文獻是佐佐木月樵氏之《漢譯四本對照攝大乘論》（東京：〔臨川書店〕1931）對初期之瑜伽行派的哲學，若要顧及上面所提出之事情而進行研究，則自然只停在方法論上之反省而難以做到徹底的考察。但在眾多之研究中能在此點上有所突破者可說甚為罕見，因此結果往往陷入了恣意的取捨和選擇。[1]這都是以漫然的和普通的方法來進行研究所致。在

1　為了對此事稍作具體上的說明，乃借助於鈴木宗忠博士之場合的例子。依照博士之見解，由於玄奘奉三乘思想，而真諦受到一乘思想之影響，所以，於玄奘譯、真諦譯都不能得知原形，但魏譯與隋譯卻沒有這種影響之跡，因而應是原本忠實的翻譯。此中魏譯文章生硬，多有意義不通之處，然隋譯文章很暢達，如除去來自陳譯之影響，大概是漢譯中最近原本者。至於標準方面，這可從參照幾乎與原本相等的藏譯而得出（《唯識哲学研究》〔東京：明治書院，1957〕，頁141-142，《唯識哲学概説》〔東京：明治書院，1957〕，頁127）。於玄奘譯見到三乘思想之影響，而於真諦譯則見到一乘思想之影響，但是達摩笈多譯都沒有這樣說。基於玄奘譯之三乘思想乃有「法相宗」之成立，而基於真諦譯之一乘的傾向亦有「攝論宗」之成立。（因此，當然可以說「玄奘譯有法相宗之臭味，而真諦譯有攝論宗之臭味。」〔《唯識哲学研究》，頁126〕）與此相反，達摩笈多譯則沒有達到能成立為一宗而對後世有大影響之程度。然而依照翻譯者自己之學來理解與體驗，對於經、論之翻譯，玄奘、真諦之立場與達摩笈多之立場並無變化。博士之見解一向以穩當見稱，但是，若進一步考究，則不得不指出：他並未有顯示主張「隋譯為最

這種情況中，佐佐木氏之書於對研究方法的反省之外，加上清晰的方法論自覺之下來進行考察，從而構成出一全體之敘述。在這種意義下，必須說此書為一值得注目的工作。

此書為對屬於初期之瑜伽行派的《攝大乘論》之研究，因此這裡在方法論方面也是關於此書之研究，而並非關於初期瑜伽行派哲學的全體，然而，《攝大乘論》為代表初期瑜伽行派哲學最有概念性且最有組織性之書。關於此書之方法論的考察，原則上也可適用於其他重要的幾本書。在這種意義上，佐佐木氏關於此書之方法論的考察，對於初期瑜伽行派哲學在方法論之考察方面，可想而知具有重要之意義。

至於在佐佐木氏對於《攝大乘論》四種漢譯所說的「關於何者應為正譯一點在今天還依然在未解決之中」一言，儘管於佐佐木氏之書後出現了很多優良的成果，但佐佐木氏此語，個人認為直至今日仍然適用。而且，即使於四種漢譯之外加上西藏譯本，問題之本質並無多大之變化。作為趨近解決此一困難問題的方法，佐佐木氏提出了他所謂的「內外三種方法」，他並且說：「除了這三種方法之外，想是沒有於今日能比較確實地知道無著之教學的正確性的其他途徑了」。因而他說：在補入這三種方法後，於研究在中國建基於《攝大乘論》而成立的「攝論宗」，及與之有關連之諸學派的思想上，則應對《攝大乘論》之思想的解明有所貢獻。

不過，這些方法之中最能確實地於《攝大乘論》中得知無著自

近原本」這一判斷的學術根據為何。因此，對於博士所顯示的「以隋譯作為標準來參照其他諸本」(《唯識哲学研究》，頁 126) 便可得知無著之原意的方法論這種見解，不得不說是在關乎資料之取捨選擇上顯得過於恣意。

身之思想者，乃是三種方法之中的「第三種」。即從通過《攝大乘論》文本之諸譯對照而得出「諸譯之教義的相同點」。因而說：「通過諸譯本之全面的對照，則其自身無論對於任何人，至少在其教義之相同點與相異點上都可一目了然。從這些相同點可以見出著者一般之教學，相信任何人都沒有異論。這也是我們最後要進行諸本全譯的對照之所以然。這裡所剩下來的重要問題，大概就是關於諸譯之相異點方面了。」但於論及解決此一相異點問題上並無決定的方法後，他只介紹了二、三古人關於此方面的見解。

於《攝大乘論》文本之諸譯作對照，透過諸譯之一致部分以見出著者無著本人之思想，佐佐木氏這種見解如他所言大概任何人都會支持。此亦為最確實地知道無著思想之可行方法，因其他方法都無法有這種程度的確實性。例如於所舉出三種方法中之第一種——（無著之）「其他著書提供進行批判地探求本論之教義為何的資料」——雖也是理論上可能，但作為實際解決問題卻無大用。例如於面對《攝大乘論》諸譯之相異上，很難決定誰是無著本來的思想，在這最重要的場合中，要於無著其他之著作尋找可資對此作出決定的材料，也屬不可能之事。如其他同一譯者之同系的譯本，《攝大乘論》中所引用的諸經論，甚至如於中國之攝論宗的教義所見之言論，當用作以確定這些文字是否表示無著本人之思想時，這種困難便不可避免地全都再一度出現了。

但是問題在於根本不能說最確實的方法所考察之「諸譯的教義之相同點」必然地表現出無著之思想。一般而言，認為諸譯之一致點可顯示原著者之思想的見解，於其他地方沒有見出否定之根據的範圍內，大概可以說是正確的。不過，在初期瑜伽行派之場合，即使是諸譯之間一致的字句，[2] 此中所表現的思想，也有不一定為同一的這種棘手的事情。例如「識」（vijñapti）、「依他性」或「依他起性」（paratantrasvabhāva）、「變異」或「轉變」（pariṇāma）、「阿黎耶識」或「阿賴耶識」（ālayavijñāna）等詞語，都是此派哲學體系的重要中心術語，但是這些術語的意義於「真諦譯」與「玄奘譯」之間都大大地不同。作為一例子，於真諦譯《攝大乘論釋》中可見出如「一本識」、「一識識」等這些詞語，但是這些詞語於玄奘譯中都全無出現。又於真諦譯及其後之場合中所謂「阿黎耶識」一詞，都含有「一本識」、「一識識」這種意義，然而，相反地於玄奘譯及其後之場合中的「阿賴耶識」一詞，都沒有這種意義。同樣的事情也出現在「識」（vijñapti）、「變異」（轉變）與「依他起性」（依他起性）等詞上。因而此種不同並不單只是在術語上見出而已。當然，重要的術語之不同必然地表現了稱作「唯識說」之思想體系本身之不同。然倒不如說思想體系本身之不同表現在一一術語之不同上較為適當。不過，此一思想體系本身之相異問題在這裡卻不能處理。現只能止於做到指出重要的術語於意義上之相異。

職是之故，依從諸譯文字上之一致性，並不能直接地說為原著者之思想。問題在於這些一致的字句之意義為何仍然懸而未決。所以在採用比較對照諸譯的方法之前，必要先知道每一個術語之正確的意義，此乃掌握這些詞語所表之思想的必要條件。對於一術語，例如「阿黎耶識」或「阿賴耶識」（ālayavijñāna），如果不已明白

---

2 佐佐木氏之文說及諸譯間之「教義的相同點」，不過，這只能解作「字面上相同點」的意思。如果要解作「思想或意義上之相同點」，則就正如下面所述，這不能單自諸譯之對照便可簡單地得出的。

諸譯之間存在著怎樣不同之解釋，則作諸譯之比較對照乃是沒有任何意義的。況且在對於此詞語的解釋之中，我們知道是不可能決定誰方為原著者之意。只有在各別諸譯中，已知道其中之術語的意義，所謂於與他譯間之相一致的部分和相異的部分上作「區別」方能沒有問題。這一定非要預先對每一本譯書之全體種種資料的價值作出決定不可。為了對這一事情有詳細一點的具體明瞭，我們以《轉識論》為例來加以說明。

《轉識論》為《唯識三十頌》之異譯，不過，其中除了「頌」本身之翻譯外，還包含了對「頌」文作註釋的說明部分。在此註釋部分有如下列之文字。現對這部分引文加上〔A〕來作稱呼。

〔A〕起種種分別等都一一識中皆具能所。
能分別即是識　所分別即是境。
能即依他性　　所即分別性。
〔《大正》三一，62c〕

此段文字並非屬於「頌」之本文而只見諸於註釋之部分，因此之故，如果從普通流行之針對文本批評之立場來考察，則可以追問：究竟真諦所加之文字，只是他本人之說法呢？抑或是其所繼承的系統之說法呢？為了探知《三十頌》本身（即世親自身）之思想，只有在此段文字之外單就「頌」文作嚴密的考察。這種做法，大概在形式上是正確的，可是，在單就「頌」文來考察的場合中，卻出現了「頌」中「重要術語之意義應如何理解」這一「思想內容」上之問題。正如上面所見，無論是「識」、抑或「轉變」、甚或「本識」等重要術語，在玄奘譯與真諦譯之間於意義上都有很大的不同。所以如果對這些術語之正確意義有所不知，則便無法對「頌」之本文可有一正確理解了。因此之故，必得首先知道於各譯中此等術語之正確意義。然而，若要知道於真諦譯中「識」、「分別」、「依他性」、「分別性」等術語之意義，便不能無視這一引文〔A〕。原因在於《轉識論》將〈第一頌〉中與「識」（包括「阿黎耶識」、「阿陀那識」與「六識」三種）對應之文字都規定為「能緣」（緣「所緣」之境）。但是這一部分玄奘卻譯作「能變」（變現為「相分」與「見分」），所以，在此頌中便已經出現了兩者對於「識」的理解之根本差異。而且《轉識論》更進一步認為〈第十七頌〉說「識之不生」，但是，主張「識之不生」（或者「依他性之不可得」）在玄奘譯之唯識說中卻是不能容許的思想。這種對於「識」的見解上差異，自不待言也存在於〈第十七頌〉和〈第十八頌〉之「分別與所分別」一處。玄奘譯之《三十頌》以及作為其註釋之《成唯識論》，將這「分別與所分別」解作「識『轉變』所現的見分和相分」。即是說「識自體」、「見分」與「相分」，無論那一邊都是「依他起性」。而所謂「能緣與所緣」之關係，不外就是於此「見分與相分」之間成立的。但是，真諦譯之《轉識論》卻沒有這樣的「轉變」思想，反而肯定「識本身」就是「（能）分別」，而與之相對的「所分別」並非相分（依他性），而是「眾生」與「法」兩者（此中任一者都是「分別性」）。即「能分別」就是「能緣」，而「所分別」就是「所緣」。前者是「有」（緣生），後者則是「無」。於真諦譯，「識」是「能緣」而非「能變」，所以沒有「識體轉變現為見分與相分」之意義的「轉變」思想；這乃是在其與玄奘譯作比較之場合上可見出之根本特徵。

於真諦譯，「識」被肯定為「能緣」，且是「不生」。但這究竟是什麼意義呢？對於這點要有所理解，則最終需要先釐清引文

〔A〕所示之意義。首先，言「能緣作為識乃是不生」，意思是說「識」作為「能分別」（這是「依他性」）與作為「所分別」之「境」相對，[3]「境」全屬「分別性」，因而為「無」，且由此「識」也是「無」。這與安慧《三十頌釋》中言「依他性由於分別性而為空」屬於同一思想。當「有」（依他性）之「識」與「無」（分別性）之「境」被肯定為「能緣與所緣」相關的關係時，「識」便是「不生」而為「空」。因為，在這樣相關的關係上之「所分別」的「境」是「無」，而與此相關，即對此作「分別」的「識」同樣也為「無」（如果所分別之境是無，那未能分別之識便不生）。在此一意義上，這樣相關的關係中的「識」便是「不生」了（於「境之無」、「識之不生（空）」即「分別、依他兩性之無所有」上便成為了「真實性」。）。[4]與此相對，玄奘譯並沒有把「所分別」之「境」全部看成為無，反而認為「依他起性」（＝緣生）之「相分」乃是「所分別」之「境」。即使「遍計所執性」（分別性）之「境」為「無」，然而作為「相分」之「境」卻「為有」，所以，緣此一「為有」之「境」的「能分別」之「識」亦「為有」。因此，儘管「分別性」之「境」為「無」，也不會出現「識本身不生」這回事。此乃係玄奘譯唯識說之所以不承認「識之不生」（依他性之不可得）的理由。但

---

3 《唯識三十頌》中之「依他性」，無論於梵文本、真諦譯、玄奘譯，均非指如宇井博士所言那樣的染淨二分和合之依他性，而是指自業、煩惱之種子所生的緣生之識（妄分別）。所以，作為有的識就是依他性。「依他性」意謂「緣生而有」。關於「依他性」請參照上田義文，《攝大乘論講義（六）》（《京都女子学園仏教文化研究所研究紀要》第六號）。（參：《攝大乘論講読》〔東京：春秋社，1982〕。）

4 上田義文，《佛教思想史研究》（京都：永田文昌堂，1951 年初版，1958 年改訂版）初版頁 48，改訂版頁 38。

是，如果依真諦譯：「能分別」指「識本身」，與之相對的「所分別」之「境」全是「分別性」，則由於「境」全為「無」，於是與「所分別」之「境」相對之「能分別」的「識」也不可能「為有」，「識本身」便變成「不生」。「識之不生」（依他性之空）與「識之有」（緣生）若要同時成立，則「識」之「緣生」與「不生」便變成了矛盾之關係。這乃是真諦譯「唯識」（vijñaptimātratā）所具有之特質，對於此點將在別之機會再作詳述。這樣的「能分別與所分別」之關係，一言以蔽之，即「能分別就是識、就是能緣、也就是依他性；因而所分別就是境、就是所緣、也就是分別性」，此與引文〔A〕乃是一致的。

引文〔A〕是《轉識論》之註釋部分，大致上毫無疑問地並非出自世親之手筆、而是出自真諦之手筆，雖然此文本身並非〔出自世親之手筆〕，但是此文所表現之「思想」，卻與「頌」之文字所表現者相同。

梵文《三十頌》中〈第十七頌〉所述如下：

> 此識轉（vijñānapariṇāma）就是妄分別（vikalpa）。凡由此所妄分別之物都是無。因此之故，這一切不能離識之外。

這裡首先值得注意之點是：此頌所展示的「妄分別」與「所妄分別」為兩個東西的關係，而這兩個東西就是「能分別」與「所分別」，即「能緣」與「所緣」；在這兩者之外，便無與之並列的第三者存在。這剛好與西洋哲學所言的「主觀」與「客觀」之概念相似。在一切的存在中，要嗎就是主觀的、要嗎就是客觀的，而並無其他第三者。

其次，值得注意之點是：「妄分別」即是「識轉」（vijñānapariṇāma）。這一「識轉」的概念為《唯識三十頌》中重要的術語之一。不過，此一詞語乃是始自世親之書方用作唯識說之術語、而於彌勒與無著之書中並不得見。[5] 向來人們都認為彌勒與無著由此一「識轉（變）」之思想出發而構成唯識說，但其實這並非嚴密的說法。於對彌勒與無著之唯識說作嚴密的考察之場合中，根本沒有見出對此概念之理解。於是便有「世親因何提出這一新概念」之問題出現。關於此點將在別的機會再作處理。由於這「識轉（變）」就是「妄分別」，必須注意它就是「能分別」、「能緣」這點。這在梵文〈第十七頌〉之本文中有很全面的說明。不過，依同頌之《安慧釋》所言：「此識轉被稱作妄分別。這因『彼之所緣』非有的緣故」，則「它就是能緣」一事便更加清楚了。可以見出：言「識轉就是能緣，其所緣就是分別性之我、法」與《成唯識論》所解釋之「識轉變」的思想屬於完全不同的思想。《成唯識論》之「識轉變」，如眾所週知被說成為「識體轉似二分」，即「從識變現為見分與相分」。而且，「見分」就是「能緣」，而「相分」則是「所緣」。但是，梵文《三十頌》由於肯定「識轉（變）本身就是能緣」，它起著「見」（緣）之作用。所以在此「識轉」之外並無所謂「見分」。因而由此「識轉所見之物」，並非「相分」（依他性）而是「我」與「法」（任一者都屬「分別性」）。

就這一「識轉」乃是「能緣」而言，它與「識」並無兩樣。即

5　請參照上田義文，《唯識思想入門》（京都：あそか書林，1964）所收之論文〈關於 "Pariṇāma"〉（初刊於《名古屋大學文學部十周年記念論集》）。（中譯見本書〔三〕）

使同是「能緣」，但仍可產生是否「識」與「識轉」有不同之處一疑問。對此之詳細解答將於後面給出，這裡只作簡單的敘述。依照安慧之所言，「轉（變）」（pariṇāma）指「與前位相異」，[6]此意謂「每一現在剎那之識，都與先前剎那之識相異」。換言之，於各現在剎那中種子生出識，阿黎耶識與生起識（六識）之間作用為相互因果，於各剎那逐一變生出之各現在剎那中之識自然與其先前剎那中之識有所不同。準此而言，「識轉」（識之變異）與「轉識」（變異之識）結果有相同的意義。[7]一言以蔽之，於現在剎那中作為「能緣」（能分別）之「識」，在跟前剎那之「識」作比較這一場合上被理解為「識轉」。而即使不稱之為「轉（變）」，於現在剎那中作為「能緣」之「識」，都與在其先前的剎那中之「識」相異。所以，單就「識」與「識轉（變）」而言，在實質上乃是相同的：兩者都有「於現在之剎那中由種子生出作為能緣之妄分別（vikalpa）」的意思。而單就「其與前剎那之識相異」而觀之場合中便是「識轉」（轉識）。不過，如果選擇《成唯識論》般的理解，則無論單只就「識」的場合或「識之轉變」的場合均有完全不同之意義。前者是「識」的意思，而後者則是「在此識之上轉變出現象」的意思。因此，於「識」可以見出「能緣」的意思，但是「轉變」卻不能稱為「能緣」這一功能。

然於梵文《三十頌》中此「妄分別」（能緣）之「識轉」屬「依他性」，乃是「緣生」，所以為「有」。依此，「所妄分別之物」

---

6 〈第十八頌〉之釋。

7 《轉識論》之最後以「是名識轉品究竟也」一文結尾。《轉識論》是「從無相論出」，屬《無相論》之一品，故稱為〈無相品〉。

（識轉之所緣），即「我、法」，全屬「分別性」，故為「無」。這點於〈第二十頌〉與〈第二十一頌〉之前半均有所述。

〈第二十頌〉由各種各樣的妄分別便有各種各樣的被妄分別之事物，而其自性只不過是被妄分別之存在，這都是非有。

〈第二十一頌〉另一方面，妄分別就是依他性，為緣生。

由此可見，梵文《三十頌》的說法與引文〔A〕相一致。進而可知：引文〔A〕所表示之思想乃是世親所有者。引文〔A〕作為註釋，只是對本頌之思想詳加說明而已。可以說，個中之意思不外就是註釋者發揮其本來立場之作用所有的結果。凡本頌所無的思想或與本頌之思想相異的思想，真諦都並沒有隨意地寫加上去。依引文〔A〕所有者而觀，可以更加明瞭：《轉識論》即是《三十頌》本身之思想。只有當人循此引文〔A〕清楚地了解「識是能緣」之意思，同時也有「不生」之意思，方能防止陷入誤解。於這種意義上，此一註釋文字乃是十分優秀的。

由這一例子可見，只有不將真諦譯中特有之文句剔除而全加接受來理解《論》的整體時，《論》之思想便出現了超越向來所理解的唯識說之新東西，因而在對於《論》之思想的理解必能作出正確之理解。但當認為將真諦譯特有之「文字」看成為對此《論》之思想作忠實的理解是有問題時，則這理解者便已有一先入之見，即視與此「文字」所表現之思想不一致的解釋已必為《論》所涵。

從以上之考察可以知道：於諸譯對照所得出的相同點和相異點之中，不但只在相異點，同時也在相同點上，文字雖是一致，但其中所表現之思想卻為相異之可能性乃是存在的。於這樣的場合中，不單只在相異點上可見出兩者間之相異的表現，同時這一相異點也會滲透到於相同點上所見之部分。關於這點將就我們所知的另一之例子來紹述。

圓測與慈恩等玄奘系之人，都以為於真諦譯中特有之「三無性是同一無性」的思想與「依他性為不可得」(即於唯識觀之實踐上，當「遣分別性」時，一起也「遣依他性」)的思想屬於譯者真諦之謬誤。[8] 在此關節上，對於這些思想，從玄奘譯之唯識說、特別是從《成唯識論》這種立場來看，當然乃是無法認可的。但與此相反，於站在真諦譯之唯識立場來考慮之場合中，則這些思想不僅並非謬誤，而且乃是唯識說體系之要素，即屬於體系在成立上所必須有者。(對於此點之詳細說明將於別的機會再作處理）由此可知：玄奘譯之唯識說與真諦譯之唯識說，在體系中各個的重要概念或思想上，都有著互不相容的矛盾關係。於這些文字以外的其他部分中字面上則見不出大相異，但實際上卻非如此。真諦譯的其他部分都與這些矛盾的部分之思想相伴而構成一有組織的思想體系。相反地，玄奘譯之唯識說的體系卻不可能接受這些矛盾的思想於其中的。從這一例子也十分明顯地知道：「字面上的一致」不一定意謂「思想上之同一」。

從以上所述的事情可以見出：在初期瑜伽行派之場合，由諸譯之對照所得出之諸譯的相同點，並不能直接地顯示出原著者之思想。又對於在其他諸譯不存在而於唯一之譯（例如真諦譯）中才存

---

8 例如圓測《解深密經疏》在引真諦所譯之《佛性論》中之「分別、依他二性極無所有」時便說以此為「真實性」乃係「譯家謬」。理由是：遣依他一事是與《瑜伽論》等說相反的（卷十三)。又在引《三無性論》時說：「同一無性者真諦謬耳」(卷十四)。

在之字句，不可能單單以此作為理由，便肯定其中所表現的思想並非原著者如彌勒、無著、世親所有。這裡我們可以知道在初期瑜伽行派之場合，普通所採用之所謂「文本批評方法」單單在目的上便無法達致。因此必須進一步建立別的新方法來進行考察。這一新方法乃是離開了所謂「諸譯比較對照」這一流行的方法，而只對一譯者之書作獨立的處理，只有這樣才可能對其中的思想作出正確之理解。通過這樣的方式，我們方可以知道對於相同的「文字」或者相同的《論》，是否存在著相互不同的「解釋」。而於釐清這點以後，必須重新考慮決定其中是否為原著者之思想的途徑。

不過，當考慮新方法時，所不能忽視的是：於真諦譯特有之文字在方法論上深具重要的地位。如果我們站在普通之文本批評的立場上，依循通過諸譯（其中包含了梵文原典）之比較對照的方式來把握原著者之思想的方法，則對於只在真諦譯方有之文字，便很容易地視之為只屬真諦一己或後人之加筆，從而很容易地將之從探索彌勒、無著、世親之思想的第一手資料中剔除。[9]但是從上面《轉識論》等例子可以見出：當採用這些文字來理解與他譯之一致部分時，則在此一致部分也有意義上之相異出現。當採用相異的部分來理解《論》時，而將一致的部分也結合起來，那麼《論》之整體表現出的新思想便可呈現於我們眼前。（為何感到「新」？此因迄今所熟悉者並非源自真諦譯之思想，而只是其他譯者所有者而已。）

---

9 「真諦譯之《攝大乘論》本，由於受到真諦譯釋論之影響，在與其他諸本比較時，使人覺得其原本會是與他譯之原本不同。但是，當自真諦譯《攝論》本受其釋論影響之部分除去時，其論本與隋譯、魏譯固當然一致，即使與唐譯也是一致的」（《唯識哲学研究》，頁 141）這種見解，不單只存於鈴木博士而已，相信持有類似立場之人亦不少。

而作為理解這樣的新思想之引導者，就是只見於真諦譯中的某些概念。一般所採用的通過比較對照來探求原意的方法，卻無法獲得作為這種採用只在真諦譯才見到的文字來理解《論》之思想的立場之積極性的基礎。於這種意義上，它便很難成為我們的方法。因此之故，我們必需採用真諦譯中的特有文字來使得對《論》整體之思想的理解成為可能的這另一種方法。

當我們在考慮這種新方法時，我們大致上已經暗示：此乃宇井伯壽博士特別為研究初期瑜伽行派在工夫上所有之獨門的方法。博士之〈瑜伽行派中之二系統〉一論文，[10] 對於研究初期瑜伽行派之方法論所應注意的重點作出如下之記述：「瑜伽行派中有種種不同之派別這一特點，所以難以進行從前代來看後代之研究方法，而自後代迴溯前代的方法雖然費力但卻是必要的⋯⋯ 或者這只不過全是屬於一私見而已」。[11] 對於此中所說之「自後代迴溯前代的方法」在具體上究竟是一種怎樣的方法，於同論文中有如下之交待。

世親以後，瑜伽行派中學者輩出，不久，其間便產生了若干系統。由玄奘帶回中國之護法學說便被認為代表其中有力之一系統。在此系統之外至少還有另一系統，這就是現所要考察的由真諦介紹到中國來者。「真諦三藏之說也是祖述種種前人之見解而匯合其重點，不過，要把它一一釐清卻是不可能的。綜合一段時間之研究成果，將之當作一系統來看，此意味（真諦以前之）菩提流支、勒那摩提所傳作為源於印度者，在現今之場合由真諦三藏之系統所代表。實際上也許只不過僅有二系統存在，也許另外還定有其他之系

10《印度哲学研究第六》（東京：岩波書店，1965）。

11《印度哲学研究第六》，頁 508。

統存在，於這樣意義下，現今只對二系統作考察。」[12] 因而不言究竟此二系統之中何者繼承彌勒、無著、世親之說，而只不過認為主張此二系統中真諦系的說法比護法系的說法更接近彌勒、無著、世親之說並不為過。即「並非說真諦三藏之所傳一如世親之學說。假如將彌勒、無著、世親之說、真諦三藏所傳之說與護法論師之新說區別為三，則或許在此第一說與第二說之間還有其他說法存在，又或許在第二說與第三說之間也有某一種說法加入，但這只有待將來於其他機會再作研究和論述。目前亦至少應可將第二說作為不同於第三說來觀察。而正如屢所論述，此第二說也比第三說較為接近第一說。至於第二說與第三說有所不同的特色則是於勝義諦之立場上以如來藏緣起說為主」。[13]

依循這種方式，宇井博士於《印度哲学研究第六》（東京：岩波書店，1930）依次地研究了真諦譯諸論——《十八空論》、《三無性論》、《顯識論》、《轉識論》，不但說明了真諦學說之特色，且更進一步地對真諦之傳記作了迄今為止最詳細的研究。在這樣周到之準備整理上，專心地研究了於真諦諸書之中「屬於最重要、最根本者，[14]亦為三藏最費力傳譯之《攝大乘論釋》」。[15]此一研究成果《攝大乘論研究》已經出版（東京：岩波書店，1955）。其後於短暫之間再依次發表了《唯識三十頌釋論》（東京：岩波書店，1952）、《唯識二十論研究》（東京：岩波書店，1953）、《瑜伽論研究》（東京：岩波書店，1958）、《大乘莊嚴經論研究》（東京：岩波書店，

12《印度哲学研究第六》，頁 519、539、538 等。

13《印度哲学研究第六》，頁 536。

14《印度哲学研究第六》，頁 525。

15《印度哲学研究第六》，頁 291。

1961）、《陳那著作の研究》（東京：岩波書店，1958）等成果。這些業績無論任一者都是依照相同的方法論來進行研究的。構成博士關於初期瑜伽行派研究之中心，可從下面《攝大乘論研究》之〈緒言〉的文字中得知：

> 此中從真諦譯為傳承了於護法以前之瑜伽行派的一系統之說這一點出發，通過與護法所傳承之系統作對照式考察來加以闡明，努力地達致作為得知遡及彌勒、無著、世親之學說的一個階段。無論如何，從以理解《攝大乘論》作為研究目的而觀，事情仍未做得足夠，因此之故，希望今後能有緣致力於其他方面之顧及與整理。

這裡可見出宇井博士之方法論創出了從所未有之全新的考察方法，這種方法並非如向來所流行的方法般只取出彌勒、無著、世親之著作一一地作出考察，即將梵本所有者與諸譯本作出比較對照，若無梵本便只作諸譯比較對照，而於文本批評上探索原著者之思想。即是說：〔宇井博士〕這種方法並非把他譯與真諦譯放在對等之資格上來作處理，而只特別地取出真諦譯以釐清其中之思想，藉此來究明真諦所傳一系之說：再將之與由玄奘譯而知的系統作對照性之研究，便可逼近彌勒、無著、世親之說。由基於這種全新的考察方法所得出之成果，正如博士所說，便可以知道真諦所傳的系統之說法比玄奘所傳代表護法一系之說法更古、更接近彌勒、無著、世親之說。但是，這種方法卻不可能是得知彌勒、無著、世親之學說本身之方法。它只不過「為知彌勒、無著、世親之學說的一個階段」。[16]

---

16 前引《攝大乘論研究》之〈緒言〉。

我想在上面之引文中所謂「第一說、第二說、第三說」的三階段論已經明晰地展示了此點。不過，同時無可否認這種方法比起向來所流行之方法，卻是一可以「更加確實地」逼近彌勒、無著、世親之說的方法。十分清楚：依照這種方法，可以超越前面所見之向來一般之方法的窒礙——由於「藉諸譯比較對照中之一致部分而得知原著者思想」一見解之不成立而有的窒礙——而前進。[17]（一般之方法乃是放棄了採用真諦譯中特有之文字以求得到對彌勒、無著、世親之說的真相有更多之逼近。）

那麼，如果說此宇井博士之方法到處都可進行，則是否可以確實地到達彌勒、無著、世親之說呢？對於這樣之問題要作出肯定的解答，我們不得不說是甚為困難的。原因是：雖然說「闡明真諦所承的系統之說，以護法所承的系統來作對照式考察，便知遡及彌勒、無著、世親之學說」，[18]但實際上只可以說：依照這種方法最能逼近彌勒、無著、世親之學說，卻無法加以「決定」一個思想體系就是彌勒、無著、世親之說。換言之，若只對兩個系統之說作對照式考察，則那一個方為彌勒、無著、世親本來之說？抑或兩方都屬原本之說呢？對於這事根本無法決定。因為能夠對此作出決定的基準無論於此二系統中任一者都無法求得。而且，據我們所知，在這二系統以外並無可以作為基準的第三個系統。若要決定此二思想系統中何者方為彌勒、無著、世親之說，則無論那一種方法都不能逃出要對此二系統作「比較對照」之方法論立場。我們認為：局限在

17　這一見解，如佐佐木月樵氏之方法論所示，對於如何將諸譯對照上不同之部分當作並非恣意的學問來處理的可行方法並沒有加以釐清。

18　前引《攝大乘論研究》之〈緒言〉。

所謂「比較對照方法」上，則無論於何處進行，也最多只能止於相對的「更加接近」之範圍內，至於要超越出此限而達至確定的東西乃是不可能的。因此之故，我們應不能說這種方法為一可以理解彌勒、無著、世親之說的確實方法。

由上可知，在宇井博士之方法中，有我們所不同意的部分、以及我們所遵從的部分。通過二系統之說作對照式考察以求逼近彌勒、無著、世親之學說這種做法乃是我們所不遵從者；而可行的則是對真諦之譯書與玄奘之譯書（必要時接連其他譯者之書）作個別獨立之處理，然後嘗試闡明其各自之思想。即依玄奘之諸書（特別是《成唯識論》）我們知道一種的唯識思想之體系，不過，也要首先知道於此體系之外是否還另一種唯識思想之體系存在，對於彌勒、無著、世親一一之著作提出不同於以護法說為主的玄奘譯之立場的解釋。只有在知道這點之上，方可考慮決定此中那一譯書之思想體系為彌勒、無著、世親之說的方法。即是說，我們之方法首先如宇井博士般闡明由真諦譯而知的一系統之說，然後透過與以護法為代表的一系統之說作對照式考察來迴遡，即從後代遡及前代，但卻非要迫近彌勒、無著、世親之說，而係面對彌勒、無著、世親一一之著作，究明是否存在著相互不同的體系之解釋，這屬於第一階段。[19]其次考慮能夠在這些不同的諸解釋之中可決定究竟那一個為彌勒、無著、世親之說的方法，由此而確定出彌勒、無著、世親之說，這屬於第二階段。我們在這樣的意義下，於方法論上，一方

19 由安慧《三十頌釋》可知的唯識說與護法之說根本不同，這是一另外的體系。同一的根本立場會選擇同一之根本構造，而不會有思想體系部分的相異。相異的根本立場則會（選取與本身不同）在根本構造上相異的另一之思想體系。〔此註為上田所補加〕

面與宇井博士之考究方法會有所不同，而另一方面，則於只列取真諦譯，以釐清此中所見的思想這點上仍遵從博士之方法。基本上，於博士之場合中所考慮的，乃是要由真諦譯以知道——與護法所代表一系統之說相異的——另一系統之說；然而，我們卻認為由知道「關於一一之《論》的真諦所傳之說為何」，以明瞭真諦所傳的唯識說體系作為目的，也必然不會造成任何系統之〔扭曲〕問題，而於這一點上與博士之場合有所不同。

附論

假如遵從上述那種方法論進路來進行研究，則便會捨棄所謂「諸本之比較對照」的方法，而必須首先只取出「真諦譯」努力地去解明其中之唯識說。這種方法，如以上所已見，乃係宇井博士之方案中所本有者。博士依照這種方法對於真諦譯之諸書，其中特別是作為中心的《攝大乘論》以及《世親釋》進行了徹底之研究，其成果早已經問世，而為眾所周知。因此，或會對我們這種微力上的重啟有所懷疑，即有何必要以與博士之方法無大差別之方法來研究相同之對象呢？關於此點我們認為有必要作一說明。

儘管博士有優越之業績，我們之所以感到有必要再重新探究真諦譯諸書中之唯識說的第一點理由是：正如已經指出，[20]就從與玄奘譯唯識說相異之觀點可以見出：最引人注目之表現的《轉識論》與《三無性論》中的思想之文字，都完全被博士所忽略。前面

20　參照宇井伯壽《印度哲学研究第六》之卷末所附的〈解說〉頁 836（附說：同頁第二行「四〇七」乃「四二〇」之誤）。

所舉之引文〔A〕，以略為變更之面貌，於《轉識論》有數次，以及於《三無性論》有一次的出現。這些文字所顯示的思想是：依他性作為識＝能分別；分別性作為境＝所分別。前者是由「緣生」而「有」，後者則指「無」之「我、法」（這裡並無說及真實性），所以，這一看便知完全不同於所謂「染、淨（真、妄）二分和合的依他性，當其顯現為染分時是分別性，而相反地當其顯現為淨分時則是真實性的三性思想」。然而，博士對這些文字卻全都通過「染淨和合之依他性」的「三性說」來解釋（這是連一語都沒有觸及，而對之完全漠視之立場）。以博士這般嚴密的治學態度，很難理解為什麼會有這種事情發生。其實，如果要解明具有這特色的思想，則必須要明瞭真諦譯之唯識說。

第二個理由是由於有一更重要問題存在：就是對於《攝大乘論》以至《大乘阿毗達磨經》、《大乘莊嚴經論》、《中邊分別論》乃至《唯識三十頌》等書中的「依他性」全都是透過「染淨二分和合之說」來解釋。如果對《攝大乘論》之〈應知勝相品〉第二之初所開展出來關於「三性」之敘述，不加任何先入之見而忠實地閱讀，則十分清楚這裡所說之「依他性」乃是「虛妄的」。[21] 至於對此有何理由要以「真妄和合之說來解釋」呢？這一點真是令人苦思不得其解。若大膽地推測其理由，則也許可通過這樣的方式而知。由於這裡所舉出之二點理由實際上互相密接關連，所以分析其中一個原因便成。作為一個原因就是先生很重視中國以來之傳統，於不但對玄奘譯之唯識說作過批判性的研究，而且深受繼承攝論宗系譜的普

21　請參照上田義文，《攝大乘論講義（六）》（《京都女子学園仏教文化研究所研究紀要》第六號），參《攝大乘論講読》。

寂、戒定（特別是後者）之說的影響之下，為了要堅守通過「染淨二分和合之依他性說」來把握初期瑜伽行派之「三性說」，所以對於此三性說相異的引文〔A〕之說未能正確地理解。而與此同時先生遂亦未能對在〈應知勝相品〉第二之初的「三性說」作出率直的閱讀。理由是：引文〔A〕中所顯示的思想與〈應知勝相品〉第二之初的「三性說」，畢竟屬於同一之思想。

當然還有其他之理由，但至少於以上所舉出之二個理由，已經可以見出為何要重新了解真諦譯中之唯識說的充分理由。因為，若想如其所如地理解真諦譯之唯識說，則「三性說」一定要解釋為構成唯識說之最基本的部分之理論。至於「阿賴耶識」成為唯識說體系的基本之理解，無疑是自中國以來而於我們之傳統早已存在。這乃由於在唯識說之理解上人們向以「玄奘譯」為主，而更由於《大乘起信論》在中國得到重視而變得壯大。但若依「真諦譯」來理解唯識說，則沒有理由不承認「三性說」為構成唯識說之基礎部分。

然而，當依這樣子來重新解明「真諦譯」之唯識說體系時，便產生了關乎方法論上之重要問題。這乃係：什麼方是在由「玄奘譯」可知的唯識說體系與由「真諦譯」可知的唯識說體系之中，對究竟「那一方」才屬於彌勒、無著、世親之原意「〔能夠〕作出決定的方法」之問題。（如果在此二體系之外還有第三個體系存在，則亦必須加上，從而在三體系中決定何者為原本之說；不過，由於目前不知道尚有這樣之第三體系存在，所以現在只對二體系作考究。）可是，如要考察「這種方法為何」一問題，為了對之作出描述，則必須先明瞭於「真諦譯」中之唯識說體系究竟是什麼樣子。若非如此，則不可能具體地描述這一「〔能夠〕作出決定的方法」。因此，對於這樣的「方法論」，姑且說到這裡為止便結束。不過，由於對能否真的得出一「〔能夠〕決定」二體系中何者為彌勒、無著、世親之說的可行方法，讀者會有相當強烈之疑念或關心，所以想只針對此點再添一字。

首先所要說者是：作為具有如此精密邏輯構造之體系的唯識說所產生的問題，是在於考究此一體系之唯識說是否為彌勒、無著、世親所共通。在關於體系之構造方面的說明上，於彌勒之場合較為簡略，而於其他人之場合則較為詳細。但儘管三人間存有這種的不同，卻無礙其所主張的體系於「根本構造本身」都是同一的。而這種同一的根本構造，必然可於「真諦譯」得到究明，此則是自不待言的。[22]

其次，於此二體系之各自本身內，從構成此體系之根本構造起著重要作用之概念或思想，不能單只得出二種想法——例如無論是「知」與「所知」、「有」與「無」、或「真」與「妄」這類——關於這點，如能取出幾個於「玄奘譯」之說與「真諦譯」之說存在著之相反關係的概念，逐一逐一地自各種觀念來究明那一個屬於彌勒、無著、世親之說，這樣便可以決定二體系中何者為彌勒、無著、世親本身所有了。由於在構成各個體系之根本構造的這些重要思想之間存在著「二者擇一」的關係，因而彌勒、無著、世親之說必定是在其中之一方。

---

22 由「真諦譯」而知的唯識說，並非與《成唯識論》之唯識說只屬部分的相異，而是與《成唯識論》者完全不同之另一思想體系。

根本的差異
- （1）根本立場的不同。（隨時可舉出）
- （2）思想體系之根本構造的不同。

〔此註為上田所補加〕

這一方法，並非個別之「文本」（text）—— 如《攝大乘論》或世親之《釋》—— 的原形之確定的方法，而是關於這些書各自所表現出來的唯識說之「根本構造」的決定方法。藉著此種進路，對於各書中所表現之思想，大部分都可以確定是否屬於彌勒、無著、世親。即這樣做便應能夠確定屬於彌勒、無著、世親之唯識說體系。

二、關於「識」的二種見解——「能變」與「能緣」

世親的《唯識三十頌》，現仍存於世的註釋有三種：梵文的《安慧釋》、漢譯的《成唯識論》以及《轉識論》。其中《安慧釋》與《轉識論》之根本思想路是一致的，《成唯識論》則完全不同。我們將首先釐清《安慧釋》與《成唯識論》間之差別，進而研究其中何者更能與梵文《三十頌》有一致性的見解，最後對《轉識論》與兩者之間異同加以考察。

為了能達到上述目標，首先從對〈第十七頌〉考察開始想是適當的。

〈第十七頌〉 vijñānapariṇāmo 'yamvokalpo yadvikalpyate/
tena tannāst tenedam sarvam vijñaptimātrakaṃ/
識轉變分別　　彼皆所分別
由此彼皆無　　故一切唯識

對於此中之 tad〔譯者按：「彼」〕是否指分別性的我與法（ātmā dharmāśca）解上，安慧與護法間之見解便有所不同。兩者見解之區別在於主張其中之 tad 為與 yadvikalpyate〔譯者按：yad 為關係代名詞【常與 tad 連用】〕相關、抑或獨立不相關之論點上。由於在安慧的看法中，tad 與 yadvikalpyate 相關，所以，

yadvikalpyate 與 tad 在意義上與分別性之我、法相同。在護法的看法中，則與此相反，yadvikalpyate 被譯為「所分別」，意謂依他起性之相分。[1] 因此，於安慧之看法，tad 是承受 yadvikalpyate，所以「彼」作為代名詞，其所指為何立即便可理解。但是，於護法之看法，tad 與 yadvikalpyate 並不相關，針對 tad 解作分別性之我、法，yadvikalpyate（所分別）解作依他性之相分，因此，tad（彼）作為代名詞所指之名詞為何在〈第十七頌〉中並不存在乃是毫無疑問的。而直接在前之〈第十六頌〉中也沒有此名詞，結果即使追溯至〈第一頌〉也沒見出「我」、「法」這些詞。

關於 yadvikalpyate......tad 安慧與護法這兩種見解，究竟那一方作為梵文之解釋比較自然呢？應必得說乃是安慧之見解。[2] 安慧的見解接近世親之原意這點可以證明。安慧之解釋繼承世親之原意一推測，以〈第二十頌〉作為參考便可更加確定。從比較〈第二十頌〉與〈第十七頌〉來看，便知道〈第二十頌〉對〈第十七頌〉中現今之問題部分有更詳細的處理，而此不外就是加上了「彼為分別性」一說明語。

〈第十七頌〉

tena yad vikalpyate tannāst

〈第二十頌〉

yena yena vikalpena yad yad vastu vikalpyate……na sa

---

1 「所變相分名所分別，見所取故」(《成唯識論》卷七・一九左）詳請參照注 43。

2 荻原雲來、H. Jacobi、宇井伯壽、山口益・野澤靜證、E. Fuauwallner、S. Lévi 等之翻譯與安慧的見解一致。Poussin 之法譯與梵文本不同而與玄奘一致，這當然如此，因為它原來乃是《成唯識論》的法譯。

vidyate

↓

（parikalpitaevāsau svabhāvo）

〈第二十頌〉明言 yadvikalpyate 為分別性（parikalpitasvabhāva），所以可見〈第十七頌〉之 yadvikalpyate 意謂分別性、即我、法。即使不管〈第二十頌〉之敘述，於《三十頌》無論何處也無法見出斷言〈第十七頌〉之 yadvikalpyate 並非分別性、而一定是指依他起性的根據。[3]與之相反，〈第十七頌〉之 yadvikalpyate 作分別性之解釋於〈第二十頌〉可得到強有力的支持。如果於《三十頌》不能見出支持這種作依他性之相分解的文字，那麼，就必得斷定安慧將 yadvikalpyate 釋作分別性之見解乃是繼承世親之原意。

準此，我們可以斷定 yadvikalpyate（所分別）是指相分之見解並非世親的想法。由於相分與見分相關，如果沒有相分之思想便也沒有見分之思想。實際上就《三十頌》便可確認：被《成唯識論》於〈第十七頌〉解為見分之 vikalpa 根本沒有見分之意思。[4]於《三十頌》中世親本人說：「vikalpa 是依他性，從緣生而有」。[5]這表示 vikalpa 指依他起性之識之全體，而非只是見分而已，與此相同，彌勒也說 abhūtaparikalpa（＝ vikalpa）也就是屬於三界之心、

---

3 從玄奘譯之《三十頌》可見，由於在〈第一頌〉已有「識之所變」的用語，因而〈第十七頌〉之「分別所分別」必得指作為「所變」的「依他性之見分相分」。可是如下所述，〈第一頌〉之梵文並無「所變」之義，因此這也不能作為根據。

4 請參照注 43。

5 《三十頌》〈第二十一頌〉（Lévi, p. 39, *l.* 21）。

心所。[6]因此，如果採用玄奘之翻譯用語，則 vikalpa 包含了八識之心、心所的全部。於〈第十七頌〉之安慧釋，vikalpa 被說為阿賴耶識、染汙意與轉識之自性，這都與世親和彌勒之見解一致。vikalpa 意謂心、心所之全部，然而見分只是心、心所之所變的其中之一，所以將 vikalpa 視為見分是不當的。準此而觀，必得斷言：於世親見不出以〈第十七頌〉中之 vikalpa 與 yadvikalpyate 作為「見分」與「相分」之思想的根據。因而在《三十頌》亦無法見出於〈第十七頌〉外任何顯示可解作「見分、相分」之思想的文字。至於見分與相分被視為識之所〔轉〕變，[7]而說及所變之文字可能在〈第一頌〉中見出。既然在那裡對所變有所說明，則說不定可以知道相分、見分之思想應否為世親之看法。如果所變之思想真的屬於世親，則我們便一定可以對此點加以確定。「所變」之原字與「能變」之原字同為 pariṇāma 。首先應懷疑這裡關於同一之 pariṇāma 一詞於世親是否有異於能變之識與所變之相分、見分的不同意義呢？

〈第一頌〉之梵文揭示：

ātmadharmopacāro hi vividho pravatate ｜
vijñānapariṇāme 'sau pariṇāmaḥ sa ca tridhā ‖

基於對這梵文 pariṇāmaḥ sa ca（因而「此」指 pariṇāma）之直接了解，第四句之 pariṇāma 可解釋為與第三句之 vijñānapariṇāma

---

6 *Madhyāntavibhāgaṭīkā* éd. par S. Yamaguchi (Nagoya: Libraire Hajinkaku, 1934), Karika l. 8a-b (p. 30); *Vijñaptimātratāsiddhis* éd. par S. Lévi (Paris: Champion, 1925) p. 39.

7 「三能變及彼心所皆變似見相二分之轉變名。所變見分說名分別、能取相故。所變相分名所分別、見所故取。」(《成唯識論》卷七・一九右)

有相同的意義。但是玄奘並卻非這樣解釋，他把第三句之 vijñānapariṇāma 解作「所變」（相分、見分）而將第四句之 pariṇāma 解作「能變」（識之自體）。

從安慧之見解可見：與玄奘譯不同，兩 pariṇāma 均視作同一。第三句之 vijñānapariṇāma 安慧理解為可與 vikalpa 及 vijñānasvarūpa 互換。

（1）dharmāṇatmanaśca vijñānapariṇāmadbahirabhāvāt (p. 15, *l*. 25)

（2）tasmādvikalpādbahirbhūtamivopādāyātmadyupacāro rūpādi dharmopacāraścanādikalikaḥ pravartate (p. 16, *ll*.5-6)

（3）vijñānasvarūpe bahiścātmadharmābhāvātparikalpita evātmā dharmāśca (p. 16, *l*.8)

因此，於安慧之見解下列之等式成立：

vijñānapariṇāma ＝ vikalpa ＝ vijñānasvarūpa

此中 vijñānapariṇāma ＝ vikalpa 與〈第十七頌〉之 vijñānapariṇāmo' yam vikalpa（此 vijñānapariṇāma 就是 vikalpa）世親本人的文字相一致。[8] 換言之，如果安慧對〈第一頌〉第三句之 vijñānapariṇāma 的註解以〈第十七頌〉世親之文字作為基準，則其可行性乃是理所當然的。可是，在護法卻不能作出這樣的解釋。〈第一頌〉第三句「所變」意謂「相分、見分」，〈第十七頌〉中「轉變」則解作動詞。《成唯識論》這一解釋不符合梵文《三十頌》。梵文之 ayam（彼）與陽性的 pariṇāma 相關，於《成唯識論》中「是」與「轉識」

8 世親此句安慧換作「此 vijñānapariṇāma 稱作 vikalpa」。

無關、而與「諸識」（識 vijñāna 是中性）有關一事，在「是諸識者云云」之論點中亦出現。可以見出：安慧於此一場合中也視〈第一頌〉第三句之 vijñānapariṇāma 和〈第十七頌〉之 vijñānapariṇāma 為相同之見解與梵文本直接地一致。相反地，於將〈第一頌〉第三句之 pariṇāma 視作「所變」，而將〈第十七頌〉之 pariṇāma 視作「轉變」之護法的解釋中，「此」（ayaṃ）的指謂則與梵文本有所不同。自不待言，安慧釋將 ayam 解作與 pariṇāma 相關乃是十分合理。[9] 因而我們亦不得不認為安慧之解釋忠實於《三十頌》之原意。

vikalpa 如上所述就是三界之心、心所，因此，如果從〈第十七頌〉可以知道〈第一頌〉第三句之 vijñānapariṇāma 不外就是 vikalpa，則自不待言此與第四句之 pariṇāma 相同。從自第四句直至〈第二頌〉「此 pariṇāma 有三種（被稱為）異熟、思量與境之別」這一《三十頌》本身之記述便可以斷定。依此，vijñānapariṇāma 意謂三種識（異熟識與染汙意和轉識，如依玄奘譯：就是「八識」），所以，此便是「識」之所指。而安慧之視 vijñānapariṇāma 與 vijñānasvarūpa 為可互換乃是十分當然之事。

如以上所究明，〈第一頌〉第三句之 vijñānapariṇāma，與〈第十七頌〉之 vijñānasvarūpa 以及〈第一頌〉第四句之 pariṇāma 有相同之意義，均意謂阿賴耶識、染汙意及轉識。而從 vikalpa（三界之心、心所）與之同義此點，便可知安慧與世親具有共通之見解。於達致這一見解後重新看《三十頌》，vijñānapariṇāma 之有以上之意味，其實毋須借助安慧之解釋而單憑《三十頌》便能確定地見

9　yo ’yaṃ vijñānapariṇāmastrividho ’nantaramabhihitaḥ so ’yaṃ vikalpaḥ (p. 35, *l.* 10)

出。首先，〈第一頌〉第四句之 pariṇāma 意謂三種識，此通過將第四句與〈第二頌〉之前半合起來便可得知。於是對此三種識之說明自〈第二頌〉之後半一直連續至〈第十六頌〉。跟著〈第十七頌〉說「此 vijñānapariṇāma 就是 vikalpa」，顯然其中之「此」乃由前面從〈第二頌〉後半至〈第十六頌〉所說明的三種識來承受。由於〈第十七頌〉之 vijñānapariṇāma 與〈第二頌〉第四句之 pariṇāma 相同，以及 vijñānapariṇāma 即是三種識，故可知它就是 vikalpa 。其次，〈第一頌〉第四句之 pariṇāma 與第三句之 vijñānapariṇāma 相同一事，在第四句之 sa（彼）顯示出來。依上述之方式來直接閱讀梵文，誰都會理解此 sa 指前面之 vijñānapariṇāma 。調伏天之《唯識三十頌釋疏》也將〈第一頌〉之兩 pariṇāma 視為同一。[10]

由於此一 sa 與第三句之 vijñānapariṇāma 及第四句之 pariṇāma 在意義上相同，如果依玄奘譯此兩 pariṇāma 則為相異——前者為所變（相分、見分），後者為能變（識）——之立場，這樣 sa 與梵文本有不同之意義便變成有道理了。那麼，既然此兩 pariṇāma 解作為「所變」與「能變」不同之意義，則於《成唯識論》中 sa 是如何被解釋？且從而導致全體之意義與梵文本會有怎麼樣的相違呢？梵文 pariṇāmaḥ sa ca tridhā 一句玄奘譯作「此能變唯三」。「此能變」與梵文之 pariṇāmaḥ 看起來好像一致，但是實際上卻不然。理由是：這裡「此能變」並非「此個能變」而是「此個之能變」之意義。《成唯識論述記》便依此而作出下列之解說：

> 此者，即識之所變也。彼我法相依識所變。此識所變之能

10「應該見出我之假說與法之假說底所依乃是三種識之轉變」（山口益、野澤靜證，《世親唯識の原典解明》〔京都：法藏館，1953〕，頁 197）。

變有三種。[11]

「此能變」不能讀作「此個能變」，因為在這第四句之前是說所變而非能變，所以，它當然不能指「此個『能變』」。由於前面所說的是所變，「此能變」便不得不成為「此所變之能變」。假如第三句之pariṇāma 譯作「所變」，第四句者譯作「能變」，那麼「此」（sa）一定要解成指所變而別無他意，因此之故，《述記》乃有「所變之能變」之說明產生。假如《述記》之 pariṇāmaḥ sa 為指「所變之能變」的解釋果真正確，則「此」（sa）作為代名詞便變成代替作為名詞之「識所變」（vijñānapariṇāma）。「識所變之能變」還原到梵文是 vijñānapariṇāmasya pariṇāma 。但是當然我們知道「vijñāna 之 pariṇāma」並非「pariṇāma 之 pariṇāma」之意，理由是根本上沒有這種實際之用例。漢文之「所變之能變」一表達之所以成立則乃由於「所變」與「能變」有不同之意義。但於梵文本這樣的說法卻不能成立，因為 pariṇāma 一詞沒可能顯示出作「所變」解之場合與作「能變」解之場合的區別，因此之故，可知將同一之 pariṇāma 作「所變」與「能變」不同之了解的《成唯識論》之解釋並不合乎《三十頌》之梵文。而於安慧釋 vijñānapariṇāma 始終作同一意義——三種識＝ vikalpa ——而使用，這毫無疑問切合《三十頌》之原意。

依以上之考察，梵文本之〈第十七頌〉並沒有「識之所變之見分、相分」的思想，在〈第一頌〉梵文中也沒有「所變」之說法。因此，可想而知安慧之解釋乃順著梵文之意義忠實地加以詳細說

11「應該見出我之假說與法之假說底所依乃是三種識之轉變」（山口益、野澤靜證，《世親唯識の原典解明》，頁 197）。

明。除〈第十七頌〉與〈第一頌〉外，能夠極成「識體轉似二分」之思想的根據於梵文《三十頌》都無處可覓，[12] 所以，我們可以知道：雖然所謂「識體轉似二分」於某一意義上已成為關於唯識思想之常識，但是於梵文《三十頌》卻沒有這種思想。

如果可明確地斷定在梵文《三十頌》並沒有「識所變之相分、見分」的思想，則必得說也不能把「識」稱作「能變」。由於不能有「所變」，所以也沒有「能變」。「能變、所變」之概念乃是梵文《三十頌》所不知之概念。

如果「識」之特性並非能變，那麼是什麼呢？自不待言就是「能緣」。安慧再三強調：「識者是指認識之作用」（vijñānātīti vijñānam）。[13] 況且此並非安慧之創見而乃係自原始佛教以來之定論。[14] 梵文《三十頌》非常清楚地顯示出「識」就是「能緣」。首先，於〈第十七頌〉可見出其中 vijñānapariṇāma 意謂上述之三種

---

12 〈第十八頌〉之 pariṇāma 並無「識轉變為顯現出見分、相分」的意義，而是指阿賴耶識中之種子由生的階段轉至熟的階段。這只是內在於種子之領域立言，而與現行識並無關係。

13 *Triṃśikā* éd. par S. Lévi, p. 18, *l. 26; Madhyāntavibhāgaṭīkā* éd. par S. Yamaguchi, p. 20.

14 *Saṃyutta Nikaya*: kiñca bhikkhave viññāṇaṃ vadetha vijānatiti kho bhikkhave tasmā viññāṇan ti vuccati. (III. p. 87)
Majjhima Nikaya: Kithavatā nu kho āvuso viññāṇan ti vuccatīti, vijānāti vijānātīti kho āvuso tasmā viññāṇan ti vuccati (I, p. 292). Cf. *Visuddhimagga* (PTS II, p. 452 ＝ HOS p. 383)
（SN 依海野孝憲君、MN 依前田惠學君之協助。）
境是所識，而識乃是認識境，此為自原始佛教以來一直至阿毘達磨佛教不變之通義。世親《俱舍論》說：「vijñānaṃ vijñaptiḥ」，真諦譯作「識陰對對觀」（玄奘譯：「識謂各各了別」），表示識對向境而注視之。彌勒《中邊分別論》〈相品〉〈第八頌〉曰：「識見境自體」（arthamātra-dṛṣṭir vijñānam）。

識。因而，它也稱作 vikalpa 。由（tena）此之 vikalpa 所分別之東西（yadvikalpyate）就是分別性之「我 、法」，此點於〈第二十頌〉十分明確；只不過於安慧方明言我 、法乃是相對於 vikalpa 之「所緣」。[15] 因此，很清楚地與之相對的 vikalpa 就是「能緣」。視 vikalpa 與 yadvikalpyate 為能緣與所緣的關係之安慧的解釋與梵文〈第十七頌〉、〈第二十頌〉恰好一致。（如《成唯識論》般）將 vikalpa 與 yadvikalpyate 分別解作見分與相分的立場而與梵文之間產生不一致性在這裡不會出現。由於 vikalpa 是能緣，所以三種識也是能緣，而 vijñānapariṇāma 亦是能緣。對於護法而言，〈第十七頌〉之 vikalpa 作為見分故是能緣，而 yadvikalpyate 作為相分故是所緣。可是，依循這種主張 vikalpa 有見分之解釋，則肯定「識本身就是能緣」這種梵文本之本來思想便全被隱蔽了。又依循這種主張 yadvikalpyate 有相分之解釋，則以「分別性之我、法為相對於識之所緣」之梵文本思想便也喪失了。

識並非能變、而是能緣之事都兼且重要，即 vijñānapariṇāma 就是能緣。這一立場從〈第十七頌〉中 vikalpa 就是指能緣便可知，而進一步從〈第一頌〉第四句也可得知。因為這裡說「此 pariṇāma 有三種」，而且列舉此三種為阿賴耶識、染汙與轉識。於梵文《三十頌》pariṇāma 意謂能緣，這在對於 pariṇāma 之理解上給與了我們非常重要之指示。

由上面可以得出下列之等式：

【A】能緣 ＝ vikalpa ＝ 三界之心、心所

---

15 sa vijñānapariṇamo vikalpa ucyate asadalambanatvāt kathaṃ punaretad vijñāyate tadālambanam asaditi (p. 35, *l.* 17).

= vijñāna

= vijñānapariṇāma

= pratītyasamutpanna

= paratantrasvabhāva

所緣 = yad vikalpyate

= ātmā dharmāśca

= sarvaṃvijñeyam[16]

= parikalpitasvabhāva

至於這樣的梵文《三十頌》與《安慧釋》之思想，於真諦非常清楚地表現出來。對於梵文〈第一頌〉《轉識論》作如下的論說：

> 轉識有二種：一、轉為眾生；二、轉為法。一切「所緣」不出此二，此二實無。次明「能緣」有三種。

此中清楚地以我、法為所緣，而除此之外便無所緣。這顯示並無「依他性之相分」的思想。同時，規定了三種識性為能緣。因而由此能緣與所緣的關係，可有以依他性為識和以分別性為我、法的關係成立。於《轉識論》之〈第十八頌〉及〈第十九頌〉釋中可見出下列的文字：

> 一一識中皆具能所。能分別即是識，所分別即是境。能即依他性，所即分別性（〈第十八頌〉釋）。
>
> 宿業熏習即是所分別為分別性。業熏習執即是能分別為依

16 sarvaṃ vijñeyaṃ parikalapitasvabhāvatvād vastuto na vidyate vijñānaṃ punaḥ pratītyasamutpannatvād dravyato 'sti (p. 16, *ll.* 15-16).

他性。所即為境、能即為識（〈第十九頌〉釋）。

因此，依真諦有下列之等式成立：

【B】能緣 ＝ 三種識
　　　　＝ 識
　　　　＝ 能分別
　　　　＝ 依他性
　　所緣 ＝ 我、法
　　　　＝ 境
　　　　＝ 所分別
　　　　＝ 分別性

這顯示了安慧、世親之等式【A】與真諦之等式【B】完全一致。在兩方使用不同文字的場合，都可相互幫助了解對方。兩方均主張「識」就是「能緣」，而「非識」就是「所緣」。因此，「識」與「非識」之區別就是「因緣生之物」（有）與「非因緣生之物」（無）之區別，亦是「依他性」與「分別性」之區別。如果「識」被看成為「能緣」，則「依他性之全部」便是「能緣」，而「相分」（依他性）之思想便定無成立之餘地。說「安慧主一分說，二分皆計所執」這種勾劃已含見分、相分的思想。換言之，如果接受從「識是能變」之立場來作描述，則這是沒有忠實地去紹述安慧本身之思想。因為由上所述可以看出：於安慧本身之思想並沒有「所變之見分、相分」的思想。[17]

17　依山口益博士：「見相分之詞於梵語西藏語存在，但於安慧釋疏中迄今為止未見有此種用例。」（《世親唯識の原典解明》，頁 165）

以上的考察可由知：梵文《三十頌》與《安慧釋》及真諦譯之《轉識論》完全一致。與之相反，《成唯識論》則持完全不同的見解。依此我們可以作出以下的結論——依照《唯識三十頌》之描述，「能變、所變」的思想於世親原不存在，即使於安慧與真諦也不存在，這乃是玄奘承繼自護法之唯識說所特有者。

三、關於「Pariṇāma」

1. 誰是最初之使用者

所謂 pariṇāma 一概念作為瑜伽行派之哲學術語，即作為 vijñānapariṇāma，究竟是誰最初使用這一問題，迄今尚未有人提出。直至今天，此詞於瑜伽行派之系統仍然沿用自古以來的含混意義。不過，實際上，作為此派之術語而使用乃是出乎意外地新，我們認為最初之使用者是 Vasubandhu（世親）。

Asaṅga（無著）為世親之兄長，眾所週知，其主要著作是 *Mahāyānasaṃgraha*（《攝大乘論》)。此書如其名所示，可說是大乘佛教概論或者大乘佛教要論，屬於印度大乘佛教之書中最有完整組織，也可說是唯識說之書中最見概括性之系統性著作。然而，不僅在有這樣的組織性、概括性的書中，即作為於最靠近世親之年代的世親之兄長的著作中，也沒有見出 vijñānapariṇāma 一詞。

就漢譯所見：〈應知勝相品〉第二述及一切之分別有十種，而十種之中之作為第四的是「相變異分別」。這是指「老等變異」，但這一「變異」是 vikāra（參照〈西藏譯攝大乘論〉山口益譯，《常盤博士還曆記念佛教論叢》，頁 479），而非 pariṇāma 。Vikāra「變異」亦有時與 pariṇāma 同義（參照拙著《佛教思想史研究》改訂版頁 322，或舊版頁 408），不過，這只局限於識之轉變場合中的 pariṇāma。老等之變異，依唯識說，乃是在「識轉變」之上所成立之物，何況這只不過是一切法中之一，而識轉變則是一切法於其上成立的基礎。

又於此論真諦譯中有下面之記述，其中可見到「變」與「變異」，但無論玄奘譯、達摩笈多譯或西藏譯，都沒有這類詞語。恐怕即使在真諦所見之原本也無 pariṇāma 一詞，而純屬由他所補上而譯出者。

(a) 論曰：此法與彼相應共生共滅「後變」為彼生因。（《大正》三一，162b）

(b) 論曰：是心與欲等同生同滅彼數數生為心「變異」生因。（《大正》三一，162c）

由於《攝大乘論》這一部分是說明熏習之地方，此中有「變異」一詞出現，當然乃是世親以後之唯識思想。

若就此詞所有之意義而觀，則很清楚是真諦所補入者。

作為無著之師的 Meitreya（彌勒）有《中邊分別論》、《大乘莊嚴經論》、《瑜伽師地論》等多部關於唯識說之著作，但其中無論那一部都沒有見到 vijñānapariṇāma。於 *Mahayāntavibhāga* 中，依山口益博士所作之 text（文本）的索引，不僅在彌勒之偈無法見到此詞，即使於世親之釋也沒有看見。而單只在安慧之《複註》中才得發現。

又於 *Mahāyānasūtrālaṃkāra* 中亦見到 pariṇāma 一詞，這在漢譯中也譯作「變異」。可是，這並非 vijñānapariṇāma 之意。在通過剎那滅闡明依他相之諸法為無常之後，此剎那滅依十五義而成立。然而這並非指「識轉變」，依世親釋，這是指內外之諸法（ādhyātmikabāhyānāṃ bhāvānam）的變化，此中並列舉出乳由酪之位至酪之相的出現作為譬喻（XVIII, Karikā 83）。此外，在說明內法之剎那上，有十四種之「起」（utpāda）的說法。其中第五被說作「變起」（vikāra），意謂由於貪等而變生（vipariṇāma）色等（varṇādi）（XVIII, K. 84）。再者，於說及外法之四大與六種之造色都是剎那滅時舉出了十四因，而在土地有二起與四變之六因。然此四變就是 pariṇāmacatuṣṭaya 。四變包括：一是由眾生之業力而有之差別，二是由掘鑿等之人功而有之變化，三是由火風水之諸大而出現的變化，四是由時間轉移而出現之異相（XV III, K. 90）。Pariṇāma 於此書都是在以上之意義被使用。由此可見彌勒是知道 pariṇāma 一詞，但是，作為這樣意義之詞卻並非 vijñānapariṇāma 。在〈第十一品〉之〈第三十四頌〉以下有述及對於唯識之探求（vijnāptimatratāparyeṣṭau），不過，這都是依 prahāsa、ābhāsa、pratibhāsa 來解釋，而並非用作 pariṇāma 。

從《瑜伽師地論》也可得出類似之結果。此論之 Bodhisattvabhūṃi 都沒有用作 pariṇāma 這名詞之形式，而只用作 pariṇāmati（玄奘譯作「轉變」）這動詞之形式（Wogihara, *Bodhisattvabhūmi*, p. 295, *l.* 17）以及 pariṇāmaika（玄奘譯作「能變」）這形容詞之形式（見同書卷末索引）。不過，這些當然與 vijñānapariṇāma 之用法無關。於〈攝決擇分〉中有說及阿賴耶識、種子、阿賴耶識與轉識之更互因果等，但是，這裡也沒有看到「轉變」一詞。

同時，作為唯識說文獻上最古之《解深密經》就西藏譯所見有 yoṅs su ḥgyur ba（pariṇāma）之使用（Peking ed. 14a），但是，這也是與〔Mahāyāna-〕Sūtrālaṃkāra 等場合相同，都沒有 vijñānapariṇāma 之意思。如於鏡面之譬喻，即使言鏡面上生出一影乃至多影，也並非如鏡面「轉變」成影這類場合中被使用。從以上便可以見出 pariṇāma 一詞自古以來只在一般意義上被使用。

如上所見，在世親以前的唯識說之書中並沒有 vijñānapariṇāma 一概念。然而，世親於短短的《三十頌》中卻二次使用 vijñānapariṇāma，三次使用與此同義之 pariṇāma，合起來一共五次。而同時於《二十論》中也有數次使用 pariṇāma，且有作為動詞 pariṇāmanti 而使用。由這樣的事實我們可以知道：直至無著為止之唯識說於構成上並無 vijñānapariṇāma 一概念。這一事實的確認，對我們關於唯識說之理解造成甚大的影響。所謂「識轉變」之思想，我們能否因此將之與所謂「因能變、果能變」之思想、甚或所謂「變謂識體轉似二分」之思想分離開來而對唯識說進行考察呢？直至無著為止之唯識說並無 vijñānapariṇāma 一概念，到底它是怎樣地組織唯識說呢？又世親是基於什麼理由將 pariṇāma 一概念導入唯識說呢？更進一步，由於這概念之導入，究竟古來之唯識說在世親身上有無產生變化呢？如果有所變化，則那是什麼樣子之變化呢？又如果沒有變化，則當把世親中所有之 vijñānapariṇāma 概念拔去，唯識說應仍然有可成立之理由（與直至無著為止者有相同的意義）；不過，相當清楚，於《成唯識論》若將「識轉變」之概念拋棄，則唯識說便無法成立了。所以，《成唯識論》之說，與至無著為止之說，因而與世親之說乃是大大地相異。或者，相反地，是否世親之說因這概念之導入而引起了變化，於是與《成唯識論》之思想相一致呢？這幾個問題都是由於對 vijñānapariṇāma 一概念被世親採用為唯識說之術語一事實的發現而引起的。我們首先對《成唯識論》之言唯識說如無「轉變」一概念便不成立一事加以確定，然後釐清缺乏此一概念之直至無著為止的唯識說是如何地成立，再其次考察於並無此一概念卻成立之唯識說有何必要使得世親導入此概念。從而考察此一概念導入以後之唯識說究竟起了怎麼樣的變化？

2.《成唯識論》之「轉變」

《成唯識論》如眾所週知畢竟是對於世親之《三十頌》的註釋書，而非獨立的一書。所以，它必有關於「轉變」概念之說明來作為對於《三十頌》中的pariṇāma一詞之註釋。於《三十頌》中，pariṇāma一詞共有在〈第一頌〉（二回）、〈第八頌〉、〈第十七頌〉、〈第十八頌〉之五次使用。然而，《成唯識論》中之解釋卻可整理為如下（A）與（B）兩點：

〔《唯識三十頌》〕	〔《成唯識論》之解說〕
（A）	
（甲）〈第一頌〉之第三句	
「彼依識『所變』」 （vijñānapariṇāme 'sau）	「『變』謂識體『轉似』二分，相見俱依自證起故（卷一）
（乙）〈第十七頌〉之第一句	
「是諸識『轉變』」 （vijñānapariṇāmo 'yaṃ）	「是諸識……皆能『變似』見相二分立『轉變』名」（卷七）

（B）

〈第十八頌〉之第二句

「如是如是『變』」 （pariṇāmas tathā tathā）	「此識中眾餘緣助故即 便如是如是『轉變』， 謂從生位『轉』至熟時， 『顯』變種多重言如是」 （卷七）

（A）之（甲）只取出〈第一頌〉之「所變」中的「變」來解釋，所謂「變謂識體轉似二分」，就是「相見俱依自證起」。（乙）之〈第十七頌〉中「轉變」與此〈第一頌〉之「變」同一意義，至於〈第一頌〉的釋中之「識體」與〈第十七頌〉的釋中「是諸識」之識體相同這點更不待言。由此可知，《成唯識論》中「變」與「轉似」與「變似」與「轉變」都是同義的。這是「轉變」的一種意思。

「轉變」之另一種意思可在〈第十八頌〉的釋中得見。此指阿賴耶識中種子自生位（當此習氣被諸法於阿賴耶識所熏習）而達至轉變為熟之時（當先前被熏習之習氣獲致作為生諸法的因之資格時）。（A）之意思，表現在現行之識中其自體與相見分之關係；換言之，這指「同一剎那」中識體與其作用之關係；與此相對立，（B）之意思，則表現在阿賴耶識中種子前後之關係；換言之，這指「異剎那」間之關係。

在這兩種意義之中，像（B）那樣子的思想，即於阿賴耶識由於諸法之熏習反覆進行、結果其習氣成為生諸法之因的思想，已經包含於《大乘阿毘達磨經》被稱作阿賴耶識與諸法間之「同時更互因果」的思想中，所以，如果這就是特別地稱之為 pariṇāma 的理由，則這並不會於「更互因果之思想」內容上產生任何新意，而只不過是在將它導入以後，相對於沒有 pariṇāma 一概念時而言，在稱呼上有此 pariṇāma 一詞後顯得更清楚而已，但這並非意謂於「同時更互因果」之思想產生了任何特別的變化。因此，如果將這樣的思想稱作 pariṇāma，則只不過是為了對之有較明確的意識，然而，這並非說在唯識思想史上會有特別值得提及之重大意義。

而，在（A）方面事情卻完全不一樣。「識體轉似二分」之思想作為《成唯識論》中 pariṇāma 的意義內容，乃是構成「萬法唯識說」之基礎。就《成唯識論》之構造所見，「能變」、「所變」可以說是其基本概念，由此而說明「諸法不離識」。即我、法不外是識之「所變」上的假說，這是「諸法唯識說」之根本。「能變」意味八識，此中區分為「因能變」與「果能變」，而所謂「一切之我、法不外是此能變及其所變」，則是「諸法唯識說」之中心所在。《唯識三十頌》之〈第一頌〉說：「由假說我法，有種種相轉，彼依識所變，此能變唯三。」此中表示依「能變識」的「所變」有種種之相而假說我、法。然後，在作出對此「三能變」之說明後，於〈第十七頌〉中說：「是諸識轉變，分別所分別。由此彼皆無，故一切唯識。」這顯然是依〈第一頌〉所述之「能變」與「所變」之關係來說明諸法唯識。梵文中原全為 pariṇāma，對此玄奘譯卻有「能變」、「所變」、「轉變」（或變）之種種不同之譯語，而其中「轉變」（變）比起「能變」與「所變」來擔負著更重要之任務。從《三十頌》之〈第二頌〉到〈第十六頌〉，依次對於「第一能變」、「第二能變」與「第三能變」作出說明；〈第十七頌〉則說：「轉變」，由於其內容是「能變」之關係，故在它以外便無我、法。可以見出，這是說「轉變」不單單是「轉變」，而且也是「能變」與「所變」。既然〈第十七頌〉是這樣子說諸法唯識，《成唯識論》遂對之作出如下的解說，這是依照五位之分類來說明諸法唯識。

　　五位
心法………識自性故
心所法……識相應故
色法………二「所變」故
不相應法…三分位故
無為法……四實性故
諸法皆不離識總立識名（卷七）

十分清楚，五位之中最有問題的乃是色法。心是識之自性，心所是心之伴，不相應法是在心、心所與色之上假立之物，因此，關於這三者並無離心（即識）而獨立之實在性這一點是很容易理解的。又無為是心等四法之實性，所以，由於四者不能離開識，當然它也不能離開識。可是，色是有別於這些東西，因為普通人均以為凡屬與心相對反之物都是心外之實在，所以要闡明「色離識無獨立之實在性」一事並不容易。這可從哲學史上唯心論與唯物論對立一事實得到證明。十分清楚，「色不離識」乃是諸法唯識說之焦點。而作為此「色不離識」之基礎的概念則是「識轉變」。如上所已指出，「色不離識」之理由在於它由「心心所二所變故」。因此，如果拿掉「所變」（轉變）一概念，那麼，「色不離識」之理論便不能成立了。

「轉變」之（A）之意義乃是「轉變」的其中之一面；按《成唯識論》所解，「轉變」還含有「自種子生現行之識」與反向的「現行之識熏習習氣」之意義，而且這一意義與前述之（B）之意義有不可分離之關係。如果拿掉「轉變」一概念，則意謂完全去除了「能變」、「所變」之思想，那麼《成唯識論》以「轉變」為主軸的唯識說便不能成立了，這是毋須贅言的。

3. 至無著為止的唯識說

由於直至無著為止尚未有 vijñānapariṇāma 一概念，當然也沒有所謂「能變」、「所變」之思想，因此亦無所謂「變謂識體變似二分」、「依識所變假說我、法」之言。至於沒有這種思想而仍卻成立的唯識說，是如何地為後世由有此種思想而組織出來的唯識說所理解呢？這點幾乎從未有人加以考察。那麼，既然沒有 vijñānapariṇāma 一概念，到底直至無著為止的唯識說是以那一個概念為中心來組織的呢？此就是 pratibhāsa（ābhāsa, avabhāsa, etc.）。

(1) vijñaptimātratām idaṃ rūpādidharmapratibhāsam utpadyate na tu rūpādilakṣaṇo dharma ko 'py satīti (Viṃśatikā èd. par S. Lévi, p. 6, *ll*. 11-13)

〔真諦譯：「一切法唯識生似塵識，無有一法色等為相。」（《大正》三一，72a）

玄奘譯：「若了知唯識現似色等法起，此中都無色等相法。」（《大正》三一，75c）

(2) vināpy arthena yathārthābhāsā cakṣurvijñānādikāvijñaptir utpadyate (Lévi, p. 9, *l*. 5)

〔真諦譯：「似塵識離色等六塵眼等六識，似六塵現。」（《大正》三一，73a）

玄奘譯：「雖無外境，而眼識等似外境現。」（《大正》

三一，76c）〕

(3) arthasattvātmavijñaptipratibhāsaṃ prajāyate vijñānaṃ nāsti cāsyārthas tad abhāvāt tad apy asat (*Madhyāntavibhāgaṭīkā*, èd. par S. Yamaguchi, p. 16, *ll*. 19-20)

〔真諦譯：「塵根我及色，本識生似彼。但識有無彼，彼無故識無。」(《大正》三一，451b）

玄奘譯：「識生變似義，有情及我了。此境實非有，境無故識無。」(《大正》三一，464c）〕

(4) vijñaptimātratā taparyeṣṭau dvau ślokau

cittaṃ dvayaprābhāsaṃ rāgādiprābhāsam iṣyate tad vat śraddhādiprābhāsaṃ na tadanyo dharmaḥ kliṣṭakuśalo'sti iti cittaṃ citrābhāsaṃ citrākāraṃ pravartate tatrābhāso bhāvābhāvo na tu dharmāṇāṃ tataḥ (*Mahāyānasūtrālaṃkāra*, XI. 34, 35)

〔波羅頗蜜多羅譯：「說求唯識，偈曰：

[a] 能取及所取　此二唯心光
貪光及信光　二光無二法

[b] 種種心光起　如是種種相
光體非體故　不得彼法實

《大正》三一，613b）〕

此中之（1）與（2）為《唯識二十論》之文，所以是屬於世親者，不過，這裡所見到的 dharmapratibhāsaṃ vijñānam 或 arthābhāsā vijñaptir 之表現，乃係古說與世親所共通者，可見此乃世親所繼承自古說者。假如這樣見解在此一場合是與世親其他之說相矛盾而行不通的話，則必須重新作出修正。但因為我們還未碰到這樣子「行不通的場合」，所以仍可依照這種立場進行理解。

按照這些文字，境（artha）及色等諸法（rūpādidharmāḥ）為無（nāsti）（3），而所謂「生似境」（pratibhāsam, ābhāsā）之「識」（vijñānam）（3），vijñaptir（1）（2），cittam（4）詳言之便是眼識等八識，這八識各自有心所相伴。此等八識的心、心所，簡單地概稱為「識」。arthapratibhāsaṃ vijñānam（又 arthābhāsā vijñapti，dvayaprābhāsaṃ cittam）句中之「識」（或「心」）包含了這樣種種之內容。相同地，artha 亦包含了諸法之全體為其內容，因而包含了六境六根六識之全體。（3）是對於諸法作所謂「六境」（artha）、「五根」（sattva）、「染汙意」（ātman）、「六識」（vijñapti）之分類法，至於（4）則是區分貪等染法與信等善法。由於 artha 與 dharma 同義，所以，依唯識說一切法都是識之境。此外，這裡 vijñāna 與 vijñapti 兩者被用到，甚至 citta 也被用到，然由於世親視 cittaṃ、mano、vijñānaṃ、vijñaptiḥ 為「同義語」（paryāya），因此，這些詞都是同義上被使用。雖亦有相異之意義，不過在這裡並不成問題。pratibhāsa 與 ābhāsa 則完全同義。

於（3）中之 artha（六境）、sattva（五根）、ātman（染汙意）、vijñapti（六識）四者表示一切法歸成四類，而 artha（dharma）-pratibhāsam vijñānam 中之 artha 或 dharma 包含了此四者。（3）中後面之 artha 顯然包含了此一意義，因而當然與 arthapratibhāsaṃ vijñānam 之 artha 同義。所以，梵文本之 artha 以及漢譯之「境」均有廣狹二義，在廣義之場合上，是意謂四物之全體即一切法，在狹義之場合，則意謂與四物中之 vijñapti 所相對的境。前者包含六境、六根、六識之全體，這就是所謂「唯識無境」之時的「境」；後者則是指「六境」。在前者之場合，是有六識和境，此六識是作為「所分別」；換言之，這並非意味現在剎那之識，此乃係指過去或未來之識。現在剎那之識是可以表現能分別之作用。這包含了 arthapratibhāsaṃ vijñānam 之 vijñāna 一方，此並非六識、而係八識。我們憑什麼理由說：vijñāna 所包含之識是八識，而在 artha 所包含之場合則是六識呢？八識可將自身全面對象化，何故八識與所分別有可能連在一起之理由，而 vijñapti 卻是六識呢？這是否意謂著阿賴耶識無論在什麼場合都不是 artha？答案是否定的，因為這不外是將在任何現在剎那中都於能分別之側的識稱作「阿賴耶識」而已。[1] 那麼，應該要對在 artha 上所成立者並非六識、而必定是七識這回事加以考察嗎？這點應不成問題，因為六識外之 ātman（染汙意）亦被包含在 artha 之中。染汙意與六識都包含在 artha 之中，此 artha 被說成 nāsti（無）乃係分別性，而 vijñāna 被說成 prajāyate（生），緣生即是依他性。八識之中只有阿賴耶識不包含在 artha 中，阿賴耶識常是依他性，因而必定不是分別性的意思。所謂「常是依他性，必非分別性」，即並非作為所分別之 artha 者，此就是指阿賴耶識，這也是不用贅言的，這從對以上之（3）所作的考察便可知道了。

由於識自己可以將自身對象化為 artha 乃是包含在其本性之中，「artha」（「境」）有廣狹二義之使用，與此相關的 vijñāna 也有二義之使用，所以，意謂 artha 的 grāhya（所取）與意謂 vijñāna 的 grāhaka（能取）也有廣狹二義之使用。依安慧、於（3）之 artha

1　上田義文，《佛教思想史研究》（京都：永田文昌堂，1958）改訂版頁 87-88，或舊版頁 110。

等四者中，artha 與 sattva 屬「所取」，ātman 與 vijñapti 則屬「能取」。然而，此一「能取」，正如上面所見，是為與 vijñāna 相對的 artha 之中所包含者，即乃係「所取」。而與此「所取」相對者，不用說就是 vijñāna 。無論在玄奘譯、真諦譯或世親之釋中，都稱「義」等四境為「所取」，而稱與此相對的諸識為「能取」。如前所述，廣義之 artha 中所包含作為「能取」之 ātman（染汙意）與 vijñāna（六識）屬分別性，「能取」則有分別性與依他性二種。所謂「虛妄分別有，二取都為無」的場合，就是說虛妄分別乃係作為依他性之能取。

通過上面所引用之（1）－（4）之文，可見到其中心思想 arthapratibhāsaṃ vijñānam，由於 pratibhāsa 之不同解釋而分成二種意義。這兩種見解之不同首先表現在 pratibhāsa 之譯語上。玄奘譯作「變似」，而真諦譯則單作「似」。真諦譯沒有「變」，並不意味「似」乃是「變似」之縮寫。玄奘譯之所以在「似」前加上「變」，便可有十足理由來說明這是至當的。而真諦譯之沒有「變」也是有其十足之理由存在。由於玄奘譯中之「變」不用說就是「轉變」之意義，已知玄奘譯中 praribhāsa 具有「轉變」之意味。「轉變」原來是作為 pariṇāma 之譯語而給出的，至於 pratibhāsa 之不能譯作「轉變」，這從 pratibhāsa 之用例便可得知。[2] 所以，必得說：「變似」乃是玄奘譯以 pariṇāma 之意義讀進 pratibhāsa 之中的結果。但是，正如第一節所述，pariṇāma 用作關於「識」之思想是在世親才開始的，直至無著為止都沒有 vijñānapariṇāma 這概念。因此，（3）之

2　參照《佛教思想史研究》中之附錄第一〈唯識思想における基本的三概念の意味——顯現〉之中所舉的用例。

文中的 pratibhāsa 應該單只作 pratibhāsa 解，但這裡插入 pariṇāma 之意義卻是以後來之思想來解釋在前之思想。至於真諦譯單作「似」，這表示 pratibhāsa 並沒有包含「轉變」之意義。此點在與玄奘譯中之「變似」加以比較便清楚地表現出來。

現在，提出「轉變」之意義的玄奘譯之解釋與付之闕如的真諦譯之解釋兩者之間，於具體的內容上會有怎樣的不同呢？首先，大概要看一看提出「轉變」之意義的場合之解釋。artha（dharama）-pratibhāsaṃ vijñānam 直譯就是「似境（諸法）識」，這裡由於「轉變」之意義的提出，因而「識」並非「似境」，只有「識之所變」（「相分」「見分」）才是「似境」。[3] 玄奘譯作「識生變似義有情我及了」為很清晰的表現。「識」是於現在剎那中生起才「變」為「似義」等，而並非「識」一生便立即成為「似義」等。所以，如果這裡沒有提出「轉變」之意義來解釋，則於現在剎那所生之「識」便馬上成為「似境」。由於見不到「變」之意味，這裡便沒有「能變」、「所變」這回事，也就沒有「識體轉似二分」這回事了。「能緣識」沒有「所變」之「相分」「見分」（均為依他性）作為中介，便直接地成為似分別性（遍計所執性）之「境」（一切法）。

如果不提出 pariṇāma 之意義來理解 pratibhāsa，則（3）之意義作何解？依上所見，由（1）至（4）：artha（dharma）-pratibhāsaṃ vijñānam 中「識」並沒有「所變」之「相分」、「見

3　論曰：變似義者至五根性現。
述曰：釋頌中變似義有情二事也。若安慧等舊解乃云，為自證分無相見者，即「第八識心皆有執，此似根境皆體是無」，似情有故名為似也。護法等云，此相分根境亦是依他，所言似，此體非實有虛妄顯現似計所執實有法故立似名（《辯中邊論述記》卷上）。

分」而直接地與作為「分別性」之 artha（「我」、「法」）相對。由於此「識」沒有包含「所變」於其中，所以可知「識」之全體就是「能識」、「能緣」。因此（3）之 vijñāna 及其全體就是「能緣」。（3）之場合中這點可從安慧釋中得到證實：「認識故為識」（vijānātīte vijñānam），此安慧之言明顯地表示了「識」就是「能識」。若說到與此「能識」相對之「所識」為何，則這便是指 artha 等四物（此為真諦譯中之語），而此等四物之全體又稱作 artha。此等四物之所以被統稱為 artha，乃因為它們都是 vijñāna 所對之境。vijñāna 就是「能識」，與之相對的「所識」則是 artha；由於此 artha 是非有，依他性（緣生）之「識」中並沒有「所變」（依他性），而與分別性之「境」（「我」、「法」）有直接相對之關係。「所識」（vijñeya）就是「所分別」，將它硬說為依他性，並說「識體轉似二分」，乃係依所謂「能變」、「所變」思想才有者；於安慧並沒有這樣的思想，這裡「所識」並非依他性而係「分別性」。sarvaṃ vijñeyaṃ parikalpitasvabhāvatvād vastuto na vidyate vijñānaṃ punaḥ pratītyasamcutpannatvād dravyato 'sti。[4]〔譯者按，其漢文直譯如下：「一切的所識都是作為分別性而有，但從實事言，都是不存在。而識則是緣生而有實質的存在。」〕此中明確地說 vijñeyam 與 vijñānam 相對立，前者為分別性是無，後者為緣生是有。「識」是「能識」（＝能緣），因而它與「所識」相對，此「能識」是有，「所識」是無，這都在短短的文字中十分清楚地表示出來。於安慧，arthapratibhāsaṃ vijñānam 中之 artha 乃係與 vijñāna 相對的 vijñeya。正如此中文字所示，artha（境）與 vijñāna（識）乃

---

4 S. Levi, *Triṃśikā*，p. 16，*ll*. 15-16。

是「境」與「識」(即「所識」與「能識」) 之關係。Pratibhāsa 屬由 vijñeyam (分別性) 與 vijñānam (依他性) 連結起來的概念。這表示了「所識」(=「境」) 與「能識」之關係。與此比較，《成唯識論》中之「變現」(轉變) 則是完全不同的意義。這裡「變現」是「能變」與「所變」之關係，而不是「能識」(能緣) 與「所識」(所緣) 之關係；再者，是「依他性」與「依他性」之關係，而不是「依他性」與「分別性」之關係。至於安慧的解釋則主張「識」並無「所變」作中介而直接地與分別性之「境」相對，這一立場係與彌勒等之古說一致的。

由於在這一思想中，與 vijñānam 相對的 vijñeyam 全部是分別性，而非依他性之相分，因此於安慧以前之古說中，所謂「境」全部都是「外境」，即是非有之「我」、「法」(《成唯識論》謂「實我」、「實法」)，而根本沒有所謂「內境」的思想。若言「內」則全部就是「識」(即「能識」)，而「境」全部都是「外」。「內」就是「能緣」(=「能分別」)，「外」就是「能緣」(=「所分別」)。[5]

如果這樣的理解乃是 (3) 之正確的解釋，那麼 nāsti cāsya arthas 中之 asya 當然就是指 vijñāna 。如果說「此 artha 為非有」，則「此」不可能在 vijñāna 以外求得。可是，就安慧之釋所見，這是解作 nāsti cāsyārthas iti catuṣṭayasya ākārasyeti 。在斷言 ākārasya artha 之後按上面那樣的思想——「能識」與「所識」為「依他性」與「分別性」之思想，「境」全部是「分別性」之思想——那麼此 ākāra 便為與 artha 相對者、因而必是 vijñāna 。然而，這樣子 ākāra

5 所謂內識就是八識，這些由八識所分別的蘊界處色等之物 (vastu)。《三十頌安慧釋》S. Levi, *Triṃśikā*，p. 35，*ll*. 14-17。

就是 vijñāna 之解釋乃係正確的嗎？ākāra 是否意謂「所變」之「相分」呢？

依安慧之說明：「ākāra 乃係依無常等之相來把握所緣時所有之相；而且這二者（六境與五根之顯現）並不是它（ākāra），因為這二者乃係顯現為所取之相」。在進一步說明「凡沒有 ākāra，便沒有能取之意義」時指出：「或者 ākāra 就是對於所緣的見、聞、覺、知之 saṃvedanam 。因而這並非彼二者（六境與五根之顯現）」。[6] 依此可知，ākāra 並不屬於 vijñeya 方面，而係屬於 vijñāna 方面。

對於這點也許會有以下之疑問出現：如果 ākāra 並非 artha 與 sattva 兩者，而乃係 ātman 與 vijñapti，那麼 ākāra 應包含在廣義之 artha 之中，因此它屬「分別性」，而由於 vijñāna 是「依他性」，此 ākāra 也許應被看作是與 vijñāna 有所分別的東西。關於這點，首先應該注意 catuṣṭayasya ākārasya 。ākāra 不單只包含四物內之二者而係包含四物之全體。在上面之說明中，artha 與 sattva 屬於「所取」，而 ātman 與 vijñapti 屬於「能取」，這裡為了顯示「所取」與「能取」之區別故說前二者並非 ākāra，而後二者方是 ākāra，因而 ākāra 一概念有「得所緣」之意義。此點跟言以此四者作為「所緣」，而與它們相對作為「能緣」之 vijñāna「得此等所緣」的場合一樣。正如「所取」、「能取」的概念是在二重之意義上使用，「識」這概念也是在二重之意義上使用。與此相同，因「識」之作用而有的 ākāra 亦應有在二重之意義上的使用。在言 catuṣṭayasya ākārasya 的場合中，十分明顯地是指依他性之 vijñāna 的 ākāra 。ākāra 並非屬於「所緣」之側面，而係屬於作為「得」（upalabdhi）「所緣」

---

6 S. Yamaguchi, *Madhyāntavibhāgaṭīkā*, p. 20.

的「能緣」之側面（山口本 p. 18, *l*. 24）。準此，asya artha 解作 vijñānasya artha 是比較妥當的（參照末尾之【補說】）。可以知道：在（3）之偈中 artha（包含四物的廣義之 artha）以外就沒有「所緣」(＝「所識」＝「所分別」)。

這樣子的 artha（「境」＝「所識」＝「分別性」＝ nāsti〔無〕）與 vijñāna（「能識」＝「依他性」＝「緣生」＝ 有）之關係所表示者就是 pratibhāsa 。由於「境」無而「識」有，因此說「唯識無境」。而負責說明此「唯識無境」是什麼意義或緣何「境無卻識有」者乃係 pratibhāsa 。arthapratibhāsaṃ vijñānaṃ 之意義，按照直至至今日為止的一般流行解釋，必定意謂「識顯現似外境」，即凡夫二乘所認為之「外部實在」是自「識」顯現出來的。不過，這只是以《成唯識論》之「轉變」思想——「自識體變現出所變之相分見分」的思想——來解釋古說之 pratibhāsa 的必然結果。依上所見，古說之 pratibhāsa 乃是由「分別性」(無）和「依他性」(有）結合而成的概念。由於「識」有「境」無，那麼，如果「境」是自「識」生出，則便變成從「有」生出「無」了。這是不可能之事。「有」與「無」之間沒有連續性。在《成唯識論》之「變現」(「轉變」) 的場合中，「依他性」(「識體」) 生出「依他性」(「所變」之「相分」、「見分」)，所以這是自「有」生出「有」的，這裡有連續性。至於依古說，則「境」全部是「分別性」，即除了「外境」以外並無「內境」，然於此一唯識說中，pratibhāsa 卻並非「自識生出境」的意義。

那麼於古說中 pratibhāsa 是什麼意義呢？在唯識說之文獻中關於「pariṇāma 為何」的說明可於安慧見出，但此中卻沒有交待「pratibhāsa 為何」。這恐怕是因為 pratibhāsa 一詞已早於《大乘阿毘達磨經》時便開始使用，[7] 而 pariṇāma 一詞則是自世親方開始用作唯識說的術語，所以安慧只對此語加以解說。因此之故，為了要明瞭 pratibhāsa 之意義，大概只有透過收集在其使用場合中之用例，對之加以歸納方可得知，除此之外便沒有客觀地探知其意義的方法了。不過，向來對於 pratibhāsa 的一般之理解，卻都受到《成唯識論》之「轉變」思想的壓倒性影響。而《成唯識論》將 pratibhāsa 與 pariṇāma 完全混合起來。

此中，前引之（3）pratibhāsa 譯作「變似」，但在對於《三十頌》之〈第十七頌〉的 pariṇāma 之釋中，「轉變」亦是作為「變似」的（參照前面（A）之（乙））。因而，「識體轉變表現為相分見分」既是「轉變」同時也是「顯現」。於是「轉變」（pariṇāma）與「顯現」（pratibhāsa）被看成為同義。為了強調此點，遂將「轉變」之「變」與「顯現」之「現」均稱作「變現」。至於 yoṅs su gyur ba（pariṇāma）譯作「變現」之例子，於玄奘譯之《攝大乘論釋》中可以找到。[8] 對「顯現」作出《成唯識論》式見解，則是廣泛地在目前的學界中流行：不單止世親、連不曾使用 pariṇāma 一概念的

---

7 《攝大乘論》〈應知勝相品〉第二中作為唯識說之聖教量所引用的四智之文，若依《唯識述記》此是《大乘阿毘達磨經》之文（宇井伯壽，《攝大乘論研究》〔東京：岩波書店，1966〕，頁 39）。此中所有的「顯現」譯作 snaṅ ba (ābhāsa, pratibhāsa)。這四智被說成是「能尋能入一切識無塵」〔《大正》三一，119a〕，乃係唯識所表現的旨趣所在。這裡之「顯現」，是說「塵不外識」之意思。《解深密經》之有名的「識所緣唯識所現」之「現」是 rab tu bye ba，而非 snaṅ ba 。

8 玄奘譯世親《攝大乘論釋》(《大正》三一，329b)。yoṅs su gyur ba nid（Sde-dge ed. 132a；Peking ed. 155）。pariṇāma 多作 hgyur ba 或 yoṅs su ḥgyur ba 所以 gyur ba 就是「轉變」，而 parinaṭa 細察之下恐怕就是 pariṇāma 。《三十頌》中 pariṇāma 是被譯作「所變」，Poussin 亦顯示這樣的意思。

彌勒與無著所言之 pratibhāsa，都是透過這種《成唯識論》的「轉變」之思想來加以解釋。所以一般都認為「唯識說」言「自識顯出境」就是以這樣的方式來主張的。但是，正如上述所指出，由於直至無著為止都沒有 pariṇāma 一概念出現，所以，不應該用「能變」、「所變」的思想來解釋 pratibhāsa 。換言之，在說「識顯現似塵」之場合，不應該解作「識之『所變』的相分見分為似塵。」更確切地說，「顯現」不應該解作「自能變之體顯現出所變之境」。然而，「轉變」無論是在「果能變」之場合，或是在「因能變」之場合卻都說同樣之事。即從阿賴耶識中之種子生出「諸識」及其「相分」、「見分」。恐怕正由於受到《成唯識論》認為「轉變」就是這種「生出」的影響之下，「顯現」pratibhāsa 便如一般地被理解為「從根源的識現出依他性的諸法」。在此種場合中，「從根本識之種子生出諸法」被理解成「轉變」，且立刻便被推廣及至「顯現」而變成了作為「從根本識現出諸法」這種之意義。對於「顯現」一詞的這種理解，基本上乃係源自受到將 pratibhāsa 與 pariṇāma 完全混同起來的《成唯識論》之思想的影響。但當把 pratibhāsa 從 pariṇāma 抽離出來而對之作獨立之理解，那麼「顯現」便無法如上面般被理解成作為「自識顯出諸法」一事了。然則，應如何做才能將 pratibhāsa 從 pariṇāma 抽離而作獨立之理解呢？又依照這種理解的方法所得出之 pratibhāsa 底意義究竟為何呢？

為了從其本身來了解 pratibhāsa，我曾把從前之 pratibhāsa 的用例收集起來。[9]而由此可知：pratibhāsa 之意義，可以說並不是「存有論」的，而乃係「認識論」的。即是說，這並非說明「什麼東西

9 《佛教思想史研究》中所舉之用例。

從何處顯出」的所謂「存在」之現象，而乃係說明「我們所見或所聞，或所知的是什麼」等等。基本上，「塵顯現（在）眼前」與「塵（在）眼前可見」同義。[10]「顯現」首先是指某物「對」（prati）我們「顯露」（bhāsate），就是說，即「通過識，某物之『被見』、『被識』（occur to the mind, be conceived）」之意思，而並非說「顯出」。這乃是「顯現」最基本的意義。

其次，「顯現」的第二個意義，是指「此所見、所識的東西就是能見、識自身」之意思。「所見的東西」就是「識自身」，所以，「所見的東西」並不是「識之所變」。因為 pariṇāma 一概念在彌勒與無著均無出現，所以不可能援用它。根本上，「識之所變」並非「似塵」，而「識自身」直接地就是「似塵」。這意謂：在我們眼前所顯現的色、聲等之塵並非色、聲等、而不外是識自身。此中，能識與所識之色、聲等一邊是「能所相反」，而另一邊是「重合為一」的關係。這種關係乃是：不是色就是識自身，不是識自身就是色。此全體包括了似色識、似聲識等等。在這場合中，「色」是「所見之物」，而「識」則是「能見活動」（因無「所變」之「相分」的意味），所以「色」就是「識」，「所見之物」就是「能見活動」；換言之，這意味「所見之物」與「能見活動」之「同一性」。不過，如果「所見之物」與「能見活動」是「同一者」的話，便不可能有「見」之活動的生起。好比手指不能指向其自身一般。說「所見之物」就是「見之活動」包含了一矛盾。如果依照《成唯識論》以「識」之「所變」為「似塵」的話，則說「塵」是「識」，便變成「塵」是「識之所變」的意義；由於「所變」與「塵」相一致，便

---

10 請參照上田義文，《佛教思想史研究》，改定版從頁 287 到頁 294 第三行。

不會出現「所見之物」與「見之活動」的「同一」之問題。但是，如果沒有「識之所變」、而認為「識自身」就是「似塵」的話，那麼說「塵」是「識」，就變成有「所見之物」（塵）與「見之活動（識）」的「同一性」之意義。如果將（3）之 pratibhāsa 從 pariṇāma 抽離出來、即去除「能變」、「所變」的思想來理解的話，便會變成這樣的意義了。（關於 pratibhāsa 更詳細的說明請參照本論文之第五節特別是第二段以下，以及拙著《佛教思想史研究》改訂版頁 296 以下。）

這樣子的 arthapratibhāsaṃ vijñānam 是於現在剎那中生。此 artha 之內容就是一切法，其中具體的「有」就是現在剎那中之「有」，這是於每一剎那中都不同的。又 vijñāna 之內容既可有眼識於現在剎那中生、也可有身識生、或有舌識生，即各式各樣都有。至於於現在剎那中會生那些 artha 及那些 vijñāna，這則要看在阿賴耶識中之種子是那些種子成熟來決定的。而這些種子的成熟途徑乃是取決於在現在生之 vijñāna 的熏習。這樣便有阿賴耶識（種子）與 vijñāna 的相互之關係。「識」之「生」（prajāyate）與「熏習」之更互關係乃是在每一個不同的剎那中反覆進行，因而成立了剎那相續乃至成立了有情之輪迴。這樣子的唯識說乃是透過 pratibhāsa（似）prajāyate（生）以及 vāsanā（熏習）三概念以上述之關係構造來加以規定的。此中並無 pariṇāma 一概念。

4. 於世親之「pariṇāma」

由上已見出：直至無著為止都沒有使用 vijñānapariṇāma 一概念，唯識說之基本構造乃是由 pratibhāsa、prajāyate 與 vāsanā （bīja）三概念所構成的，這裡並無「能變」、「所變」之思想。到世親方在這三概念之上加入 vijñānapariṇāma 一概念。究竟於此一場合的 vijñānapariṇāma 一詞是什麼意義呢？它是否與以「能變」、「所變」作為基礎的《成唯識論》之「識轉變」有相同之意義呢？抑還是有其他的意義呢？如果能釐清這點，那麼也便可知道由於 vijñānapariṇāma 之導入是否使到古來之唯識說發生變化，同時亦自然明白世親有何必要導入此一概念。

在對世親之《三十頌》及《二十論》與《成唯識論》作比較，便可注意到：在論及 pariṇāma 時，世親無論什麼時候都只是使用同形的 pariṇāma（pariṇāmanti 作為動詞於《二十論》中也有被使用，但是此點在今不是問題之所在），至於《成唯識論》，關於 pariṇāma 不僅使用「能變」、「所變」這相對立的二個概念，此外還用到「轉變」與「變」。但世親從沒有言及「能變」和「所變」的。（這在《二十論》亦該如此）於《成唯識論》中「能變」是指八識之心、心所之自體，「所變」則意謂相分與見分，「轉變」就是自「能變之識變現相分、見分」。依此，「能變」、「所變」與「轉變」成為相互間迥然不同的概念。可是，於世親無論什麼時候都是 pariṇāma 。如果玄奘譯是正確的話，便不得不說世親之 pariṇāma 一概念實際上是很曖昧的。然而，如果世親是正確地使用 pariṇāma 一概念的話，那麼便不可能有些時候是「能變」之意思、而有些時候卻是與之相反的「所變」之意思。於 Louis de la Vallée Poussin 的《成唯識論》法譯中，「能變」是作「le vijñāna qui se déveleppe」，pariṇāmi vijñāna，「所變」則是作「ce qui est déveleppé par le vijñāna」，vijñānasya pariṇāma 。簡單而言，前者是 vijñāna 的意思，後者則是 pariṇāma 的意思。不過，認為 pariṇāma 同時具有兩者之意思則是不可能的。由這點已經可以推定世親之 pariṇāma 與玄奘譯之「能變」、「所變」、「轉變」乃是不同意義的。現讓我們首先探究於梵文《三十頌》中關於 pariṇāma 之意義。

在〈第一頌〉所出現的二個 pariṇāma 中，後面之 pariṇāma 是指三種之識，即阿賴耶識、染汙意與六識，而從〈第一頌〉之末尾以及〈第二頌〉可以十分清楚地知道此 pariṇāma 乃是「識」的意思。

玄奘譯之「能變」，是指「識」的意思，在這一場合可以說乃是適當的。至於〈第十七頌〉之 vijñānapariṇāma，由〈第二頌〉以下直至〈第十六頌〉為止之詳述，可知也是當作此三種之識，所以同樣也是「識」的意思。由於〈第十七頌〉亦說「此是轉變就是妄分別」，因而可知 pariṇāma 也是「妄分別」的意思；又由於「妄分別」（vikalpa）與「虛妄分別」（abhūtaparikalpa）相同，亦即前面（3）之 vijñāna，所以可知 pariṇāma 也是「妄分別」的意思；又由於「妄分別」（vikalpa）與「虛妄分別」（abhūtaparikalpa）相同，亦即前面（3）之 vijñāna，所以可知 pariṇāma 就是「識」的意思。〈第八頌〉之 pariṇāma，就是此三種之一，所以不用說亦同樣地是指「識」。至於〈第一頌〉之二個 pariṇāma 中的前面之 vijñānapariṇāma，玄奘譯是作「識所變」。但是於梵文本這是與〈第一頌〉中後面之 pariṇāma 的所指相同。十分清楚，後面之 pariṇāma 是以 sa 這指示代名詞來表示的。Sa（此）就是指 pariṇāma，當然立即可知這就是前面之 vijñānapariṇāma 。調伏天之《釋疏》亦言「作為我之假說與法之假說底所依的識之轉變是有三種」，[11] 表

11 山口益、野澤靜證，《世親唯識の原典解明》，頁 197。

示這二個 pariṇāma 乃是同一的。依此，直至〈第十七頌〉為止的 pariṇāma 在梵文只有一義，且無論何時都是指「識」。因此，〈第十八頌〉在單言「pariṇāma」之時，自不待言它一定是與至〈第十七頌〉為止的「pariṇāma」有相同的意義。

依此可以明瞭在梵文本中 pariṇāma 乃是指「識」，這遂產生為什麼會有種種之譯語之給出的疑問。如果 pariṇāma 乃是指「識」，而「能變」一譯語則是「識」的意思，那麼全部的 pariṇāma 自然都應該譯作「能變」。但又如果實際上全部的 pariṇāma 都譯作「能變」則會是怎麼樣呢？首先，如果〈第一頌〉中之前一個 vijñānapariṇāma 是譯作「識能變」的話，則會是怎麼樣呢？大概這會變成「識即能變」之意義。這是會有一點生硬的表現，所以暫時保留不必考慮。當此 pariṇāma 作為「能變」的話，則「能變之識」就可以是我、法之假說。這便否定了在所變之相分、見分上假說我、法之《成唯識論》的根本思想。由於此 pariṇāma 是假說我、法之所依，所以必定有「所變」。如果這就是「能變之識」的話，它便與直至無著為止主張「識之自體直接地（沒有所變介乎其間）就是四境」的說法相同。但這樣一來，「三分說」便不能成立了。而於「三分說」成立之範圍內，我、法之假說必定是以識之所變作為所依。我們認為這點就是將 pariṇāma 譯作「所變」的主要理由。因此之故，依梵文之意義便可見出並沒有「所變」、而只有「識之自體」（此依以下之釐清與「識為能變」不同），即於世親之立場並沒有「三分說」，其表現與如（3）中我們所明瞭的「古說」之意義相同。然則世親究竟有何必要特別提出 pariṇāma 這一嶄新概念來呢？這是否表示「古說」那樣的說法並不完備呢？這些疑問將在後面加以釐清。

其次，對於〈第十七頌〉中之 vijñānapariṇāma 漢譯是作「諸識轉變」。此中譯作「能變」又會是怎樣的意義呢？由於次句之「分別所分別」是被解釋為「見分與相分」，則當言「諸識能變」時，便不可能含有作為「所變」的「分別所分別」方面了。無可置疑，這表示「諸識能變」不能讀作「諸識就是能變」。這就是此中之 pariṇāma 譯作「轉變」、而不譯作「能變」的理由。如果這一 pariṇāma 不能解作「能變」、而只有「轉變」的意義，則下面之「分別所分別」，即「相分與見分」，被視作「所轉變」乃是合適的。但若譯作「能變」的話，那麼便無法伸延至下面之「分別所分別」了。所以，這裡一定不能譯作「能變」、而必須譯作「轉變」或「變」。因此，以下之「分別所分別」即「見分」、「相分」等都是「諸識」之「所變」。即是說，此處 pariṇāma 譯作「能變」乃是不合適的，理由是：否則這樣一來以下的被解作「所變」的「分別所分別」之「諸識」便會變成「能變」了。

於梵文本中並沒有「所變之相分見分」之意思，因此，這一 pariṇāma 並非「轉變」，而與其他場合相同最好解作「識自身」之意思。漢譯之「分別」與「所分別」在梵文是 vikalpa 與 yadvikalpyate，這都不能解作 vijñāna 之「所變」。因為 yadvikalpyate 是由 vikalpa 所妄分別的東西，它就是「分別性」（parikalpitasvabhāva）而為「非有」，這點從〈第二十頌〉世親原文便可知。又由於 vikalpa（「妄分別」）而有被稱為 yadvikalpyate 之「分別性」，所以 vikalpa 就是「能緣」，而 yadvikalpyate 就是「所緣」。於〈第十七頌〉之釋中安慧便說「所緣」（ālambana）乃是 asat〔非有〕。安慧這種解法是與梵文本完全一致的。依前所述，vikalpa 與 abhūtaparikalpa 同義，均是指「屬於三界的心、心所」的意思。普通來說，跟單一之「識」或「諸識」於梵文中都是具有相同的意思。vikalpa 並非「識之所變的見分」而乃是「識自身」。這樣一來，〈第十七頌〉中之梵文 vikalpa 與 yadvikalpyate 並不是「見分和相分」。由於前者是「識自身」，而後者是「分別性」之「我、法」，所以這均非識之「所變」。 即是說此中識與諸法（外境）之關係是跟前面之（3）相同的。

由上面梵文本中所見之 pariṇāma 既非「所變」的意思、也非「轉變」的意思，而乃是「識自身」的意思；如果從《成唯識論》來看，它就應是「能變」了。但是梵文《三十頌》中並沒有「所變」之「相分、見分」的思想，既然沒有「所變」，那麼也應該沒有所謂「能變」了。這樣一來，亦就是說：pariṇāma 是指「識自身」，而「識」並無「能變」的意思。梵文《三十頌》中之 pariṇāma 既非「能轉變」(「能變」)、也非「轉變所現之物」(「所轉變」)，所以並非指「從一個東西而轉變為另一個東西」這回事。又《成唯識論》言「識變似我法」時乃是說「轉變」。可是，識「變似」我法乃是 pratibhāsa 而不是 pariṇāma 。那麼，究竟說 pariṇāma 指「識自身」是什麼意思呢？在對此問題之回答上必須要先釐清於世親 pariṇāma 之意義為何。

雖然 pariṇāma 一概念是由世親開始引入唯識說之中，不過世親本人對此概念之意義並沒有作出說明。而《成唯識論》之解釋依上所見並不合《三十頌》之梵本原文。所以必須要參照安慧之解說。依安慧，pariṇāma 就是「變異 anyathātvam」(〈第一頌〉之釋)。如果問這是在說怎樣的「相異」，則是說此指「與前位異」pūrvāvasthāto ’nyathābhāvaḥ（〈第十八頌〉之釋）。這裡首先

pariṇāma 明顯地表示「前後的」、即「時間」上之不同。[12]這「前後之不同」的構造，更精確地說就是：「跟因之剎那滅的同時，便生出與因之剎那相異的果。」(〈第一頌〉之釋，宇井博士譯)。現在之學界則是注目在安慧之說明中的「同時」，也有將此文解釋為是表示「因與果之同時的關係」，因而將「轉變」並非視作「異時的關係」、而是視作「同時的變化」。〔譯者按：上田於此暗指以長尾雅人為代表之解釋。〕可是，依我們的考究，十分清楚，安慧這段文字是在敘述「前後的不同剎那」之間的關係。這裡並不是說「因之剎那」與「果（之剎那）」為「同時」，而是說「因之剎那」的「滅」與「果」之「生」乃係「同時」。必須注意：這裡「同時」是指「滅」與「生」無分優劣地在一起。因之剎那滅，與此同時果生，這是說：現今已存在的因之剎那變成無，取代之者乃是果的存在。此乃描述因與果之交替，而且是說於此交替中，當一方滅時，與此同時的他方之生便出現了。由於一方滅而與此滅的同時他方生出，所以這明顯地表示前者先存在，當它滅時後者之存在便有次之而來的關係。即這明顯地是描述「二剎那之間」的關係。「二剎那」是作為這長時間之間相續的最短之單位而取出，這表明了「時間的相續」之構造。因之剎那滅與果生為同時一事，並非表示因與果之同時性，而是表現前者（因）之滅與後者（果）之生之間乃係無間的意思。而此果之生被說成是「與因相異而生」則表明「轉變就是自前之位變成不同」的意思。依照這樣的說明可知：安慧所理解的 pariṇāma 完全不是「識體轉似二分」或「能變所變」那樣子的思想。對比於安慧將 pariṇāma 解作「前後之間的不同」的做法，所謂

12《佛教思想史研究》，改訂版頁 322，或舊版頁 408。

「識體轉似二分」卻是屬於「同一剎那」、即於「現在剎那」中「同時」的「識」及其「所變」之關係。

於安慧、「同時」之關係則是由 pratibhāsa 來表示的。依前所見，pratibhāsa 就是於「現在剎那」中「識似外境」，亦即「能緣之識」與「所緣之境」的關係、vikalpa 與 yadvikalpyate、「依他性」與「分別性」、vijñāna 與 vijñeya 之關係；與此相對，pariṇāma 則是此一似境識於「過去」和「現在」前後之剎那成為不同的意思。由於「識的前後之相違」與阿賴耶識之中「種子的前後之相違」不離，所以 pariṇāma 有「識」和「種子」這兩方面的「前後之相違」。安慧說「pariṇāma 區分為因之場合與果之場合」便是這種意思。[13] 所謂 hetupariṇāma 是指「全部於阿賴耶識中的異熟和等流之習氣在增長中」，這是種子於「前」之位與「後」之位間的變異。至於 phalapariṇāma 則是指「由異熟習氣起作用，當前世之業的牽引達致圓滿時，由於全部在阿賴耶識其他眾同分中起現行（abhinirvṛtti），加上等流習氣起作用之故，於是諸轉識與染汙意全部自阿賴耶識起現行。」單就這說明來看，會有好像「從異熟與等流之習氣生起阿賴耶識以及其他諸識」就是「果轉變」的印象。現實上，也有現代之學者〔譯者按：上田於此暗指長尾雅人〕說「果轉變」就是「種子生現行」、而「因轉變」則是「現行熏種子」（這也就是將轉變理解為同時的關係之背景）。可是，這種解釋卻忽視了 pariṇāma 於安慧乃是以「前後之不同」這一時間的性格作為基本的。亦自不待言：pariṇāma 無論作為「變異」這回事，抑或作

---

13 其（轉變）又區分為因之場合與果之場合（宇井伯壽譯，《安慧護法唯識三十頌釋論》〔東京：岩波書店，1952〕，頁 21）。

為「與前位異」這回事一簡單的注釋之中都已將此概念之最重要的性格表達出來了。但「種子生現行」則是屬「現在」一剎那之關係，而並非於二剎那間之關係。其實安慧對於 phalapariṇāma 之說明十分詳細，但卻成為了導致產生這誤解的一個原因。不過，即使如此，必須指出這裡亦是被說成有「前後之時間」的不同生起之樣態。因為此中 hetupariṇāma 被說成「習氣之增長」，所以將「因轉變」解釋為「現行熏種子」乃是一輕率的錯誤。況且「習氣之增長」亦必得要經由熏習。準此可見：pariṇāma 並非指一同時的關係，而是指經由熏習在阿賴耶識中種子有「前與後」之比較上的不同之意義。相似地，phalapariṇāma 亦被說成是「由習氣諸識起現行」。但「種子生現行」並不是 pariṇāma，pariṇāma 乃係指「在諸識起現行時，此諸識與在前之諸識各種之相違」——例如阿賴耶識與其前之位的相異、染汙意與前之位的相異。這種識之「前後的相違」，乃是依諸識起現行而成立的，不過，諸識起現行卻不是 pariṇāma，pariṇāma 乃係指這些現行的結果跟前之位的相異。當人問：到底「現行熏種子」與「種子熏現行」那一邊方是「因轉變」或「果轉變」時，則無論作出怎樣的答案，它們都已完全受到《成唯識論》底「轉變」之思想的支配。（附：關於對《成唯識論》及慈恩等說之批評，請參照拙著《佛教思想史研究》改訂版作為附錄第二之二的〈變異 pariṇāma〉。）

以上安慧關於 pariṇāma 之說明中並沒有「能變」與「所變」之區別，即沒有「識體轉似二分」的思想，也沒有「所變」之「相分」、「見分」的見解，因此乃是與梵文《三十頌》一致的。首先，〈第十七頌〉中之 vikalpa 與 yadvikalpyate 不能解作「見分和相分」。正如〈第二十頌〉所示：yadvikalpyate 乃是「分別性」之

「我、法」，而 vikalpa 則理解為分別它的「依他性」之「虛妄分別」。這都可以直接地從〈第十七頌〉之梵文讀得，其中之 tad 可立刻理解為在前之 yad，這不像《成唯識論》之解釋立場般一定要將「彼」（tad）解為指遠在〈第一頌〉中之「我、法」的無理舉動。其次，至於〈第一頌〉中之 vijñānapariṇāma 並不應譯作「識所變」，反而其後之 pariṇāma 亦同樣應解作「識」的意思，所以 pariṇāmaḥ sa ca 變成「於是『此』轉變」的意思，sa 之意謂便立刻很清楚。但於《成唯識論》之場合，由於前之 pariṇāma 是指「所變」，後之 pariṇāma 則是指「能變」，所以 sa 並不譯作「此」。如果 sa 譯作「此」，便變成了「此能變」，那麼，我們便不知道這一場合中之「此」是指什麼東西。 因為前之 pariṇāma 是「所變」，而卻用「此能變」來說它，則這一 pariṇāma 便變成不可解了。而且，即便在這一 pariṇāma 除去「此」字之後也不應該理解為前面的「能變」，因此《成唯識論》遂將 pariṇāmaḥ sa ca tridhā 譯為「此能變唯三」，但是在這裡「此能變」並非讀作「此之能變」、而係讀作「其能變」。於是「其能變」讀成「此所變之能變」的意思。不過，梵文中之 sa 卻並非「其」，而一定是「此」或「這」的意思。如果是「其」的話，則不能是 sa、而應該是 tasya 。由於含有以上兩點及其他問題，所以玄奘對於梵文《三十頌》的翻譯顯得很不自然，而這只有當去除「所變」乃至「相分」的思想後才能消解，此點早已於其他場合已被指出了。[14]

當梵文《三十頌》之 pariṇāma 是指「識自身」，而並沒有「所

---

14 上田義文，〈世親為一分論者〉（發表於第九次國際宗教學宗教史會議。將收於預定出版之 *Proceedings* 之中）。

變」的意義時，則〈第一頌〉中之 vijñānapariṇāma 亦不能指「識所變」，而應係指「識自身假說我法」。這與 arthapratibhāsaṃ vijñānam 並無「所變」之意義的思想相同。即這是世親繼承彌勒之思想。所以，所謂「所變」的想法只屬於《成唯識論》所專有，而與彌勒和世親有所不同。

因此，如果選擇如安慧之解釋般關於 pariṇāma 之見解，則一方面可忠實地繼承了直至無著為止的唯識說，而且還可於其中導入 pariṇāma 這一新的概念。不過，此事不單只是可能而已，而且為何有此必要的理由也可得到理解。正如已於第三節所見，在直至無著為止的「古說」中並無 pariṇāma 一概念，而是透過 pratibhāsa、prajāyate 與 vāsanā 來說明「諸法唯識」。arthapratibhāsaṃ vijñānam 是說「識自身」（「能緣」）並無「所變」之「相分、見分」，而直接地以「非有」之「分別性」的「諸法」作為「境」的意思。這意謂：《成唯識論》之思想其實是提出了「所變」之「相分、見分」這種新的另一種見解。但是，於安慧解 pariṇāma，則便無這樣子的「識之所變」的思想，而係忠實於「古說」來理解 arthapratibhāsaṃ vijñānam，準此，vijñāna 則不過是說「前後之剎那間的相違」而已。這乃是在毫無絲變更之全面繼承上，更進一步地將「古說」中尚未清楚的 vijñānam 之「前、後之剎那間的關係」加以說明。這就是提出安慧之意義的 pariṇāma 一概念來對在「古說」中尚未釐清的「識」之「前後關係」這方面加以說明的理由。「識似外境」arthapratibhāsaṃ vijñānam 不單止是「似境」，還有「前後之剎那的相違」，並且對此種「相違」要依「因果關係」來加以規定，而此事便用 pariṇāma 來表示。這一「前後之相違」乃是在「識之前剎那滅的相續」上成立的，不過，由於「識之相續」同時與在阿賴耶識之中的「種子之相續」有不離的關係，「識之前後之相違」便變成與「種子之前後的相違」互為因果。這樣一來，「轉變」乃有「因」之場合（種子之前後之相違）與「果」之場合（識之前後之相違）的區別。《大乘阿毘達磨經》以來所言的阿賴耶識與諸法之互為因果，於「轉變」之概念上，不只是在言單一剎那之關係，而是在說「剎那剎那上相續」方面。這一事之合理性自不待言。而且，這亦可用來說明與支持「互為因果的熏習」之思想，在第一節（頁 40）中所引用的《攝大乘論》之文便可知道有這種事情的一個例子。此中（a）、（b）二文無論任一者的真諦譯，都在其中的「轉異」或「變異」的文字上表示了「轉變」的思想，但於其他譯本中卻都無這樣表示「轉變」的文字。當然，沒有這些文字卻未必表示會否定這樣的意思，所以，真諦譯補上「變異」這些文字亦不為過。況且加上「變異」這樣的文字，在表達其意義上會弄得更清楚。這是說，「古說」中已暗含這一意義，而明顯地說出來便是「諸法唯識」之「前後的關係」。換言之，我們認為由於「時間的側面」能在 pariṇāma 得到明瞭的說明，這就是世親導入 pariṇāma 一概念的意旨所在。因此，如《三十頌》之〈第一頌〉中的 vijñānapariṇāma，或單只 vijñāna，在意義上都無大分別，不過，於單只是 vijñāna 時，便沒有明白地表示此「識之前後的相違」之意思；與此相反，當說 vijñānapariṇāma 時，則便在可清楚地表示「識在前後相違」上而有所不同。「識之相違」可以透過「識是如何地似境」來加以說明的。因此，與其說是在「識」中假說我、法，莫如說是在「識之變異」中假說我、法這樣得到更適切的表現。如果持有這樣見解，則《三十頌》之 pariṇāma 是指「識自身」之意思亦可得到了解了；而且，由於一邊是指「識自身」，故此與其說是在「識」中、不如說是在「識之變異」中假說我、法，至於說這樣子是更為適切亦可得到理解了。這種場合中所謂「於識之變異中假說我法」，並不是「於識之所變的相見分中假說我法」的意思，對於此點大概亦毋必要囉唆重複了。既然不是於「識之所變」中，而係於「識」中假說我法，則 arthapratibhāsaṃ vijñānam 之 vijñānam 便不是能變，而係「能緣」，這跟說「此識並無所變而直接地似外境」相同。

言 vijñānapariṇāma 之場合與單只說 vijñāna 之場合相違一事，跟於種子中說「變異」之場合與沒有說它之場合相違毫無二致。世親於《唯識二十論》說：rūpapratibhāsā vijñaptir yataḥ svabījjāt pariṇāmavisesaprātād utpadyate……（p. 5, *l.* 27），此中假定沒有 pariṇāmaviśeṣaprātād，這段文字的意思亦無大改變。但是，當舉出 pariṇāmaviśeṣaprātād 等，則可以明晰地向讀者展示於阿賴耶識中種子有「變異」。不過，即使沒有此詞，然它自身也已含有這樣的意思，而並非對之作出否定。在以上的意思下，便可以得知世親感到將 pariṇāma 一概念導入唯識說的必要之理由了。然而，儘管有此種導入，卻對直至無著為止之之唯識說仍是於並無任何的變更的情況下加以繼承的。古來之唯識說的根本構造乃是由表示識與境的關係之「似」（pratibhāsa）、表示此識於現在剎那中為「有」即緣起之「生」（prajāyate）、支持此識之生的原因之 vāsanā（熏習 bīja）、表示此種子「前後相違」而達致成熟以及從已成熟的種子生出之識是「與在前之識相異」一事的「變異」（pariṇāma）這四個概念所構成。無疑，直至無著為止此中並沒有「變異」一概念。然即使沒有「變異」之概念，但由於「熏習」一事便可知實已包含有類似的意思，只不過是未能一如於有「變異」一概念時那樣清楚而已。

基於上面所述的理由，我們認為於世親之 pariṇāma 具有如安慧所注釋之意義。至於真諦大多將 pariṇāma 譯作「變異」，而有時亦譯作「轉異」，可知這是凸顯了安慧之見解。與「變異」或「轉異」比較，則使人感到了玄奘譯之「轉變」和安慧之解釋的距離。作為於安慧最基本的性格之「相異」見諸「變異」或「轉異」之中，但卻於「轉變」一詞中付之闕如。前面所舉出的《三十頌》之 pariṇāma 的玄奘譯中，無論是「變」、「轉似」、「變似」、「轉變」那一個都沒有「異」字，而代之加入「轉」一字。顯然《成唯識論》之「轉變」的思想乃是以一個東西（識或種子）變成他物（相分見分或種子或識）作為基礎的。這是一種與印度哲學史中〔數論的〕「轉變說」（pariṇāmavāda）之「轉變」有相通一面的看法。所以，無論「能變」（變的作用）或「所變」（變成之物）的概念都成立了。但是安慧則對「時間上相異」之兩個東西作比較，而以其「相異」作為基本。此中並不把「從一方變成他方之物」這種過程看成為 pariṇāma 。這裡並無「能變」、「所變」的概念成立。因為《三十頌》之 pariṇāma 就是「識自身」，這樣說「識」是為了捕捉其「與前之位相異」之點，而沒有「識變成他物（相分見分或種子）」的看法。同樣地，由於此是指「識」，所以世親與安慧沒有「能變」一詞。

5. 世親以後之變化

於唯識思想史中，是由世親開始方引入 vijñānapariṇāma 一詞作為術語。考察在往後之唯識思想史中此術語的重要性，乃係一應該注意之事。對於世親來說，由於此詞之導入會使得唯識說的體系顯得更加完備，而其思想的意思顯得更加明瞭。這也許可說是唯識思想史上的一種變化。但是此詞之導入，並非意謂世親於承繼無著與彌勒的唯識說上添加了任何之變更。正如以上所述，世親乃是忠實地繼承向來之說，而在其上進一步加入 vijñānapariṇāma 一概念，這對於古來之唯識說本身而言乃是有理由的做法，但這並不意謂世親帶來了任何之變化。於這一場合中，此新加入的概念所帶來的只不過是使到向來之唯識說所已包含的意思能更明瞭地表現出來而已。至於自古以來之說法產生變化，乃是於世親以後之時代方出現。這究竟出自誰之手（是無性，抑或陳那，又抑或護法，還是另有他人呢？）此點目前已不可得確認了，但是十分清楚的是：於《成唯識論》已有變化。當這跟直至世親為止之說法相比較時，無疑在所使用的概念上仍是相同的——例如一邊既沿用古之 pratibhāsa，另一邊又使用來自世親之 pariṇāma，然無論那一邊——其意義都已不同，因而在思想上產生了很大的相違。其根本是在於「轉變」一概念之意義上的相違。依世親與安慧，「pariṇāma」乃是「前後之異剎那之間的識與識以及種子與種子的相違」：可是在《成唯識論》等書中，「轉變」無論是「因轉變」抑或「果轉變」，都屬「在同一剎那中能變與所變之間成立的關係」。因此，《成唯識論》遂有由阿賴耶識顯現出諸識，又由諸識之自體分顯現出「相分」、「見分」的思想之成立。而後者被稱作「變現」而成為「轉變」的一種意思。原屬不同的「轉變」（pariṇāma）一概念便變成了與「顯現」（pratibhāsa）一概念重疊為一。於此種思想中，識之「所緣」（境）乃是由識所顯現出來的，「境」可以說屬於「識」之內部，即「境」是內在於「識」中。這很明顯地乃是「觀念論」的思想。與古說相比較，此一唯識說的特色，是在於以識之「能變」、「所變」思想作為骨幹，而於其上將一切組織起來；換言之，將「識」當作「能變」來把握，此為《成唯識論》之巨大特色。但是，於直至世親、安慧、真諦為止之唯識說中，pariṇāma 乃是完全不同的意思，而「識」並不是「能變」。在古說中「識」就是「能識」、「能緣」。此外，在古說中 pariṇāma 乃是「異剎那」之間的關係，而非同一剎那中的關係。因此，像《成唯識論》般的「能變」、「所變」思想並不能成立。所以，「識」並非「能變」，而係「能緣」（能識）一事，在對古說之理解上具有極大的重要性。由於「識」只是「能緣」，因此不能有「從識顯出境」這回事。即「識」之作用不可能有從自身產生出「所識的對象」這回事。「能分別」（＝「能緣」＝「能識」）必然跟從「所分別」在一起一事，在古說中乃是十分清楚地被自覺到的。[15] 這表示「能緣」並不能生出「所緣」來。至於在《成唯識論》中，雖然「見分」與「相分」是自「識體」生出，然而「相分」卻並非自「見分」生出，可以說，在關於認識作用上表現了同樣的思想。即使古說中亦有 pariṇāma 一概念，按理也不會有「自識顯現出境」這種思想成立。而無論它怎樣說 pratibhāsa，此中也不能有這種思想成立的。依《成唯識論》，自「識體」顯現出「所變」之「相分」、「見分」就是「變現」，所以，除了「能變」之「識體」外，連自識轉變所顯現的「相分」、「見分」也是「依他性」而為「有」。「自有生出有」乃是可能的。不過，依《中邊分別論》之 arthapratibhāsaṃ vijñānam 來看，「能分別」之 vijñānam（依他性）直接地與「非有」（分別性）之 artha 相對，「能緣」與「所緣」相對立的關係就是 pratibhāsa 。從「有」

15「識以能分別為性，能分別必從所分別生」（真諦譯《攝大乘論釋》，《大正》三一，188a）。

（vijñāna）生出「無」（artha）乃是不可能的。無疑，pratibhāsa 在古說中也譯作「顯現」，但這並不是指自識生出境，而是說「所見、所聞、所思之物（境）就是識」。對於何謂「所見、所聞之物不能離識」這點，有二種解釋可能：一種是說「所見、所聞的東西」就是識的場合中之識，但並不是識自身，而卻係由識所變現的「相分」。若按照此一解釋，則所謂「所見的東西就是識」的意思，並非說所見的東西就是識自身，而係因為它是由識所變現的東西，所以沒有離開識而獨立的存在性之意思。但這種認為在似境識的場合之識中有「所變」之意思的見解，並不合乎《中邊分別論》等古說之 arthapratibhāsaṃ vijñānam 的思想。

另一種解釋則離開了識之所變的思想，而主張「所見之物就是識自身」。這是與 arthapratibhāsaṃ vijñānam 之「vijñānam 的全體就是能分別」之見解立場一致。當採取這一解釋之時，由於從「識」看來，「所見之物」不外就是其自體自身，所以乃有「所見之物」與「見之作用」的「全面之同一性」的意思。然而，在「所見之物」與「能見作用」之「同一性」上，亦可以有兩種行得通的解釋。其中之一（甲）：當「所見之物」與「能見作用」為「同時一」，可以說是如用手指指其自體自身般的同一見解。這樣子的見解是唯識說所不承認的，這點在真諦譯之《攝大乘論釋》有很多明晰的敘述。[16] 其他之一種解釋（乙）：「所見之物」與「能見作用」並非無「對立」，然而它們仍有「同一性」。「所見之物」與「能見作用」固然是「對反」之關係：「所見之物」不能是「能見作

16「若緣自體為境事亦不成，以世間無此類故」（《大正》三一，182c）。參照拙著《大乘仏教思想の根本構造》（京都：百華苑，1967），頁 170。

用」，「能見作用」也不能是「所見之物」。顯然 the seen 與 the seer 是有分別的。要不然的話「見」一現象就不可能出現了。所以，所謂「所見之物與能見作用是同一的」這回事，只有在「所見之物」與「能見作用」不失「對立性」之同時，而卻有「同一」之關係的成立上方可能。（甲）只有「所見之物」與「能見作用」之「同一性」，（乙）則是兩者兼有「對立性」與「同一性」兩方面「同時成立」之意思的看法。像（甲）之解釋中所言之經驗，在人間的普通之場合乃是不存在的。像「所見之物」與「能見作用」全為同一之經驗只可能是「境智不二」之「無分別智」。這裡「境」（所見之物）與（智）「能見作用」完全「同一」而毫無分別。「境」與「智」之間完全沒有對立，亦不可能有所謂「所見之物」與「能見作用」之區別。這裡「境」就是「真如」，「智」亦稱作「根本無分別智」，而被稱為「境」者，亦是指實際上與「智」完全「相同」之物。這樣子的「境」與「智」，當然與「唯識無境」場合中之「境」和「識」不同。於後者之場合中，「境」是「非有」的「虛妄之塵」，而「識」則是「虛妄分別」。於「唯識無境」之場合中的「境不離識」之意思，必須與「無分別智」之場合中的「境智不二」區別開來。在「虛妄分別」之場合，由於沒有無分別智而只有「妄分別」，所以有「境」與「識」之「對立」存在。如果不顧及此一「對立」而要成立「所見之物不離能見作用」一說法，則它在（乙）之意思以外乃是根本不可能得到。這樣一來，如果不承認「識之所變」的思想，則所謂「識之境不離識」即是說「境就是識」，這必定是（乙）那種意思。

arthapratibhāsaṃ vijñānam 之 artha（境）與 vijñāna（識），如果在古說中不僅有「境」與「識」對立，即「所見之物」、「所識之

物」與「能見作用」、「能識作用」的「對立」關係，則由於 artha 是「無」（nāsti），而 vijñāna 是「有」（prajāyate），因而也會有「無」與「有」之「對立」的關係。所以，「所見之物」與「能見作用」之「同一」，乃係一種「對立同一」，即此「對立」不只是「所見之物」與「能見作用」之「對立」，同時更進一步亦為「無」與「有」之「對立」。按普通之看法，「所見之物」與「能見作用」無論什麼時候都是存在（「有」）的，然而，「所見之物」與「能見作用」之「對立」，乃是「有」與「有」之「對立」，唯識說中同時承認「識」之「所變」（依他性）的《成唯識論》之思想就是屬於這種看法；但是在古說中，由於沒有「所變」（依他性）的看法，因而「所見之物」與「能見作用」之「對立」，便成為在「無」與「有」之「對立」上所成立的「對立」。必須注意：這裡「所見之物」與「能見作用」之關係是與普通之場合者根本不同。準此，古說中於 pratibhāsa 成立「所見之物」與「能見作用」之「對立」的同時，兼且肯定兩者的「同一性」，因而在「無」與「有」之「對立」的同時也兼有這種「同一性」的意義。若按這樣的構造，則「境」與「識」之間既有「連續性」也有「斷絕性」，並且，因有這一「斷絕性」，便不可能有「自識生出境」這回事。「自識生出境」這回事是在由「識」到「境」之「連續性」上成立的，但在「斷絕性」之場合中它並不能成立的。

於承認識之「所變」（依他性）的場合中，有如前面所言的「所變」之「境」內在於「識」中；但是在不承認有所謂「所變」（依他性）之場合，「境」全都是屬於「識」之外的，而 pratibhāsa 就是這樣跨越了「識」與「境」、「內」與「外」、「有」與「無」等兩方的概念。[17] 儘管對此 pratibhāsa，有「顯現」、「顯現似」、「似現」、「似」、「光」等種種之譯語的給出，但譯語上之不同卻沒有表現出意義上的相違。但是，若依《成唯識論》那樣的見解，當說到「顯現」與「似」有密接的關係，則大概是其他的意思。此中「從識變現出相分見分」就是「顯現」(「變似」則既是 pratibhāsa 之譯、也是 pariṇāma 之譯)，其「所顯現」者就是「似」外境（實我、實法）。若用繩與蛇之喻，所變之「相分」、「見分」就是繩，外境（分別性之我、法）就是蛇，識所「顯現」的繩之相就是「似」蛇。「顯現」就是「識」與「所變」之關係，「似」則是「所變」與「外境」之關係。可是，由於古說中並無此一「所變」概念，「顯現」與「似」就是「識」與「外境」之關係。從字面之直接的意思，可知「顯現」就是在眼前顯出色、聲、山、家等我們所見、所聞之物，「似」就是此色、聲等作為色而可見、作為聲而可聞，但實際上不是色而是識、不是聲而是識，只不過是「識似色」(取色之外貌)，色好像色是般而實際上不是色（這一場合與因明之似因之「似」相等)。這樣與直接的字義不同，而在終結的意義上，arthapratibhāsaṃ vijñānam 必定是 vijñāna 與 artha 之關係，即它們應該解作同義。從古說到《成唯識論》於思想上的變化，可知

---

17 對於上面所見的 pratibhāsa 之複雜的思想邏輯構造，以上所述者都不充分，所以請參照《大乘仏教思想の根本構造》中第七章〈事實と論理〉(同書頁一六七以下)。但同書頁一七五第 10 行之「六根」為「五根」之誤。arthapratibhāsaṃ vijñānam 之構造也許在弄清楚與（3）之 tad abhavat tad apy asat 的關係後便可知，同時它與三性之關係，也與「虛妄分別有，於此二都無」這最初之頌有關聯。最後必須依照《中邊分別論》〈相品〉之〈第一頌〉至〈第五頌〉對於 arthapratibhāsaṃ vijñānam 之構造的說明來加以釐清。但此事惟待他日。

即使在譯語相同的場合，也可以有意義內容上之相違出現。

正如再三重覆，於古說 arthapratibhāsaṃ vijñānam 之 vijñānam 專指「能分別」或「能緣」，此中並不含有「所分別」或「所緣」之意義，這意味「識本身並無所變作為中介而直接地與外境（無）相對立」。承繼此一古說的世親，在《三十頌》的〈第一頌〉中說：「於 vijñānapariṇāma 中假說我、法」。此一 pariṇāma，如前所已見，乃是指「識自身」而非「識之所變」。但是《成唯識論》卻將這〈第一頌〉解作「依識所變假說我、法」之意思。少少的文字之不同已經表示了思想上之根本變化。於《成唯識論》中被稱為安慧之「一分說」的思想，其實並無以「自識體變現相分見分」作為「非有之分別性」的意義，它原來就是沒有所謂「所變之東西」的思想，而與《三十頌》之〈第一頌〉中所顯示的世親之思想相同。此事可由安慧之將 pariṇāma 解作「異剎那之間識與識之相違」，但是〔護法中〕這一「能變所變的關係」卻是指「於同一剎那即現在剎那中的同時的關係」而知道。與《成唯識論》中以「能變、所變」之思想作為基本的立場相反，安慧以前之古說完全沒有這種想法。因此之故，必須指出的是：於《成唯識論》以及與它具相同看法之典籍嘗言及「一分說」，但此「一分說」所理解的思想與安慧本來之看法是有距離的。從這一意思來看，將本來之安慧與世親的思想稱作「一分說」嚴格地說也許是不妥當的。我過去曾說「世親是一分論者」，[18] 但是此時還未說及《成唯識論》之思想與古說間這種根本的見解上之不同，只是就此與護法說有所不同的特徵能儘快地給予讀者一印象的意義上方便地使用之。至於那稱作「一分

18 上田義文，〈世親為一分論者〉。

說」之內容意義方面，乃是與本論文所闡明的古說相同，這大概由兩方之比較便可以得到理解。

由上面可知：「能變、所變」的思想是原來的唯識說所無的，因此即使「識變現境故唯識無境」那樣非常一般的對於唯識思想之理解，也是由於後來之變遷方產生的。於原來的唯識思想中，並無「識變現境」這樣的思想，因而是脫離普通所認為的「觀念論」思想。在沒有「所變」的思想中，識（有）與境（無）是直接對立而又同一的關係，這的確必然地繼承了「色即空、空即色」的思想。所以，與之相反的強調「所變」之思想，則是一並無繼承本來之意義的「空」之思想。（關於此點有詳細考察的必要，但這裡卻無法深入。）此點變化牽涉到印度大乘佛教思想之重大演變是如何地發展出來一問題，這已不只是唯識思想史之內部的變化，且還涉及它以外之廣泛問題，只有期待他日再處理。

【補說】茲利用空白加入一補說。請從前面〔頁 56〕標示【補說】參照處一直唸下來。

假如說 asya 就是 vijñānasya，那麼，為何安慧不將 asya 解釋為 vijñānasya 而卻作 ākārasya 呢？依安慧之說，ākāra 就是「對所緣之覺知性感受」（ālambansaṃvedanam）或「得」（upalabdhi）的意思，只有此一 saṃvedana 或 upalabdhi 方是「識」之特性，若去除了它則便沒有「識」了。所謂「認識」就是「認識所似」（vijānātīti vijñānam）。在這種意義上，無論說 vijñānasya 或說 ākārasya 都是相同的。 然則，為什麼要特別說之為 ākārasya 呢？這裡暗示了一重要之思想。安慧說：

vijānātiti vijñānam ／
〔tac ca〕grāhyābhāve vijñāt tāpy ayvktam ／
tasmād arthābhāvād vijñāt tvena vijñānam asat ／
na tv arthasattvātmavijñaptipratibhāsatayā // [19]
〔譯者按：其漢文直譯如下
認識就成為識。（而且彼〔＝識〕）於所取為無時，能取也是無。由於此所取就是外境，所以作為能取的識亦無。不過，作為外境、有情、我、了別的顯現之識卻並非無。〕

這是說「當所取是無時，能取也是無」，不過，此一「所取」在這裡就是 artha，而「能取」就是 vijñāṭr 即是識。它們兩者都是無，但似現 artha、sattva 等之識卻並非無。前面（3）為了強調它是作為「似現之識」，所以不說 vijñānasya 而說 ākārasya 。由於（3）之 vijñāna 就是「似現 artha 等四物之識」，為了凸顯此點，因而言 catuṣṭayasya ākārasya 。所以，此中暗示了一重大的思想，就是表現於在「似現為四物之識」（漢譯為「似塵識」、「似根識」、「似我識」和「似識識」），在此之外便沒所謂「識」了。而依主張「識之自體及其所變之相分見分」之向來的看法，所謂「識似塵與根等」，就是指「識顯現為似塵與根」，此乃「識之所變」而非「識之自體」。若依這一看法，則便認為於「似塵識」與「似根識」等之外有「識之自體」的存在。可是，於主張「識並非無，而係作為四物之似現」的安慧之思想，則認為除作為「四物之似現」外便沒有「識」了。而似現出來者，依前所見便是「可見」「be conceived」，亦即

---

19 *Madhyāntavibhāgaṭīkā* ed. by S. Yamaguchi, p. 20, *ll*. 1-4。

是「所識」。所謂「於所識之外就無識」，就是說「能識於所識之外就無」這回事了。而且，此一「似現」pratibhāsata 便是說「識並非無」的理由，即是說「緣生之識」作為「得所緣」(ākāra)。於此一意義上，必得說：「四種似現之識」就是「識」，而並非「所識」。這樣一來，便顯示了「所識與（能）識」之「二而不二」。前面已述及了「似現」(pratibhāsa）這種二重的乃至複合的構造。安慧此中將 asya 不解作 vijñānasya，而解作 catuṣṭayaya ākārasya 一點，正是暗示了這種構造。

arthasattvātmavijñaptipratibhāsaṃ vijñānam 就是「似塵識」、「似根識」、「似我識」與「似識識」，正如於上面所已述：此等「四識」都有「所識」與「能識」二義。「似塵識」中之「似」是「所識」之意思，而「識」是「能識」之意思。還有，此「所識」與「能識」兩者乃是「不二」，於「所識」(「顯現出來的東西」) 之外便沒有「識」。此外，就此等「四識」各自均稱作「識」這點而言便是「識」了。在「顯現出來的東西之外便無識」這點上包含了「識之否定」，而就「它們全部都是識」這點則包含了「所識之否定」。因為「所識」與「能識」是「對反」的，假如這兩者同時是「不二」的話，則這一「不二」(「一者」) 就是：於「所識」之點上看，則「能識」被否定，相反地，於「能識」之點上看，則「所識」被否定。

這些「似塵識」等之「四識」在《攝大乘論》被細說為「十一識」，然而，此中「所識」與「能識」的關係跟在「四識」中並沒有任何改變。一切之虛妄分別在此「十一識」中都被盡攝了。「虛妄分別有，於此二都無」一偈中虛妄分別之「有」的意義，自不待言是與四識之「有」之意義相同。因此，於說及「虛妄分別有」

時，也包含了「虛妄分別之否定」的意義。（關於虛妄分別此點，請參照收於拙著《大乘仏教思想の根本構造》第四篇之論文。）（中譯見本書〔七〕）

四、「識轉變」之意義

1. 問題之反省

「識」(vijñāna) 一字，於《唯識三十頌》中依不同的版本出現兩種意義不同之使用。就玄奘譯所見，「識」解作「能變」之意義；阿賴耶識、末那識、六識遂分別被稱作「初能變」、「第二能變」、「第三能變」。因此，若依玄奘譯，「識」與「所變」相關；換言之，其基本性格顯諸於「轉變出來的相分與見分」。於此立場上，由於「識之轉變」乃是萬法唯識說成立的基礎，所以「轉變」(pariṇāma) 一概念在體系中佔有中心的位置。

與此相對反，於現存之梵本與真諦譯中，「識」(vijñāna) 並無「能變」之意義，「識」只是用作「能緣」之意義。[1] 於此立場上，「識」與「所緣」(境) 相關；換言之，其基本性格顯諸於「緣」境 (所緣)。

不單只於《三十頌》，在其他之唯識說典籍中，凡是於玄奘譯

1　請參照上田義文，〈關於「識」之二種見解——能變與能緣〉，《結城教授頌壽記念論文集》。(中譯見本書〔二〕)。

解作「能變」之意義的「識」，[2]於真諦譯中必作「能緣」。在一文本中，於有使用「識」字之處，究竟那一個是用作「能變」之意義，而那一個是用作「能緣」之意義呢？必得說讀者被迫要面對此字作出一種選擇性決斷。這樣一來，多數唯識說的典籍便有被說成是「能變意義的識之唯識說」，亦有被說成是「能緣意義的識之唯識說」。

若不局限於《三十頌》而廣泛地就唯識說整體來看，則會發現在世親以前之唯識說中表示「能緣識」與「所緣境」之關係的概念並非pariṇāma而乃係pratibhāsa（似現）。於《大乘莊嚴經論》、《中邊分別論》、《法法性分別論》、《攝大乘論》等書，當說明「識外無境」（一切法）時，都是使用pratibhāsa，[3]而非vijñānapariṇāma。因此之故，當此等書中所謂「識」之概念是「能緣」的意思時，便可推知其無所謂「能變」的意思。至少在玄奘譯以外之書，都必可見出「識」並不是「能變」。

可是，《三十頌》一回也沒有使用過pratibhāsa此字，而所用的乃係vijñānapariṇāma。因此，於梵文《三十頌》及真諦譯中，假如明顯地「識」是「能緣」的意思，[4]則此「能緣」與「所緣」之關係是否不可以用vijñānapariṇāma來說明呢？這是說，《三十頌》

2　例如在玄奘譯之《辨中邊論》中，arthasattvātmavijñaptipratibhāsa prajāyate vijñanam是譯作「識生變似義、有情、我及了」。因而為了將這「顯現識」（pratibhāsa vijñanam）解作「能變」（pari āma）之意思，必然在「似」（pratibhāsa）之上加上「變」字。若站在玄奘之立場，此乃是忠實的譯法。但是在真諦譯則單單只見一「似」字。

3　請參照上田義文，〈於彌勒、無著、世親pratibhāsa之意義〉，《干潟教授古稀記念論文集》。（中譯見本書〔五〕）。

4　請參照〈關於「識」之二種見解——能變與能緣〉。

之所謂 vijñānapariṇāma 一概念能否與彌勒和無著所說的 pratibhāsa 合併而成為一較廣之概念呢？這也是需要加以考究的。於玄奘譯之《辯中邊論》中，pratibhāsa 被譯作「變似」一事，已於前面中指出。如依《成唯識論》，正如將於第三節所述，所謂「似現」一關係乃是被包含於「轉變」一概念中而為其一面相。於《成唯識論述記》中「變」被說為「現」之意思。[5] 至於彌勒、無著、世親之 pratibhāsa 則正正是跟 vijñānapariṇāma 沒有關係方成立的概念，此事在以前已經闡明了。[6] 但是，究竟《三十頌》之 vijñānapariṇāma 跟 pratibhāsa 有何種關係呢？又 vijñānapariṇāma 一概念於世親有何種意義呢？我們將在本文中對此等問題一一加以考究。

2. 世親、安慧、真諦的 vijñānapariṇāma 之意義 [7]

世親《唯識三十頌》之〈第一頌〉宣稱：

---

5 若依《成唯識論述記》二末尾（七十三右，七十六右）以及《樞要》上末（三十八右），則「變」是有「轉變」與「變現」二義，「因能變」（種子）之「變」是「轉變」之意義、而非「變現」之意義，第八識與六識中業果之現行（「果能變」）是「變現」之意義、而非「轉變」之意義，能熏之七識則是具有兩義。《述記》七末（二左）中「變是現義」一句乃是說明此中「變現」之意義。

6 請參照上田義文，〈於彌勒、無著、世親 pratibhāsa 之意義〉。

7 與此相同之題目我從前（《唯識思想入門》〔京都：あそか書林，1964〕，頁 140 以下〔＝〈"Pariṇāma" について〉（〈關於 Pariṇāma〉）第四節（此文中譯見本書〔三〕）有所論述，不過，正如該書之序文（頁 4）所預告，該論文是指向作為更基本的考察之〈關於識之二種見解——能變與能緣〉——然而此拙論在展開對 vijñānapariṇāma 一概念加以考察之前便完結了。本論文是為繼續此事而撰寫的。

ātmadharmopacāro hi vividho pravatate |

vijñānapariṇāme sau pariṇāmaḥ sa ca tridhā ||

此中之「pariṇāmaḥ sa」玄奘譯作「此能變」，真諦則譯作「能緣」。「能變」與「能緣」儘管不同義，但於均旨在表現「識」這點上，兩者乃是一致的。此處清楚地顯現出玄奘將「識」解作「能變」，而真諦將「識」解作「能緣」。[8] 不過，無論將「識」解作「能變」，抑或解作「能緣」，此 pariṇāma 都不可以藉「識」以外的任何意義來解釋，這於梵文明顯可見，因此，二人之解釋在此點上之一致性乃是理所當然的。於梵文本承接〈第一頌〉的〈第二頌〉作出如下所述：

vipāko mananākhyaś ca vijñaptiviṣayasya ca

〈第一頌〉之最後段落言「此 pariṇāma 有三種」，接著舉出「所謂異熟、思量與境之了別」，因此，毫無疑問地「三種 pariṇāma」就是指此三種之識。〈第二頌〉之後半以下至〈第十六頌〉都是對此三種之 pariṇāma 的所緣與行相等作順次之說明。此中「就以思量為體之意而稱為識」是說第二種 pariṇāma，「境之得知（＝了別）」則是說第三種 pariṇāma，由此可知，「異熟作為識」就是說第一種 pariṇāma 。玄奘將之譯作「初能變」、「第二能變」與「第三能變」; 但是，真諦則譯之為「第一識」、「第二識」與「第三（塵）識」。真諦譯中之「識」自不待言都純屬「能緣」之意思。

對於這三種 pariṇāma 之理解，〈第十七頌〉說：「此

8 〈關於識之二種見解——能變與能緣〉。

vijñānapariṇāma 就是 vikalpa」。依上述所言，如果 pariṇāma 是「識」之意思，則「識」必定就是 vikalpa，而 vijñānapariṇāma 之為 vikalpa 乃係極其當然之事了。由此可知「三種 pariṇāma」便是「三種 vikalpa」。所以，在解釋〈第十七頌〉中之 tena（vikalpena）時，安慧說：「阿賴耶、染汙意與轉識，依其自性乃是此三種 vikalpa」。因此之故，我們可以作出下列之等式：

三種 vijñānapariṇāma ＝ 三種識 ＝ 三種妄分別

準此，我們知道 vijñānapariṇāma 一複合語乃是作「持業釋」用的。由於上列之等式成立，所以 vijñāna ＝ pariṇāma 也一定成立，因而 pariṇāma 用作「能緣」乃為極其合理的。

vijñānapariṇāma 一詞若依「持業釋」可以見出：〈第一頌〉之 pariṇāmaḥ（sa）既可譯作「能緣」也可譯作「能變」，第一、第二、第三之 pariṇāma 各各既可譯作「第一識」、「第二識」、「第三識」，也可譯作「初能變」、「第二能變」、「第三能變」。此事不難理解。而自不待言，對於將從〈第一頌〉直至〈第十七頌〉中之 vijñānapariṇāma 以「依主釋」解作「識之轉變」之直至目前仍流行的解釋，至少於梵文本與真諦譯的相關範圍內有再加考究之必要。當這樣看《三十頌》，則 vijñānapariṇāma 一定要依「持業釋」來理解。因此，真諦將 pariṇāma 譯為「能緣」與「識」乃是理所當然的，即使於將 pariṇāma 譯作「能變」之範圍內，玄奘譯顯然也支持此種解釋的。

關於在梵文《三十頌》中所見出以上的情況，於安慧釋有更加詳細和明瞭的說明。在對於〈第二頌〉之解釋中有下列之敘述：「三種之 pariṇāma 就是稱作『異熟』（之 pariṇāma）、稱作『思量』（之 pariṇāma）與稱作『境之了別』（之 pariṇāma）」、「異熟依善與惡業之習氣之成熟，（在其業上）牽出果之現行（phalābhinirvṛttiḥ）」。稱作「異熟」之 pariṇāma，是作為有「生出與因（善與惡）相異之果（無記）」意義之 pariṇāma 。「稱作『思量』（之 pariṇāma）乃是染汙意」。逆而言之，染汙意是「稱作」mananam（思量）之 pariṇāma 。此外，「稱作『境之了別』（之 pariṇāma）（此）就是六識」。六識就是六種之「境之了別（viṣayavijñapti）」，此「了別」就是 pariṇāma 。

一言以蔽之，pariṇāma 有三種。其一生出與因相異之果，此種 pariṇāma 稱作「異熟」。其二從事思量，此種 pariṇāma 稱作「思量」。其三對境作了別，此種 pariṇāma 稱作「境之了別」。稱作「異熟」之 pariṇāma 就是稱作「異熟」之識，這就是阿賴耶識，稱作「思量」之 pariṇāma 就是染汙意，稱作「境之了別」的 pariṇāma 則是六種之識。準此，十分明顯，pariṇāma 就是指「識」。而安慧之「（阿賴耶）識即是稱為『異熟』之 pariṇāma」（yad [ālaya-]vijñānam sa vipākapariṇāmaḥ）一句，[9] 最能明瞭地表示出識與 pariṇāma 之同一性。

三種之 pariṇāma 即與〔作為因之〕善惡業相異的果之現行（phalābhinirvṛttiḥ）、思量（mananam）、對境之了別（viṣayavijñaptiḥ）都是於現在之剎那中起現的。此等起現，自不待言乃是由因緣而來的，安慧乃記述道：「識是緣生（pratītyasamutpannatva）一事由 pariṇāma 一詞便可得知。」[10] 反過

---

9 *Triṃśikā* par S. Lévi，p. 18, *l*. 13.

10 *Triṃśikā*, p. 16, *ll*. 16-17.

來說，於現在剎那中識緣生，是說與善惡業不同之果是於現在中生，思量一作用則是於現在剎那中起現，而對境之了別的經驗亦是於現在剎那中成立。此一現象稱作 pariṇāma 。按下文之所述，個中之理由乃是因為於現在剎那中生出果、思量、對境之了別各各都係與前剎那相異所致。與此相同一事也稱作「識」，因為於現在剎那中它們起現時，也必即是 vijñānāti（認識）之經驗於現在剎那中成立之故。安慧註作 vijñānāti iti vijñānam〔認識作用說為識〕。這表示：對於何謂「識」，除了作為這樣認識作用之主體的識外都不加考慮。「識有」（asti, sat）與「識生」（prajāyate）為同義，因此之故，所謂「識生」，如上述所言乃是指 pariṇāma（前後之相異）成立之意。

那麼，如果於現在剎那中這些經驗成立，究竟在那一點上具有稱為 pariṇāma 應有之特質呢？ Pariṇāma、vijñāna 與 vijñapti 都是指同一物，但是，是否有那些意義為 vijñāna 與 vijñapti 二詞所未能表達，而 pariṇāma 卻可表達的呢？這裡遂出現了「pariṇāma 之語義究竟為何？」一問題。

由於世親本人並沒有對 pariṇāma 之語義作出說明，因此不得不於安慧、護法、真諦之解釋中尋求。護法之解釋說「變謂識體轉似二分」，[11] 不過，我們早已見出這一解釋與《三十頌》之梵本不一致。[12] 而真諦之解釋過於簡單，其中無法見出對於 pariṇāma 的字義之解說。與此相反，於安慧之解釋則有詳細之說明。所以，我們嘗試藉此來尋找 pariṇāma 之語義。

---

11 請參照第三節開首部分。

12〈關於識之二種見解——能變與能緣〉。

如依安慧，pariṇāma 首先是「變異」（anyathātva）之意，然則究竟是何者與何者相異呢？這正見諸以下所說：「在因之剎那滅同時，與因之剎那不同特質之果生（ātmalabhaḥ）。」由於因之剎那與果之剎那不同，這相異是依果於現在剎那中生而成立。果於現在剎那中「生」乃是「緣生」之理由，可在前述安慧之文字見出：「識之為緣生，從 pariṇāma 一詞可知」。依此可知：「變異」（anyathātva）是指前後不同剎那之間因與果相異。「果生（kārysaya ātmalabhaḥ）就是妄分別（識）生」，詳細而言，就是「由於我等之妄分別之習氣成熟，以及色等之妄分別之習氣成熟，從阿賴耶識生出似我等之妄分別與似色等之妄分別。」

上述只是自各各不同之方面來敘述全部於現在剎那中生出果一事。就六識之了別境而言，六識乃是於現在剎那中生的，所以，「於現在生起之了別」與「於因之剎那之了別」在特質上有所不同。又思量一事，以及果報熟（vipāka）一事，凡是於現在剎那生起者，都分別與於因之剎那者在性質上相異。從果是於現在剎那中現行，便自然而然地成立了與因之間的相異。在這樣意義上，「果於現在剎那中生」一事不外就是 pariṇāma（變異）。而且，正由於「生果」一事即是了別境、思量與業果之現行，因此乃稱之為「識」（vijānāti〔認識 ＝ 緣〕）之理由所在。

由此可知：作出這樣關於 pariṇāma 之語義的安慧之說明，正是將 pariṇāma 解釋為「識」（能緣）之意思，這種做法乃是十分適當的。理由是：於現在剎那中所生之識，與其因之剎那者有不同之特質。Pariṇāma 一詞正是從此一方面而被稱作「識」的。這就是：當於現在剎那中了別境方面而見之時乃被稱為「識」。即 pariṇāma 是就時間上之前後關係方面而作的稱呼，而「識」則是就同時的能緣與所緣之關係方面而作的稱呼。同一現象，由於就不同之方面來看，於是有「識」之稱呼，與有 pariṇāma 之稱呼。而 vijñānapariṇāma 則是由綜合此兩方面而有之稱呼。至於在《三十頌》中 pariṇāma 也稱作「能緣」一事，依此亦可理解了。直至無著為止單只有的 vijñāna，對於此一概念中所含有之意思，世親現將之清楚地表現出來，因而乃有 vijñānapariṇāma 之說法。由於現在剎那中之能緣（識）只是緣一或若干個之所緣（境）——例如只有色，或似同時有色與觸——所以，現在剎那中之識只不過有一定之似我和似法之相生出。與之相反，若考察經歷多剎那之能緣，則便有種種不同即一切之似我與似法之相生出。因此，言「種種我法之假說於 vijñāna 中起作用」也可在言「於 vijñānapariṇāma 中起作用」上得到更較適切的說明。在這裡也可以見出世親之所以在 vijñāna 之上添加 pariṇāma 的理由了。

Pariṇāma 一概念不外是表達時間上前後之關係。而前後之關係乃是因果之關係。所以有「從 pariṇāma 一詞可知道識乃因緣生」一句。此一前後之因果關係，卻非只是直線之前後關係。此一前後之因果關係實際上也是同時中的同時之關係。換言之，於同一剎那中，即於現在剎那中並無識之相互關係，此中識之前後之關係亦不成立。遍歷三世之煩惱（惑）、業、果報（苦）等關係，乃是於現在剎那中作為識與識之同時更互因果上成立的。Pariṇāma 之所以不能單就前後之關係而成立，乃是由於與同時的關係這一面有不可分離的結合。對於這樣子的 pariṇāma 之同時的一面於《三十頌》〈第十八頌〉中有所說明。

〔第十八頌〕識實際上是由於有一切之種子而有。

> Pariṇāma 以更互之力，如此如此地作用，由此種種之妄分別生。

對於此頌安慧、真諦、護法之解釋都各不相同。「究竟哪一解釋最能忠實地傳承世親之原意」這一問題並不容易簡單地判決。由於我們認為安慧之解釋為最忠實，因此在這裡聽從安慧之解釋。其中，也會一併陳述我們之所以認為安慧釋乃是最忠實於世親的理由所在。

首先，依照真諦之解釋，因為這解〈第十七頌〉時說「唯識義成」，隨著在〈第十八頌〉也用「又說唯識義得成」來解釋；不過，若依安慧與護法，則〈第十八頌〉旨在說明諸妄分別如何從阿賴耶識生起。我們認為：如果率直地看頌文，那麼作為頌文之解釋後者乃是忠實的。

如果真諦之解釋成立，則由於〈第十八頌〉之 pariṇāma 與〈第十七頌〉之 vijñānapariṇāma 為同一，乃變成了在於說明能緣及其所緣之關係。真諦之解釋實際上是由這樣而產生的。即〈第十八頌〉之「迴轉」與〈第一頌〉及〈第十七頌〉之「識轉」之「轉」作同一意義之使用。「識轉」就是「能緣」之意義，在此「轉」中所成立者乃係「所緣」（我、法）。不過，至少要簡略地提及，〈第十八頌〉之〈釋曰〉中「由此等識能迴轉……作識」一文，在意義上乃是與〈第一頌〉之「識轉有二種，一轉為眾生，二轉為法」完全相同。依此真諦之解釋，由於這裡所說的「能緣」（識）與「所緣」（我、法）之關係為與〈第一頌〉及〈第十七頌〉中相同，則按照〈第十八頌〉與〈第一頌〉之所緣與能緣，以及〈第十七頌〉之「識轉不離兩義，一、能分別；二、所分別」必然被說成為能所之關係。現在於真諦譯中〈第十八頌〉最後一句遂作「起種種分別及所分別」。可是，在梵文本中最後之部分僅言「妄分別」(＝「能分別」) 而已，而並沒有說到被妄分別之物 (所分別)。因此，可見梵文本並非說如真諦釋中之能緣與所緣之關係。若是生妄分別，則依真諦釋所說也作「一一之分別中皆具能所」，此中梵文本所說者，乃是指由種種之妄分別與阿賴耶識之 pariṇāma 之更互的關係，而生種種之妄分別，這裡一直都沒有說及所生之妄分別具能所，因而成立「唯識無境」這回事。真諦譯中根本沒有提到阿賴耶識之 pariṇāma 與其他諸識之更互關係，而卻只是在說能緣與所緣之關係。在說「起種種分別及所分別」後，此中說：「由此義故，離識之外諸事不成」。這裡顯然是在梵文之直接的意義之上所補述者。

所以，此中又「由更互力故」一句並非如安慧釋中所言為「由阿賴耶識之 pariṇāma 與諸識間的更互之力故」，而乃係作為自己與他人之關係。這樣的自他關係之為 pariṇāma 所涵乃是可能的，不過，若說梵文本〈第十八頌〉之「由更互之力故」一句直接地用此種意思來解釋則使人感到過分。然在肯認安慧關於「由更互力故」一句的解釋之上，真諦所說之自他的關係卻是可以說得通的。但是在接受真諦所說之意義之前，必須先要弄明白安慧所述之意義。因此，關於此一意義上，我們需要選取安慧之解釋來加以思考「由更互力故」一句之意義。

依照安慧之解釋，「由更互力故」一句乃是以下之意義：「頌曰『由更互力故』，謂如眼等之識起作用，自身的功能之增長時發用，即成為具有種種功能的阿賴耶識的 pariṇāma〔轉變〕之因（眼等識於阿賴耶識熏習諸習氣而成為阿賴耶識的 pariṇāma 之因），這阿賴耶識之中的 pariṇāma 又成為眼等之識之因，這樣便是所謂『由更互力故』。」而「眼等之識起作用，自身的功能之增長時發用」乃是阿賴耶識之中之眼等識之習氣增長，當足夠成熟而生眼等識之生，眼等之識方由此生而起作用（對色等之境作妄分別）——進行 vijānāti〔認識作用〕。同時，由此作用於阿賴耶識中熏習自身之習氣。這樣便生出了眼識、耳識等種種識（「種種妄分別生」）。這是說：於同一時間，藉著這些分別之熏習，阿賴耶識中之習氣增長（成熟）。這些增長了的習氣進一步成為種種妄分別之生因；然而，此阿賴耶識中「種子之」增長同時就是「阿賴耶識之」pariṇāma。這意味阿賴耶識與前之狀態相異，即是當因之剎那的阿賴耶識滅之同時，果之剎那的阿賴耶識與因之剎那「相異」而生。〈第十八頌〉所要說的就是指：依照這一方式，阿賴耶識之 pariṇāma 與諸分別之生之間的更互作用，而生出種種之妄分別。

如果成立更互之關係的兩者解作阿賴耶識與諸識（諸分別），則由此更互之力便生妄分別；但是，依真諦譯，則成立更互之關係的兩者解作自己與他人，從而失去了阿賴耶識與諸識間之更互的關係。如果〈第十八頌〉旨在說妄分別如何生出，那麼更互之關係必須解為存在於阿賴耶識之 pariṇāma 與諸識之間者。準此，通過安慧釋中的阿賴耶識之 pariṇāma 的意義來解釋 pariṇāma 應是最妥當的。「種種妄分別生」，亦如前所見，一定就是指 pariṇāma；不過，此中之焦點並非在於說明妄分別全體之 pariṇāma，而是在於說種種之妄分別乃是從阿賴耶識生出一事，因此之故，可見只是在於說作為「種種之」妄分別之生因的阿賴耶識之 pariṇāma 而已。所以，若依安慧釋，則〈第十八頌〉只是在說第一種之 pariṇāma；但是，若依真諦釋，則便與直到〈第十七頌〉為止同樣地成為說明三種之 pariṇāma 的手段。

護法之解釋，在說明種種妄分別如何生起這點上與安慧相一致。但是，對於此頌中「pariṇāma」與「展轉力（更互之力）」及「一切種識」等語義之理解則與安慧者全不同。護法所理解之pariṇāma義，依下面第3節所詳述，乃是指種子於識中轉易變熟。在這一場合中的pariṇāma與現行識沒有直接之關係，而僅有在種子領域內成立之關係。相對於直至〈第十七頌〉為止之pariṇāma於現行識乃是「識體轉似二分」，這〈第十八頌〉中之pariṇāma〔作為種子於識中轉易變熟〕只關涉到不同的種子而已。相對於直至〈第十七頌〉為止之pariṇāma為在同一剎那中，即在現在剎那中識及其所變之關係，這〈第十八頌〉中之pariṇāma〔作為種子於識中轉易變熟〕則是前後之不同剎那之間的關係。依此，〈第十八頌〉中之pariṇāma與直至〈第十七頌〉為止之中的pariṇāma是不同意義。與此相反，依安慧之解釋，〈第十八頌〉中之pariṇāma指作為「種種妄分別到達有無間地生起之功能的狀態」之阿賴耶識，因此阿賴耶識「與前之狀態相異」，而阿賴耶識之pariṇāma就是ālayavijñānapariṇāma。這就是直至〈第十七頌〉為止之中所說的三種之pariṇāma中的第一種。於此一意義上，〈第十八頌〉中之「pariṇāma」與直至〈第十七頌〉為止之中的「pariṇāma」並非不同意義之「pariṇāma」。

但是，在護法處，如前面所見，直至〈第十七頌〉為止之中的pariṇāma完全不一樣，這裡是解作種子之前後的變熟，因此，〈第十八頌〉中之「識」亦非解為指阿賴耶識，而乃係解為指種子。所謂「一切種識，謂本識中能生自果功能差別。……此（種子）視為體，故立識名。……又種識言，顯識中種，非持種識，後當說故」（《成唯識論》卷七）。於護法釋，〈第十八頌〉僅在於說明種子之轉變而已，而並非說明阿賴耶識之轉變。此中阿賴耶識之轉變與種子之識變完全不同。前者指識體轉似二分，後者則指種子於阿賴耶識中先後地變為成熟一事。

不過，於安慧之場合，如前所述，〈第十八頌〉之「識」解為阿賴耶識，「種子之增長」則解作指阿賴耶識之 pariṇāma 。這比起對於〈第十八頌〉中之 pariṇāma 作出獨有的特別意義之解釋的護法釋而言，必得說安慧這種將所有之 pariṇāma 解作一義之見解是來得較為自然的。

又另在對於「更互力」一詞之解釋方面，我們認為安慧也比護法顯得較為自然。安慧之見解於前已見到。護法之見解則是跟安慧與真諦者均不同。所謂「展轉力者。謂八現識及彼相應相見分等。彼皆互有相助力故。」〔《成唯識論》卷七〕正如此中所言：此八識之心及心所，或其諸所變，皆有互助之合力；但是，此「由相助合而生出此等種種之妄分別」的解釋，與「由阿賴耶識之 pariṇāma 與諸識間更互作用而生出妄分別」的解釋，究竟何者較為自然呢？在安慧之場合，「阿賴耶識之 pariṇāma」、「更互力」與「妄分別之生起」密切地結合在一起，而形成只有一種之意義；可是，在護法之場合，「種子之變熟」、「心與心所及其所變互助地結合」和「妄分別之生起」卻沒有如在安慧之場合般程度的密接，因此，彼此之間存有若干意義上之分隔。在這樣的意義上，我們認為安慧釋這一邊是比此種立場來得自然。因而我們可得出一結論：護法所解之「展轉力」的意義，如同真諦之解釋，都要以安慧所解之意義作為基礎，在其之上然後方能成立。

於世親與安慧 vijñānapariṇāma 之意義已於上述之部分可知了。其中最注目之要點是 pariṇāma 指識（yad vijñāna sa pariṇāmaḥ），因此，vijñānapariṇāma 一合成語作「持業釋」。「變異」（anyathātva）即「認識」（vijñānam），「認識」即「變異」。離開「變異」便沒有「認識」，離開「認識」便沒有「變異」。此外，「變異」即「認識」可分為「異熟」（vipākaḥ）、「思量」（mananam）與「境之了別」（viṣayasya vijñaptiḥ ＝ upalabdhiḥ）三種。

真諦亦於視「識」為「能緣」這點上，繼承了世親與安慧之同一見解。而且，視「識」為「能緣」意味根本沒有「能變與所變」這種思想，所以，在關於 vijñānapariṇāma 之理解上，也承繼了世親與安慧。如前所述，於《轉識論》中，〈第一頌〉第四句之 pariṇāma 譯作「能緣」。其他之 vijñānapariṇāma 則譯作「識轉」，不過，「能緣」又作「能別」解一事，從其上下文之關係可得知。雖然不能精密地確定此一合成語作持業釋，但是從世親與安慧之梵文卻可知上述之意義乃是無懈可擊的。

如上面所見，玄奘將 pariṇāma 譯作「能變」。因此，在玄奘之場合，將 pariṇāma 也解作「識」這點上，與世親、安慧和真諦相共通。可是，這僅局限於單獨使用 pariṇāma 之場合中，而於 vijñānapariṇāma 作為合成語之場合中，pariṇāma 卻非「能變」，在兩次所用之中，一次是作「所變」，其他一次則是作「轉變」（轉似二分）。因此，vijñānapariṇāma 作為合成語，在玄奘譯中並非持業釋，而乃係「依主釋」。

順著上面所得之理解，為了使世親、安慧、真諦中「pariṇāma」和「能緣與所緣」之關係易於理解，我們嘗試通過圖示的方式。不過，這圖示只能顯出「能緣與所緣之關係」之一面而非其全體。在此圖示所顯出之關係以外者，有「離能緣無所緣，離所緣無能緣」（即能緣與所緣平等）之關係。關於這點於拙文〈Tattva を見る〉

〔〈見 Tattva〉（真實）〕中已有所論述，所以現在略去不言。[13]請參照本章最後一頁之圖表）

與此對應的護法之思想，亦依次以圖示來表達（關於護法對於 pariṇāma 之見解請參照下一節文字）。（請參照本章最後一頁之圖表）

Pariṇāma，在前者〔指世親、安慧、真諦〕指依他性之能緣與能緣於不同剎那間的相異之關係，在後者〔指護法〕則指依他性之能變（識體）及其所變（相分、見分）於同一剎那中之關係。於世親、安慧與真諦，並沒有「識體轉變成相分與見分」之所謂「變現」的思想，因此，「識」（能緣）直接地（而非以所變之相分與見分作為中介）與「分別性之我、法」相對。[14]此「能緣與所緣」

---

13 收於《金倉圓照博士古稀紀念論文集》（見《印度学・仏教学論集》〔京都：平樂寺書店，1966〕，頁 209-231）。

14 識是能緣，與此相對之所緣是分別性非有之我、法。識之所緣為非有一事，從 vijñānapariṇāma 及妄分別之所緣是說成是非有（asat）這點（《三十頌安慧釋》，Lévi 梵本第 35 頁第 17 行）便可知。此等我法、被說為是識外之境，此「外境，作為與自己相似之識所生，被說成是識之所緣緣」（同上，18-19 行）。由此可知所謂無之我、法就是所謂「有」之識的所緣緣。（這一部分之宇井譯作「自似己之識生，從梵文 vijñānajanakatvena 可知「識生」是正確的。西藏譯亦作如此。）相同之 vijñānajanaka 在第 17 頁第 4 行，且是譯作「識生」。又從意義內容來考察，從識所生之物不可以說是識之緣。理由是由於識生方可以說是識之緣。「在唐譯中則區分境與所緣緣，即作為所緣緣之物，經常對有體有用之法加以限定。然而，在陳譯中並無辨別境與所緣緣，亦因此有分別性之境又能作為所緣緣」——佐佐木月樵氏順著這種解說（《漢譯四本對照攝大乘論》〔東京：萌文社，1931〕，上篇，頁 28），因此能指出：在真諦譯《攝大乘論》中，分別性（我、法）是境，就是所緣，同時就是所緣緣等方面有與玄奘譯不同之點，但是，既說分別性之境也是可成為所緣緣，那麼，此外，依他性之境是否也是有這樣的表現呢？這卻沒有十分之了解。在安慧與真諦，由於境全都是分別性，所以，很清楚地並不會去掌握

（我、法）之關係就是「依他性與分別性」之關係，這從 pratibhāsa 一詞便可以顯示出來。

但是玄奘譯中於識體之外有作為依他性的所變之相分與見分，這就是因緣生之似我與似法，此等都被認為是「似」遍計所執性之實我與實法。此「似」便是 pratibhāsa 。此外，在這種立場上，pratibhāsa 乃是依他性與分別性之間的關係，而非能緣與所緣之關係（可以說是認識論之關係）。這是存在之物（因緣生之法）與非存在之物（遍計所執性之法）之間的關係（可以說是存有論之關係）。

3. 護法的 vijñānapariṇāma 之意義

《成唯識論》中作為轉變之意義所謂「識體轉似二分」的思想是最為人所知。在拙論〈關於「識」之二種見解——能變與能緣〉中已指出：這種轉變之思想均為世親、安慧與真諦所無，而乃護法所持有者。這一轉變之思想，如眾所周知，乃是通過《成唯識論》中《三十頌》之〈第一頌〉的「識所變」（vijñānapariṇāma）之「變」的解釋來說明。為了慎重起見，茲舉出原文來加以闡述。

那根本不存在的所謂「依他性之境」。識無論什麼時候都是作為能緣，都是直接地與分別性之境（所緣）相對。境或所緣都是「非有」。既然沒有所謂「依他性之境」，所以對所謂「識之所變之東西」全都不加考慮，就是說並沒有所謂「識之所變」的思想。在主張「遍計所執性雖是彼境，而非所緣緣，所緣緣必有性故」（《成唯識論》卷八）的護法之立場，對於「為什麼『無』之我、法可以成為『有』之識之所緣緣呢？」這則屬於一相當難理解的事情。這一問題在另外之機會中再加處理。

「變謂識體轉似二分。相見俱依自證起故」[15]

此一見解在〈第十七頌〉之解釋中有更詳細之敘述。

是諸識……皆能變似見相二分立轉變名。所變見分說名分別，能取相故；所變相分名所分別，見所取故。[16]

這就是《成唯識論》中「轉變」之基本意義。

此外，在〈第十八頌〉之解釋中，可見出下列之解釋：

此識中種餘緣助故，即便如是如是轉變。謂從生位轉至熟時，顯變種多，重言如是。[17]

慈恩之《成唯識論述記》有以下之說明。

前所明本識中種，由餘三緣助故，即便如是如是轉變。謂先未熟名生，如在牽引因位。從此轉變至熟時，如在生起因中，為愛水潤，有轉易變熟之相，名為轉變。[18]

依此，「轉變」就是種子在本識之中從未熟之位轉易變熟而至熟位。「轉變」，由於只限於種子之領域內，即並不涉及識之領域方成立故，上述之「識體轉似二分」便有全然不同之意義。這一意義的「轉變」，若是解作「種子變成為與前一剎那之狀態相異者」之意義，則與安慧之「因轉變」之見解（此請參考以下）為相一致的。

15《成唯識論》，卷一，2b。
16《成唯識論》，卷七，19a。
17《成唯識論》，卷七，26a。
18《成唯識論述記》，七末，44。

這樣，在《成唯識論》中，可知有：(1)「識轉似二分」義之「轉變」和（2)「種子之作為種子而轉易變熟」義之「轉變」二種。前者是識體與其相、見二分之同時的關係，後者則是種子與種子之間的前後關係。在對《唯識三十頌》從〈第一頌〉到〈第十七頌〉作註釋時，《成唯識論》所說之「轉變」之意義全都是前者，而對於〈第十八頌〉之註釋所說之「轉變」則是屬於後者。

但是，依慈恩，這兩種之「轉變」的意義不盡相同。慈恩有以下之說明。

> (論曰）彼相皆依識所轉變而假施設
>
> 述曰……依內識之所轉者，種子識變為現行，現行識變為種子即見相分，故名為變。[19]

這裡可舉出「變」之三種意義。(甲）自種子生現行之識一事，(乙）現行之識在阿賴耶識中熏習種子一事，(丙）現行之識現為相分、見分一事。普通卻跟從跟隨慈恩稱（甲）與（乙）為轉變，而稱（丙）為「變現」來加以區別。這三種意義之外，按《述記》中說明「因能變」之部分，是在說（丁）習氣轉變後生自類種子一事，是以合起來（甲)、(乙)、(丙)、(丁）四種意義都包含在「轉變」一概念中。

可是，雖然其中（丙）與護法之（1）相同，但（丁）之與護法之（2）相當，卻很難說是直接的相同。關於此點以後再論述，不過，暫時可視之為相當於（2)，至於（甲）與（乙）在護法中並無這種意義。是以，必須考察在《在唯識論》即一些句子中包含

19　關於這點請參照下面（本章倒數第三段）之討論。

（甲）與（乙）之意義。

首先，對（甲）加以考察。從上面已見出：關連於《成唯識論》之「彼相皆依識所轉變而假施設」一語，慈恩說「種子識變為現行」，不過，從《成唯識論》之「彼相皆依識所轉變」一語，當然不能知道「轉變」有「種子生現行」之意義。而在其他地方所見，關連於《成唯識論》所說之「因能變」，慈恩有如下之敘述：

> 此言因者，即所由故，謂種子也……變者，是轉變義……因即能變，名因能變。謂此二因能轉變生後自類種、同類現行及異熟果故。[20]

這裡「轉變」被視為既是「種子生種子」、又是「種子生現行」。對於此「因能變」作說明的《成唯識論》之文字，可依下列之舉出：

> 能變有兩種，一因能變，謂第八識中等流異熟二因習氣。等流習氣由七識中善惡無記熏令生長。異熟習氣由六識中有漏善惡熏令生長。[21]

從這段文字來看，則無論在那裡都沒說到「種子生現行」，反而說到「現行熏種子」。並且，「種子生現行」卻都可在「果能變」之說明文字（參照前面）之中見出。可見在此點上《成唯識論》自身之說法是與慈恩之解釋相對反的。因此，關於《成唯識論》這段文字，按照鈴木宗忠博士之解釋，則「因能變」是指「現行熏種

20《成唯識論述記》，二末，73。
21《成唯識論》，卷二，11b。

子」，而「果能變」是指「種子生現行」。[22] 依鈴木博士之批評，從《成唯識論》這段文字作為根據來將「種子生現行」解釋為「轉變」之作法根本是不合理的。然而，在《述記》中，卻依《成唯識論》這段文字來將「種子生現行」看成為是「轉變」的一種意義。在對於「《述記》這樣的解釋是否於《成唯識論》這段文字中完全沒有根據」一問題加以詳細的考察之後，我們發現可有一點。這就是所謂「因能變」一詞。依照《述記》，「因能變」就是「種子」的意思。此乃是以《成唯識論》之「因能變謂等流、異熟二因習氣」一句而來的。「因能變」是對應於作為「識」之意義的「果能變」。「因」是「種子」，「果」是「識」，此乃一般唯識說的通用語法。所謂（「種子生種子」、「種子」也稱作「果」一事，則屬《成唯識論》以後才有的。）正如「果」（識）是「能變」，「因」（種子）也是「能變」。由於「因能變」是有「作為因之能變」的意義，因此乃有「種子」之意義。《述記》中所謂「因即能變名因能變」是也。由此之故，在說明「因能變為何」時，一定要說明「作為轉變的種子為何」。從《述記》關於「因能變為何」說明之處可見，首先，這就是說「謂種子也」；而且，所謂「所有等流、異熟二種習氣（種子）……能轉變生後自類種、同類現行，及異熟果故」是在說「種子」就是「因能變」。這是對一切種子的說明。這裡對於「種子」即謂「因乃是何者之生因」一事加以說明。在原來之唯識說中所謂「種子」一概念，便稱作為有現行「識之生因」的意義

22 「轉變、自因上所見者乃是因轉變，此是指種子之生長。換言之，是『現行熏種子』。」「其次，轉變從其果上所見者乃是果轉變，此是指種子之現行。即是『種子生現行』。」（《唯識哲學研究》，頁 228-229。）

的種子，所以，如果要說明「種子為何」，則無論如何首先必定要說明「種子生現行為何」。「種子生種子」，由於是為了成立「種子生現行」之故，所以只屬次要的意義。所以，例舉中《成唯識論》之文字並不限於說明「習氣之生長」（這裡是有「種子生種子」之意思）。如果它是在說明「因能變為何」的話，則是必定是在說明「種子生現行」一事。順著這樣的理由，我們認為《成唯識論》中「因能變」一詞是可作為說明「種子生現行」之根據的。

不過，依慈恩則非得說是「種子生現行」不可，而我們認為在護法中亦是可以這樣說而已。無論如何，如果一定要說的話，那麼護法跟慈恩一樣都有這種說法。若從《成唯識論》之文所見，關於「因能變」之處，一定是說為「由於熏習之故而使習氣得以生長」，但卻不是說種子生現行。就二人之敘述所見出的這種相違，使得我們不得不認為這表示了兩人對於「因能變」之見解乃是不相同的。在《成唯識論》中關於「因能變」的地方，都不說「種子生現行」，而敘述為「由現行之熏習故而使得種子生長（＝成熟）」。這乃是護法所解的「轉變」之二種意義中之（2），就是指「種子在阿賴識中轉易變熟」一事。由於此乃在「種子」（因）之領域中「轉易變熟」之故，所以稱作「因轉變」（hetupariṇāma）。hetupariṇāma 一字玄奘是譯作「因能變」，故此詞有「種子」之意義；不過，若譯作「因轉變」，則它便由傾向於「轉變」之一邊轉為傾向於「種子」一邊。「因能變」一詞作「因即能變」是在「持業釋」中之解法；但是，我們認為在護法中 hetupariṇāma（因能變）為「在因中轉變」是作為「依主釋」而使用。所謂問「因能變為何」實是在問「種子為何」，可是，在問「因轉變為何」時，卻是在問「轉變為何」。護法於此所問者，比較起來乃是「轉變」，而非種子。如果是這樣的話，那麼可以斷定這裏「因轉變」一譯語是遠比「因能變」為佳。即此中呈現了譯語之問題。

護法所用之字是 hetupariṇāma 一事，從玄奘譯《三十頌》之譯例便可知。就如在拙論〈關於「識」之二種見解——能變與能緣〉中所見，玄奘對於《三十頌》之 pariṇāma，是有「能變」、「所變」與「轉變」三種譯法。而在《三十頌》之《安慧釋》處可見之 hetupariṇāma、phalapariṇāma 乃其對應之概念。因此，與《成唯識論》之「因能變」、「果能變」對應之原語毫無疑問就是 hetupariṇāma、phalapariṇāma 。對於護法之 hetupariṇāma 一詞，玄奘所作之譯語是「因能變」，而沒有譯為「因轉變」。那麼，這代表什麼意思呢？

從上面《成唯識論》中對於「因能變」之說明的文字之內容所見，「因轉變」一譯語反而較「因能變」更為適當。雖然不管玄奘之選用「因能變」的理由何在，我們認為這主要是由於將「識」解為「能變」所致的。可以說，因為「識」解作「能變」，所以 phalapariṇāma 便解作「果能變」，這樣結合起來便把 hetupariṇāma 譯為「因能變」。依此，文中在問「『因』即『種子』(『能變』) 為何」時，便可從「轉變」之意義中含有「種子生現行」這點上來加以考究。由於《成唯識論》對於「因能變」之說明文字並不能充分地作為將此「變」字解作含有「種子生現行」一意義的根據，所以，慈恩於此作出這樣的解釋，並不是按照《論》之文字，他只能同時訴諸玄奘自印度所學得歸來的關於 pariṇāma 之廣泛性理解。

護法之「因轉變」一概念並沒有直接地含有「種子生現行」之意義這點，可以進一步透過把安慧對於「因轉變」、「果轉變」的見解與護法者加以比較，那麼我們便可愈加明瞭了。

護法——因能變謂第八識中等流異熟二因習氣。等流習氣由七識中善惡無記熏令生長。異熟習氣由六識中有漏善惡熏令生長。

↗

因轉變：

↘

安慧——因轉變，指阿賴耶識中，異熟、等流之習氣生長一事。

護法——果能變謂前二種習氣力故有八識生現種種種相。

↗

果轉變：

↘

安慧——果轉變，指異熟習氣功能之阿賴耶識，由於過去之業之牽引而圓滿，乃於其他之眾同分中起現行一事，以及等流習氣功能之所得，即自轉識與染汙意和阿賴耶識起現行一事。[23]

首先，就關於「因轉變」之所見，如從護法所述之「等流習氣由七識」以下之文的內容下判斷，則「因轉變」一譯語比「因能變」來得更適當。而且，如果刪掉「等流異熟二因習氣」這一段指稱「種子」之文字（此亦可想是玄奘於翻譯之際所加的），那麼便恰好與

---

23 Lévi 本，p. 18, *ll.* 6-9。

安慧之說法相一致了。然而在安慧處並無「熏習」之詞，這因為習氣之生長，乃是於熏習之後才可能，可以說「生長」已包含了「熏習」之意思。不同之處僅在於護法之說明很詳細，而安慧者較為簡明而已。於此兩方面之見解則是一致的。

關於「果轉變」方面，則與「因轉變」之情況相反，護法之說明很簡單，而安慧者卻屬詳細，不過，兩者所說者都是一樣的。或者說在表面上看來於安慧只限於「識之現行」內，而護法則說「種種之相現」這點上有所不同；可是，即使在這點上也沒有衝突的。這因為於安慧處也是「現行識」必定於「我」、「法」中任一者上顯現的。此可見諸其所述之「自阿賴耶識、生起作為我等而顯現（ātmadirirbhāso）之 vikalpa，與作為色等而顯現（rūpādiniabhāsaśca）之 vikalpa」。[24] 當「識」在依二種之「習氣」之功能而起「現行」之時，「識」必定依「我」、「法」中任一之相而為的。

依此，就護法與安慧論及因轉變、果轉變之部分來說，姑且不論其文字上之繁簡，則也屬一致的。這表示護法與安慧此二種關於轉變方面自己之意見的述說，無論如何都只不過是如一般流行的傳統見解所言者。如果這樣考察的話，則會發現，十分明顯，主張在「因轉變」之意義中含有「種子生現行」，並不是護法的見解。

這是一想便必定明瞭之事。因此之故，在說明因轉變與果轉變之「文字」上，安慧與護法兩者乃是一致的；不過，同樣「文字」於「意義」方面，則兩者是有所分別的。就關於因轉變部分所見，護法之稱呼「異熟與等流之習氣依熏習而得到生長」一事

---

24 Lévi，p. 16, *l*. 4.

為「轉變」，乃是就種子是從生位向熟位「轉易變熟」而言的；但是，安慧之稱呼「異熟與等流之習氣依熏習而得到生長」一事為「轉變」，則是就如此地生長的阿賴耶識之中各個剎那之種子分別地「與前之狀態變成相異」而言的。此乃是傳統中對於所傳下來的相同之文字中所理解的不同之意義。於護法中，諸識由二種習氣之力而現行時現起種種之相，不外就是諸識變現為見相二分，而這就是轉變；可是，於安慧中，諸識現行（於現在剎那中生）之時，此現在剎那中之識與其前之剎那中之識便在特質上變成不同（例如前之剎那為似色之識，而現在剎那之識卻是似聲之識），這是從「識」的「變成與前位相異」而稱作「轉變」的。兩人一方面用相同的文字來述說「因轉變」、「果轉變」，但其意義上卻有這樣程度的差別。此事表現了二人關於「因轉變」與「果轉變」之說明，並不是分別為了強調自己的思想而舉出的文字，而實係採用傳統者而已，這是可從內容上進一步見出的。

如果在這樣之護法的「轉變」概念中並沒有包含「種子生現行」一意義，則自不待言也沒有包含（2）之「現行熏種子」一意義。[25]由於「種子生現行」與「現行熏種子」乃是相互的關係，所

25「變」之意義，普通我們都知道是「種子生現行」意義的「轉變」與「現行識現為相分、見分」的「變現」。但是，在《述記》中，另外加上「現行熏種子」為「轉變」。「第八唯果變而非因變。種子因變而非果變。現七識亦因亦果能變」（二末，746）。這裡，強調「現行之七識」成為「因能變」。不過，在此點上於是乃有種種的無理情況隨之而生，這方面在《了義燈》有所討論（第三，356）。由於《成唯識論》已明言「因能變為第八識中之等流、易熟之習氣」，現行之七識既不是在第八識中、也不是習氣，所以根本不可能是因能變。於是，至於問及能否作為果能變，則果能變若依論中文章是指「變現」，因此，《述記》說現行之能熏是不落入果能變中的（二末 76a）。那麼，「能熏之現行」既不落入「因能變」也不落入「果能變」中，所以變成有所謂

以，如果「種子生現行」是「轉變」中的一種意義，則即使《成唯識論》沒有明言，「現行熏種子」也必然包含於「轉變」之意義中；但是，既然「種子生現行」根本不可能包含於「轉變」之意義中，則十分清楚：「現行熏種子」也不會包含於「轉變」之意義中的。

顯然，可以見出：在《成唯識論》中，根本便沒有將「種子生現行」與「現行熏種子」稱作「轉變」。《述記》之解說則是全不管《成唯識論》之本文自身在言「因能變」之文字中並沒有說及「種子生現行」，而只有說及「現行熏種子」，反過來在其言「果能變」之文中字有說及「種子生現行」這一事實，[26] 這是首先要弄明白的。在一般唯識理論中，從「種子」到「現行」之關係傳統上是用「生」一概念來表示，而從「現行之識」到「種子」之關係則是用「熏習」一概念來表示。「生」與「熏習」本來就是與「轉變」有不同之關係的意義之概念。「轉變」一概念，（1）若按照安慧之見解，是意謂「種子在狀態上之前後的相違」與「種子的生長」；若依護法之見解，則是意謂「種子之狀態上的轉易變熟即生長」，又（2）意謂「識之狀態上的相違」——在安慧之解釋中則是指「識之變成為與前之狀態不同」者，而在護法之解釋中是指「從識變現為見分、相分」。由於前者是在「種子」之領域內所成立的相違與變

「二變在義攝上是否有所不盡」之問題出現，而《了義燈》只能說：「答曰：盡又何過之有」。這都是超出了原來《成唯識論》所說之外而加上的東西，因而，一方面以論中文字為權威，另一方面卻又這樣說，遂產生了種種之無理現象。

26 請參照上面文中與〈於彌勒、無著、世親 pratibhāsa 之意義〉中相關所引《述記》之文。

化之故，所以稱之為「因轉變」，而由於後者是在「識」之領域內所成立的相違與變化之故，所以稱之為「果能變」。轉變便是「因（種子）之狀態與果（識）之狀態有所區別」，[27]安慧之文字簡明地將它表示出來。而表示此等之「因」（種子）之領域與「果」（識）之領域間相互之關係的概念乃是「生」與「熏習」兩者。前者是從「種子」之領域到「識」之領域的關係，後者則是其逆反之關係。「轉變」、「生」與「熏習」在唯識說之基本構造中表現為各各不相同之關係的三個基礎概念。無論在護法或安慧中，「轉變」、「生」與「熏習」都是在這樣相互不同的三個領域中成立的概念；但是於玄奘、慈恩處，其中一種「轉變」概念之中便將此三者收納於其下，以致出現了「生」與「轉變」重覆，而「熏習」與「轉變」重覆。在這點上，我們不得不承認：關於「轉變」一概念，護法之見解與慈恩之見解乃是相違的。

最後，我們想對慈恩所舉出（甲）、（乙）、（丙）、（丁）四種意義中之（丁）作若干之考察。依照《述記》，如前所述，種子生後起之自類種子，所謂「種子生種子」，乃係「轉變」之一種意義。表面上看，這部分乃是與護法底（2）之意義為同義的樣子；但是，卻不一定是同義。（2）之意義是指阿賴耶識中之功能（種子）由於現行之熏習而增大（生長）；但是，「種子生種子」則是於在未經熏習之刹那的種子中也成立的關係，此外，前者是在從前所有之物上加入新的東西因而增大，後者則只不過是相同的種子在相續而已。轉易變熟與生長不只在「種子生種子」成立，且在其上所加入的「現行之熏習」中成立。護法是將「因之轉變」解作「種子

---

27 安慧，《三十頌釋》（Lévi 本 p. 18, *l.* 5）。

之生長」，即「轉易變熟」；但是，慈恩卻把此「轉易變熟」分開為「種子生種子」與「現行熏種子」來考慮，遂發展出不但「種子生種子」是「轉變」，而且「現行熏種子」也是「轉變」之解釋。由此可見，以「種子生種子」為「轉變」之慈恩的見解，乃是與以「轉易變熟」為「轉變」之護法的見解根本不一致的。無疑，在《成唯識論》中是有「種子生種子」之思想的，這見諸於其對「因果關係」之釐清上。在說明「三法展轉因果同時」之處，「能熏之現行生種子」，與「種子起現行」的關係都稱作「因果」，從而有所謂「俱有因」與「士用果」之比較，乃至如有稱「種子前後自類相生」的關係為「同類因」、「等流果」之類做法。在敘述於此等因果關係之外並無因或果之成立的部分，很明顯是在視種子生種子為因果之關係。由此可見，《成唯識論》亦認為「種子生種子」乃是「因果關係」，不過，卻沒有把它稱為「轉變」。[28] 這樣之「種子生種子」不外是相同的東西在持續而已，因此既不是「變」，也不是「熟」。這裡護法與慈恩是有分歧的。

因此，在慈恩所舉出「轉變」之四種意義（甲）、（乙）、

---

28 依安慧，轉變是指「變成與前之狀態不同一事」，而且其前後之不同乃是「因與果之不同」。那麼，如果「種子生種子」真的是「因果關係」，則可見「種子生種子」乃係破格地被視為與「轉變」之規定相一致。但是，護法很清楚地並沒有說「種子生種子是轉變」，此點必須特別加以明言的。然安慧關於「因、果」之文字，卻不是在說「種子」之關係，而乃是說「識」與「識」之關係，「因之剎那之識」，於「生果之識的剎那」中，與此識「同時」的阿賴耶識之「種子」成為存在此點上，「因」是「種子」的意義。但是，「果」卻常是「識」、而非「種子」。如上面所述，「種子」亦稱作「果」乃是《成唯識論》以後才有的。「識」與「識」之「前後的相違」（因果之關係），是在以「種子」為媒介之後才成立的。這種意義之「識」之「前後」的「因果關係」，其本身便包含了「種子」在內。

（丙）、（丁）中，只有（丙）一項是與護法之見解一致，其他三者護法根本沒有考慮過。而且，此一（丙）之意義，若溯歸至世親，則也並無所見，因此，慈恩所舉出「轉變」之四種意義，於世親一種也沒有。護法之立場，與慈恩者相比較來說，只在（2）之意義即「因轉變」上，一方面於蒙受到若干之變化，一方面也將帶有原來（世親之原意）的痕跡而傳了下來。

於原來之唯識說中所謂「生」，依上面所見，就是從「種子」到「識」之關係，換言之，乃是「識」之「緣生」意義的概念；倒過來，從「識」到「種子」之關係則是「熏習」；從「種子」到「種子」的「相續」則為「生長」與「成熟」；「識」與「識」、「種子」與「種子」之「前後的相違」就是「pariṇāma」，而「識」與「境」（artha），即「依他性」與「分別性」之關係則是「pratibhāsa」。唯識說之基本構造便是由這些概念所構成，而每一概念都很清楚及互相地與其他者有不同的意義。其中，首先護法中 pariṇāma 在 phalapariṇāma 的場合有所改變。於世親、安慧、真諦此乃係指在「前後之剎那」之間「能緣」與「能緣」的「相違」；但是，於護法卻變成為「識體」及其「所變」（相分、見分）之「同時」的關係。而且，於世親、安慧與真諦則是沒有「相分」、「見分」這些概念出現的。[29] 由於這樣，「識」之基本性格便從「能緣」變成了「能變」，而「識」與「境」之關係也產生了很大的變化。因此之故，「依他性」與「分別性」（遍計所執性）之關係完全

29　真諦譯之《攝大乘論》中有「相分、見分」這些詞語。不過，這都卻非護法意義的「所變」，而乃係必須在「識為能緣」的立場方成立的概念。關於真諦譯中「相分」、「見分」之意義，打算他日再作詳細的敘述。

改變，「相」（諸法）與「性」（真如）之關係變成了不是相融，而成立了「性相永別」的思想，產生了於大乘佛教中不見其他例子的獨特之思想。於迄今為止所知之範圍內，這全都是在護法中所見到的變化，然玄奘與慈恩更進一步地將護法之「轉變」一概念加以擴大解釋，此中還包含了「生」、「熏習」與「似現」的意味。作為在世親以降方出現的唯識思想術語之 vijñānapariṇāma 一概念，於世親中，如從其《攝大乘論釋》可知，乃是與彌勒和無著之立場相同，然護法卻成立了與此不同的唯識說，但由於如無「轉變」之概念，則唯識說絕對不能成立，因此玄奘與慈恩進一步也將「生」、「熏習」、「似現」全部包含於「轉變」一概念中，使之成為將整個「萬法唯識說」之基本構造的主要部分都窮盡地涵蓋起來的廣泛概念。「轉變」（pariṇāma）遂成為了佛教思想史上有驚人之變化的概念。

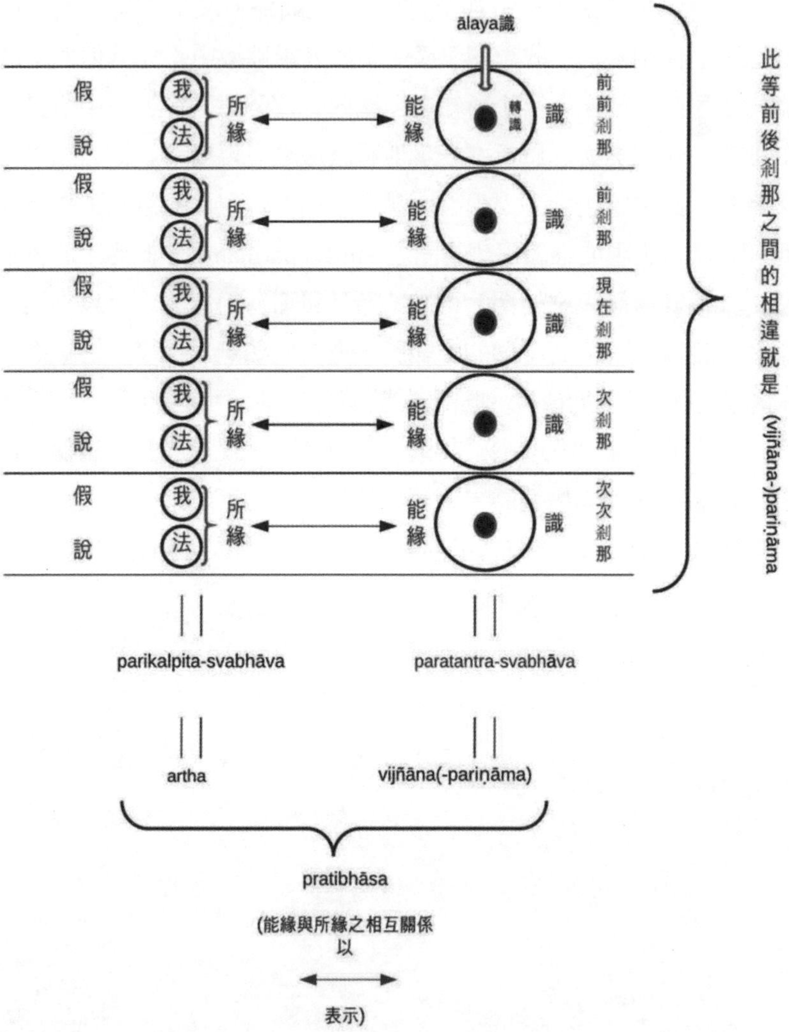
ālaya識
假
說
我
法
所
緣
能
緣
轉識
識
前前剎那
前剎那
現在剎那
次剎那
次次剎那
此等前後剎那之間的相違就是 (vijñāna-)pariṇāma
parikalpita-svabhāva
paratantra-svabhāva
artha
vijñāna(-pariṇāma)
pratibhāsa
(能緣與所緣之相互關係
以
表示)

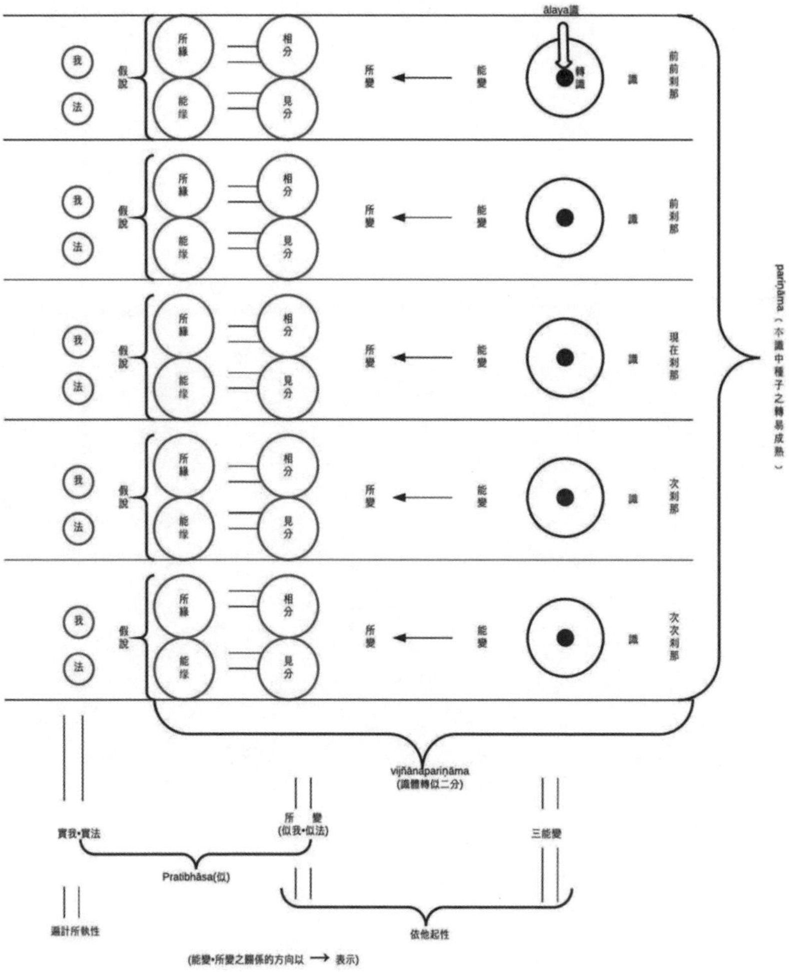
ālaya識
我
法
假說
所緣
能緣
相分
見分
所變
能變
轉識
識
前前刹那
前刹那
現在刹那
次刹那
次次刹那
pariṇāma（本識中種子之轉易成熟）
vijñānapariṇāma
(識體轉似二分)
所變
(似我•似法)
實我•實法
三能變
Pratibhāsa(似)
遍計所執性
依他起性
(能變•所變之關係的方向以 → 表示)

(圖表II)

五、「顯現」之原意

前言

關於作為唯識思想之術語的「顯現」之意義，以前於拙著《佛教思想史研究》之附錄中已有所論述，其後在〈「Pariṇāma」について〉(〈關於「Pariṇāma」〉)(中譯見本書〔三〕) 一論文中對它也有涉及，不過，這裡所述的乃係後來之研究在理解之進展上的所得。這裡所謂「原意」，乃是指彌勒、無著、世親中之意義，然而，已非原意而只是安慧以後方演變成之意義，則是今日之學界所流行的一種之解釋。

1.

依《法法性分別論》及其《世親註》,「顯現」首先意指「可得知」或「可見」。

一、無卻顯現喻如幻與夢等。正如幻、夢等例是可得知之東西，但〔實際上〕卻是非有，法之顯現實際上也只是無。

二、正如幻中顯現出所造的象等實際上是無，而卻可見，虛妄分別亦是無中所顯現出來的東西。[1]

當幻與夢中之象被說成是「可得知」或「可見」，然卻實際上為非有之時，「顯現」一詞即被使用。於法之場合亦同樣如此。所謂「顯現」指物雖無，然卻屬可見，乃至可得知一事的意義，在這裡表現無遺。

「顯現」有這樣的意義一事，相同地於世親之《攝大乘論釋》中也有很清楚的陳述。

snaṅ ba shes bya ba ni don du dmigs paho [2]

依此可知 snaṅ ba（pratibhāsa）與 dmigs pa 同義。這一點亦可進一步從《攝大乘論》本身得知。

chos rnam med ba dmigs pa daṅ/
sgyu ma la sogs ḥdra ba daṅ/[3]
法無而可得 應知如幻事（玄）
法無而可見 應知如幻事（達）
法無顯似有 是故譬幻事（真）[4]

西藏譯之「dmigs pa」，玄奘譯作「可得」，達摩笈譯作「可見」，真諦譯作「顯似有」。從以 snaṅ ba「為無」來看其他之場合的譯例，也許大概可以說真諦譯並非 literal〔單就字面上意思〕，

1　山口益，〈彌勒造《法法性分別論》管見〉，《常盤博士還曆記念佛教論叢》，頁 560、542、550。

2　Sde-dge edition, 147a; Peking, ed., 175b。

3　佐佐木月樵，《漢譯四本對照攝大乘論》，附山口益校訂本 66。

4　《大正》三一，119b（真）。

但是，將「法是無然卻可得知」一事說成是「顯現」這點，因為開首所引用的《法法性分別論註》之文字（特別是引用文之一）與上面之《世親釋》為相一致，所以，真諦譯乃是正確的。「顯現」之意義就是「可得知」，這一「可得知」亦不拘於此可得知之物的可被得知，而與「為無」相結合。十分清楚的是：「顯現」並不是指「從根源的識現出現象的識」、「從識體現出相分」等這回事。

2.

圖【A】

實之象……不可得＝無　　幻之象……可得 ＝ 有（似有）

【實我・實法】　　【似我・似法】

‖　　‖　　‖

artha ＝分別性　　vijñāna ＝ 依他性 ＝ 緣生

此圖表【A】中所顯示的幻象之喻有「一分說」、[5]「二分說」與「三分說」之見解上的區分，就是基於「幻象是識」之場合中「識」的意義。由於對「一分說」一般都不太知曉，所以押後再談，現先看看大多熟悉的「三分說」之解釋。依照「三分說」，此「識」中有「似我、似法」，其實體就是「識之所變的相分、見分」。於其之上「假說」（upacaryante）為實我、實法的乃是識之所變。[6]此所變之中包含了作為所識的「相分」和作為能識的「見分」。因而在

5　這裡所謂之「一分說」，並非一如《成唯識論》關於此詞的意思，而是於安慧本來之思想所有者。

6　*Triṃśikā*, par Sylvain Lévi, p. 15, *l*. 20。

這些「所變」之外，還有「能變」之「識自體」。「二分說」則將此「識」看成作「相識」乃至「相分」，[7] 此外，將「見識」看成即是「識之自體」。但是，「一分說」則將此「識」看成「能識自身」，因此它並不認為在此識之外還有一「見識」。

圖【B】

I 一分說

象等＝ artha（境）＝分別性＝ vijñeya　（artha-）pratibhāsa

幻・夢＝ vijñānam（識）＝依他性＝能識　（vijñānam）

II 二分說

象等＝ artha（外境）＝分別性

幻・夢＝所識（vijñeya）＝相識（內境）＝依他性　pratibhāsa

能識（vijñāna）＝見識 ＝依他性

III 三分說

象等　＝ artha（外境）＝分別性

幻・夢＝所變＝所識＝相分（內境）＝依他性

所變＝能識＝見分＝依他性　pratibhāsa

能變＝ vijñāna ＝自體分＝依他性

7　關於二分說乃是難陀所倡之說法是否正確我們無法得知。現是指既非三分說亦非一分說，而在邏輯的構造上位於兩者之中間者之意義。

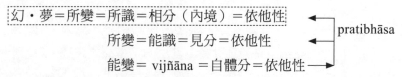

備考 二分說與三分說之中點線所圍之物都是一樣，就是「所識」的意義同時一併具有「乃是識」的意義；但這在一分說則是付之闕如的。這就是所謂「心內之境」，而就其表現出主張「境乃是內在於意識之物」的思想一點上乃係「觀念論」。

其次，這些都顯示在圖表【B】中。一分說之特徵是於境並不區分外境和內境，即境全部都是分別性。這點與在識之中並無區別「所識和能識」與「所變和能變」、與「識」只限於「能識」一義相對應。所謂「一分」之稱號便是由於「依他性」只限於「能識」而來的。於安慧，「識」無論什麼時候都是指與「所識」（vijñeya）對立相關的「能識」（vijñāna），因此，「所識」並非「識」，而係「分別性」，這一點在下面的簡單文字也很容易地看出：

evam ca sarvam vijñeyam parikalpitasvabhāvatvad vastuto na vidyate vijñāna puna pratītyasamutpannatvād dravyato ’sti

所以，當問及圖表【A】中之幻象之喻中，何處方是一分說與二分說以及三分說的不同之中心點時，則可以透過這一點來加以明瞭：後者〔譯者按：此指二分說及三分說〕認為除了幻象作為依他性的識之外，還有緣它的能識以及變現出它的能變之識體；而與此相反，前者〔譯者按：此指一分說〕則並不認為於識之中有這樣的區別。這若扣緊喻來說：前者〔譯者按：此指一分說〕認為於幻象上見物之人是外在於幻象而存在的；與此相反，後者〔譯者按：此指二分說及三分說〕則認為見幻象者並非在幻象之外，而是在幻象之內的幻本身見象這樣的關係。一分說認為依他性之識乃是嚴密意義的能識，因而並不主張：作為識之所變。因不離識而包含於還是廣義之識的依他性中，所以，堅持於幻象所有的依他性之識就是能識自身。因此，對於在幻象之喻中幻與象於形猶如水波般成為一體這點，二分說與三分說都認為：此是相當於相識或識之所變見到與實我實法完全相似的同一之物；而與之相反，一分說則認為此是相當於所得知的諸法之形與得知它的能識為一體。以下將依安慧之文字來闡明這樣的一分說。

3.

arthasattvātmavijñaptipratibhāsaṃ prajāyate/
vijñānaṃ nāsti cāsyārthas tadābhāvāt tad apy asat//

對於此一偈之最後一句的世親釋是作：

arthābhāvāt tad vijñānam asat
〔因為境無，故識無〕

而對此安慧之註所述如下：

vijñānātīti vijñānam /
grāhyābhāve vijñātṛtāpy ayuktam /
tasmād arthābhāvād vijñātṛtvena vijñānam asat /
na tv arthasattvātmavijñaptipratibhāsatayā //
〔譯者按：上田之譯參後面頁 139〕

當顯現為塵、根、我、識時，識不是無，而不作顯現之識，即作為 vijñātṛtva 時，則識是無。因此可知上列之偈中被稱作

prajāyate（生＝有＝依他性）之識，全都是指作為顯現之識。除此之外，便無緣生之識了，所以，除此之外，便無能識了。因此之故，上列安慧釋中開首便說：「認識〔譯者按：此作動詞〕故為識」，旨在特別強調作為顯現而生之識就是能識。以上安慧之文字所要闡明者就是：作為顯現之識不外就是能識。

於是，所謂「顯現」指境無、而卻可得知一事。所以，如果作為顯現而生之識就是能識，則所謂「能識生」一定是說：「artha〔＝境〕無，但可得知一事乃是有的」。正如真實的象雖無，然而象之形卻可被得知一般，境雖無，然而卻可得知。似境之識，即是作為 artha [= 境] 之顯現的識生，無論如何必定是通過「可得知一事是有」而言「識有」的。從而「作為顯現之識就是能識」意涵除此之外便無識的意思。這裡只是就「境雖非有，然而卻可被得知」一點而言「有」，除此之外，便沒有「得知」那「被得知（所顯現）之識」的「識」了。如果在顯現為非有虛妄的塵（雖無但被得知）上能識有生之意味，則必得說：能識不是作為得知者而為有（生），而係作為被得知者而為有。然而，被得知者並非能識（得知者），所以，可以知道能識是作為非識（＝無自性）而為有的。稱作 arthapratibhāsaṃ vijñānam 的「識」便是這樣的識。它是於作為「識」這一點上並不是「境」（artha）的，而於此一意思上表示了唯識無境。不過，此識於不單止是識，而為境之顯現（作為境而可被得知）這點上，則並非「得知者」，而是「可被得知者」，這就是所謂「識以非識為自性」。[8] 由於在此識之外便無能識，所以，它必

8　《中邊分別論》〈相品〉〈第七頌〉之真諦譯。真諦將 upalabdhi / dmigs（「得」）譯作「識」乃是十分正確的。

定就是能識（得知者），而且由於它就是顯現，因此也就是可被得知者。

這裡被得知者與得知者重合為一。然而，由於得知者與被得知者乃是對反的，所以，此兩者不可能變為一。然而，如果一分說成立，則 arthapratibhāsaṃ vijñānam 便是這樣相反的能得與所得，且不拘於其相反，而變成為一的關係。〔譯者按：即「對立統一」（unity of opposition）的關係。〕「唯識」有此種意思，這可從《中邊分別論》說「入無相方便」之〈相品〉〈第六頌〉與〈第七頌〉中獲悉。該處言：「依得（能識），故不得（境之無）生。依不得（境之無），故不得（識之無）生。因此之故，得以不得為自性一事遂成立。由此應知得（能識）與不得（識之無）乃是平等的。」〔譯者按原文作：「由依唯識故，境無體義成。以塵無有體，本識即不生。是故識成就，非識為自性。不識及與識，由是義平等。」（《大正》三一，451c）〕

「由境之無，乃生識之無」一事，便是所謂的「境識俱泯」，但是，這並非只是說境無、識也無而已。因為，境之無是在「識之有」之上而成立的緣故。所以，此一境識俱泯同時包含了識之有。「因此之故」"tataḥ" 一詞之所以在〈第七頌〉出現的理由就在於這點上。於是得（識之有）以不得（境之無，因而同時也是識之無）為自性，便稱作得與不得的「平等」"samatā"。得與不得在這裡就是無差別的意思。安慧遂言：「境之不得與唯識之得，是無之故，因而無差別」，這不是說「境與識僅是無」，「唯識之得」預先斷言了「由虛妄之境之顯現，遂有被稱為得者」。然而得與不得單單在同一上乃是不可能有差別的，不過同時就在這裡由於有虛妄之境的顯現（唯識之得），故此這些得與不得之意義並無喪失。所謂「平等」就是「一如差別而無差別，一如無差別而差別」之意思。此不得是由於上述的境之無而為識之無，遂有相無性與生無性之同一無性，此就是真實性、真如，[9]所以，此不得與得（識之有 ＝ 依他性）就是所謂「無差別即差別」，與法藏所謂之「真該妄末、妄徹真源」而成的「真妄交徹」相同。所不同者只是在「真妄、有無之交徹」之外還表示「得與所得」這點而已。在〈第一頌〉中，此得（識之有）被說為「虛妄分別有」，而不得（境之無與識之無）則被說為「彼處無有二」。因為此得與不得相融即，所以說「彼中唯有空，於此亦有彼」。「二取之無」自不待言就是「空」。〈第三頌〉之 arthapratibhāsaṃprajāyate 表示「得」（識），而 arthābhāvād tad（vijñānam）apyasat 則表示「不得」（二取之無）。arthapratibhāsaṃ vijñānam 乃是由所得知者與得知者融即為一而成的。如果無此合而為一，則便只有所得者之意義和只有得知者之意義的所取和能取。arthasttvātmavijñapti 就是「所取」，而作為 vijñātṛtva 之「識」（並非作為「顯現之識」的「識」）就是「能取」。arthapratibhāsaṃ vijñānam 就是「能識」，但由於作為顯現而為有，故是「所識」，這就是「識以不識為自性」的理由，[10]同時它之作為所識，不單單只是所識而已（若單是所識則就是所取），而且所識乃是以能識作為其體（境就是識）。諸法如幻雖無，而可被得知，識得知屬於自體空不識之諸法。得與不得之平等，若就所知之諸法的方面而言，就是諸法如幻自體空卻是有（色即空・空即色），若就能知之識的方面而言，就是識得知自體空之諸法。得知自體空之諸法的識實際上

9　上田義文，《佛教思想史研究》第一章第二節之開首部分。

10《中邊分別論》〈相品〉〈第七頌〉之真諦譯。

就是般若。當不見法之自體空、無相，而單單只見諸法之差別時就是識，而當即差別而見諸法之無相時，就是般若。只見諸法之差別的識，不可能見諸法之無差別即無相、空。這就是作為能取之識，由它所見的差別之諸法則是所取。當此識由於所取之無、而見無相時，自身（即能取）也變成了無，而成為了般若。這裡破能、所之對立而變成能緣、所緣之平等，此根本智立刻變成了後得智。這裡於顯所知、能知中的所知之諸法作為「差別即無差別」(「色即空」)而被見，能知之般若也起著「差別即無差別」(「識即般若」) 之作用，由於此識以般若為體，所以作為識乃是自體空的。這種所知與能知之關係就是 arthapratibhāsaṃ vijñānam 。若對它加以分析，其構造就是：虛妄分別（即識）有。二取為無就是空。空之中有虛妄分別。

六、彌勒、無著、世親的「顯現」意義

1.

「識轉變而變現出相分與見分」這種「轉變」的思想於世親與安慧並不存在，關於這一點我們已經很清楚。[1] 因而，隨即遭遇一問題：然則「pratibhāsa」應作何解呢？當「識變現出相分與見分」之思想不存在時，則任何人都會有一疑問產生：究竟「識顯現似境」（arthapratibhāsaṃ vijñānam）之意義為何？我們非得要依世親與安慧等於何種意義上使用此詞來加以追究不可。

vijñānapariṇāma 這一概念首見於世親，而於彌勒與無著則不曾一見；[2] 但是，於彌勒處卻可見到 pratibhāsa 一詞。由於 vijñānapariṇāma 為世親首先所採用，所以，其語意之解說可依照安慧於《三十頌釋》所作者。與此相對，pratibhāsa 則為彌勒與無著所使用，然而對於此詞之解說，於《安慧釋》中並無得見。即使於世親只見到一極簡單的說明。因此，世親的 pratibhāsa 意義與彌勒

---

1 上田義文，〈「識」に関する二つの見解——能變と能緣〉，《結城教授還曆記念論文集》所收（中譯見本書〔二〕）。

2 上田義文，〈"Pariṇāma" について〉，《名古屋大学文学部十周年記念論集》（中譯見本書〔三〕）。

與無著的 pratibhāsa 意義可視作相同。那麼此三人的 pratibhāsa 意義為何呢？這乃是我們現要考察之對象。

如果說 pratibhāsa（顯現）並無自識變現出境（相分等）之意義，那麼，應是那一種意味呢？對其正確意義的究明，乃是個人於理解彌勒、無著與世親的唯識說之努力中最下苦心的一點。我認為理解此一概念的線索在於《法性分別論註》與《攝大乘論釋》中世親的文字。

pratibhāsa 於藏譯多作 snaṅ ba，但《法法性分別論》之《世親註》中的 snaṅ ba，山口益博士譯作「見ゆる」〔可見〕。

> （1）云何「無而顯現」？曰：如幻象等之顯現（snaṅ ba）。如幻所造之象等顯現（snaṅ ba）實無而又可見（snaṅ ba），虛妄分別也是無而顯現（snaṅ ba）。[3]

而於《法法性分別論》最後結尾之處，世親另說之為「被得知」（dmigs par gyur）。

> （2）前面說虛妄分別顯現亦〔實際上〕非有。然又為使信知（pratyāyaka）必須說喻（dṛṣṭanta）。無而顯現（snaṅ ba）喻如幻、夢等。好比例如幻夢等被得知的東西（dmigs par gyur kyaṅ）〔實際上〕非有，法之顯現（snaṅ ba）實際上也只是無。[4]

---

3 山口益，〈彌勒造《法法性分別論》管見〉，《常盤博士還曆記念佛教論叢》，頁 542。引文中在字的下面劃線表示此乃彌勒之文字，其他則是《世親註》之文字。此下線是山口博士所給出的。

4 〈彌勒造《法法性分別論》管見〉，頁 560。

依此世親之註釋可知 snaṅ ba 就是 dmigs par gyur 。pratibhāsa 就是「可見」。所謂「可見」並非單指「可見」，而乃是包括「可聞」、「可嗅」、乃至「可識」。一般而言，我們知道此乃指「可得知」或「可得緣」這回事。

進一步從《法法性分別論》及其《註解》可知：pratibhāsa 不僅有「可得知」之意義，而且說「被得知的東西」即使「被得知」，但卻非實在。這在幻象的譬喻中表示了出來。幻所能造成的象雖非實在，但卻可見。依此，「諸法雖無但卻可被得知」便是 pratibhāsa 。職是之故，《法法性分別論》及其《註解》隨即說：

（3）又何故「無」與「顯現」（snaṅ ba）之中缺一不可？曰：當「無」與「顯現」之中缺少任一方時，則亂與不亂、雜染與清淨便均變成不可成立了。[5]

因而，可以知道：彌勒、世親的 pratibhāsa 指物「雖然是無，但卻可被得知」一事。

《攝大乘論釋》中世親之所言更加可確實此一理解：

don med pa shes bya ba ni yod pa ma yin pa shes bya baḥi don do ｜ snaṅ ba shes bya ba ni don du dmigs paḥo [6]

artha（don）雖無卻顯現，即 artha 雖無，然而作為 artha（通過識）卻可被得知。世親此言，只不過是在解說《攝大乘論》與《大乘莊嚴經論》之思想。這從下面之偈可知：

---

5 〈彌勒造《法法性分別論》管見〉，頁 542。

6 Sde-dge ed. 147; Peking ed. 105b.

chos rnams med ba dmigs pa daṅ ‖ …… sgyu ma ba sogs ḥdra ba da[7] ‖ …… |

dharmābhāvopalabdhiśca…… | māyādisadṛśī jñeyā[8] …… ‖

〔波羅頗蜜多羅譯〕　無體及可得　此事猶如幻
〔玄奘譯〕　法無而可得　應知如幻等
〔達摩笈多譯〕　法無而可見　應知如幻事
〔真諦譯〕　法無顯似有　是故譬幻事

此一 dmigs pa（upalabdhi）真諦譯作「顯似有」，不過此「法之顯現」與前引之《法性分別論》中的「法之顯現，而實際上也只是無」在意義上相同，則是一目了然。[9] 其他譯都作「可得」、「可見」。上引之解 "snaṅ ba" 的《世親釋》之 "dmigs paḥo" 就是「可得」、「可見」。山口益博士之譯作「見ゆる」〔可見〕也是與之一致的。

Vinītadeva（調伏天）對於《三十頌安慧釋》中之 nirbhāsa（= pratibhāsa）加以說明：「nirbhāsa 一詞指『所取分』（grāhya-aṃśa）」。[10] 此也道出 pratibhāsa 為「可得知」之意義。此所謂「所取分」，並非指所謂「所變之相分」。由於只唯有「識」（能緣）而「境」（所緣 = 我、法）為「非有」，但「境」（我、法）卻是「可得知」，所以，此一「非有然而可得知」不外就是為「識」所「可

---

7 佐佐木月樵，《漢譯四本對照攝大乘論附西藏文》，頁 66。
8 *Mahāyānasūtrālaṃkāra*, ed., par S. Lévi, XIII.*l*6.
9 〈彌勒造《法法性分別論》管見〉，頁 560。
10 山口益、野澤靜證，《世親唯識の原典解明》，頁 163。

得知」的「我、法」。因此，這是指「識（能緣）之所取分」。相對於此「所取」的「能取」（＝能緣）乃是「識自身」，而並非從識中變現出來的見分。「nirbhāsa 一詞指『所取分』」一言，如果理解為「自識體變現出相分與見分」之「轉變」的思想，則顯然不能不說是添加於此言之上的多出之意義。

進一步可以見出 prati √ bhās 梵文基本意義是 look like or as、appear as、而非 come out、come into existence、become visible 等意義。pratibhāsa 並非意味「從一物顯現為另一物」；pratibhāsa 之意義本來就是指「物」無實在，然而卻「看似」實在這一回事。彌勒、無著、世親乃是以這種意義來使用此詞的；而安慧與真諦的見解不外繼承了這種意義而已。

與此相反，護法與玄奘則結合了作為「轉變」的其中一種意義的「變現」來了解「顯現」。其中，《中邊分別論》〈相品〉〈第三偈〉之 arthasattvātmavijñaptipratibhāsaṃ prajāyate vijñānaṃ 玄奘譯作「識生變似義，有情我及了」，這很清楚地表現出將 pratibhāsa 當作「變似」。按照玄奘之見解，pratibhāsa 有「變」之意思。真諦等人大部分都同將 pratibhāsa 譯作「顯現似」、「現」，但是，玄奘卻將之譯作「變似」，以表示「顯現」有「轉變」的意思。[11]

又「顯現」於現代日語作「現出」之意義使用，古漢語之「顯現」以現代日語「顯現」之意思來解釋，也會理解為境自識中「現出」（心浮現出所思事物之形象），大致上通過這意義便見出 pratibhāsa 自然被理解為「現出」之意義。由於梵文之 pratibhāsa 相當於漢語之「顯現」，pratibhāsa 一梵字也就應該解釋為「現出」之

11　參照上田義文，《佛教思想史研究》附錄 pratibhāsa 之用例。

意義。這種向來之解釋便不自覺地通過與《成唯識論》之解釋相同的意義來理解 pratibhāsa 一梵字。

上面引文（1）中見到「虛妄分別也是無而顯現」一句以及（2）中則見到「虛妄分別顯現而非有」一句，我們於是可以認定 pratibhāsa 一詞乃是「無而卻可得知」之意義，但因為是虛妄分別可得知，在考究此可得知的虛妄分別時，也許認為此中有「相分」之思想。不過，所謂「虛妄分別之可得知」一事，坦率而言，並沒有表示任何與「相分」相同的思想。正如於他處所已究明，由於所謂「能變與所變」的思想於世親並不存在，[12] 所以於此提出這種解釋乃是行不通的。至於說「虛妄分別可得知」是什麼意義呢？這則需要另外進行詳細之考察。其大致上之意義在引文所述之譬喻中已可知。於（1）中「云何無而顯現」一句中「顯現」的主詞乃是「虛妄分別」，這由（2）之引文「前面說虛妄分別顯現亦非有」可知。所謂「虛妄分別雖無卻顯現」喻作幻象雖無卻被得知。因此是象被得知，而非幻被得知。同樣地，說「虛妄分別可得知（顯現）」，是指象所譬喻的諸法（我、法）被得知，而非虛妄分別本身被得知。「被得知的東西」就是境，這指「我、法」，所以，是說顯現的東西（被得知的東西）為無。如果被得知的東西是虛妄分別，則便不可能說被得知的東西為無。因為虛妄分別作為依他性、緣生乃是有。所謂「虛妄分別顯現」，並非虛妄分別作為虛妄分別（依他性）被得知，而是虛妄分別作為我、法被得知。因此方說「顯現」。「顯現」常與「無」結合在一起，因為我、法是「無」。於引文（2）中「無而顯現喻」說及幻時宣稱：「幻、夢雖可得知卻是

---

12 〈「識」に関する二つの見解——能變と能緣〉。

無」，其意並不是說幻與夢本身為無，而是說幻與夢中所現的象和馬為非有。與此相同，言「虛妄分別顯現（可得知）然卻是無」，意謂虛妄分別作為諸法而顯現，其諸法（我、法）乃是無。顯現（可得知）的東西是諸法（我、法），所以引文（2）言「法之顯現」，相同的文字也於《大乘莊嚴經論》中可見。[13] 諸法為非有，因為不外是虛妄分別，所以說「虛妄分別顯現」。虛妄分別本身並非被得知的東西，究竟而言，被得知的東西就是諸法，不過，由於這些諸法之為非有乃是虛妄分別的緣故，所以才說虛妄分別為被得知。當以後在詳細釐清了有與無之關係、以及能緣與所緣之關係時，便會明白個中之理由了。這必須考察虛「妄分別顯現」中含有「虛妄分別本身的無」之意義。因為「虛妄分別的無」之意義是很難從 pratibhāsa 之意義分離開來的。

2.

依前節之考察，已知於彌勒、無著、世親的 “pratibhāsa” 並非指相分、見分之變現，而是「諸法（我、法）雖非實有，卻仿如實有般被得知」的意義。「顯現」由被得知的東西（我、法）之「無」的意義，與它「被得知」的意義之二義所構成。「pratibhāsa」乃是結合「識」或「虛妄分別」來使用的。如彌勒《法法性分別論》中言「虛妄分別之釋名（nirukti）：無而顯現故是虛妄⋯⋯」之場合與言「虛妄分別顯現亦（實際上）是非有⋯⋯」之場合，[14] 以及《中

---

13 前面 *Mahāyānasūtrālaṃkāra* 之引用偈。

14 *Dharmadharmatāvibhaṅga*, Peking ed., Bi, XLV, 34 a 1.

邊分別論》說 arthasattvātmavijñaptipratibhāsaṃ vijñānam〔真諦譯：「根塵我及識，本識生似彼」(《大正》三一，451b；玄奘譯：「識生變似義，有情我及了」《大正》三一，464c)〕之場合都可以見出這種典型的例子。「顯現」由「我、法之無」與「被得知」二義所構成，表示它與「識」即「虛妄分別」相結合，依此於是有第三種意義之產生。它與「識」相結合意謂「被得知的東西（我、法）就是識」。這表現出了「顯現」之不可思議的作用。安慧說：識是能識、而非所識。彌勒亦謂：arthamātra-dṛṣṭir vijñānam〔真諦譯：「唯塵智名心」(《大正》三一，451c；玄奘譯：「唯了境名心」《大正》三一，465a)〕。[15] 因此，當說「被得知的東西就是識」時，其意義變成為：「被得知的東西就是能得知」。這裡道出了「被得知與能得知」之同一性。此中，被得知的東西局限於被得知之範圍內，便不是能得知，因而必不是識。換言之，局限於「被得知」一點上，「被得知的東西不外就是識」一言是有「識之否定」的意涵。因此，如果著眼於「不外就是識」一點上，由於識為能得知，故它是「被得知的東西之否定」。在此意義下，「被得知的東西不外就是識」一言，於「不外就是識」這點上表示了「被得知的東西（境）之無」的意義；而在為「被得知的東西」此點上，則表示了「識之無」的意義。arthapratibhāsaṃ vijñānam（作為境而顯現的識）即「境不外就是識」，依此，一方面有「artha（境）之無」的意義，另一方面有「識之無」的意義包含在內。pratibhāsa 可以說是兩鋒之劍，一方面基於「識」來否定「境」(artha)，另一方面基於「所緣」(被得知的東西）來否定「識」(vijñāna ＝ 能緣)。

15《中邊分別論》〈相品〉〈第八頌〉。

這樣子的 pratibhāsa 之意義，乃是當此詞與「識」結合使用方出現的。所謂「識顯現」之思想，與「識之境就是識」一事連在一起，同時，更進一步意謂「識之無」。能顯現的識必定是無。彌勒與世親屢次說道「虛妄分別無而顯現」就是這個意思。[16]「識之無」與「顯現」有不可分離的關係。所以，彌勒與世親言「無與顯現之中缺一不可」，[17]一方面直接地意謂「境之無」，而從「境之無」隨即含有「識之無」的意義。這與安慧之言「依他性（＝識）由於分別性而為空」相當，[18]又與真諦譯言「由遣分別性亦遣依他性」屬同一思想。[19]從「虛妄分別之無」與「顯現」有不可分離的關係這一點而言可說：正正「由於」虛妄分別為無「顯現」方可能。否則，虛妄分別之顯現便不可能成立了。說「虛妄分別無『卻』顯現」乃是從反面立言，我們亦可以說：「由於虛妄分別為無『故』顯現。」於這點上，彌勒、世親、真諦等之唯識說與護法、玄奘之唯識說間之差異非常清楚。依護法、玄奘之唯識說，如果識不是有，則「顯現」（變現）便成為不可能了。因為如果識是無，則從「無」根本甚麼東西都不會變現出來的。與依彌勒如果識不是無則「顯現」便不成剛好相反，於護法，如果識不是有，則「顯現」便不成。這裡十分清楚地見出兩者的「顯現」概念完全相異。因此，我們亦可知道兩者的「識」概念也是不同的。這由於「識」為與其各自相

---

16 前節所引用《法法性分別論》之文乃此節前面所引用之文。《中邊分別論》〈相品〉〈第七頌〉之《世親釋》：「於真實（＝就第一義而言）以無得為自性，但作為虛妄之境而顯現卻可得。」〔真諦譯：「此法真實無所有性，而能顯現似非實塵。」（《大正》三一，451c）

17 參照前節所引用文之（3）。

18 parikalpitena paratantraḥ śūnyaḥ (*Triṃśikābhāṣya*, p. 40, *ll*. 10-11).

19 《辯中邊論述記》（此節下面之引文）。

異的「顯現」概念不可分離地結合在一起所致。依彌勒，言「識」為 arthamātra-dṛṣṭir vijñānam（唯見境是識）這種說法乃是指「能緣」，而非「能變」；但於護法，「識」首先就是「能變」。可以見出 arthapratibhāsaṃ vijñānam 之意義在彌勒、無著、世親、安慧、真諦與護法、玄奘之間乃是完全不同的。這種相異，一言以蔽之，於前者，此說「artha 不外就是識（能緣）本身」；與之相對，於後者，則說「artha 乃是 vijñāna 之『所變』」。於後者，「變現」只否定 artha 、而非否定「識」（依他性）：可是，於前者，〔譯者案：原文誤植為「後者」今改之〕依上面所見，「顯現」（pratibhāsa）否定 artha 與「識」兩方。

上面關於「顯現」與「虛妄分別之無」的不可分離性，主要依照《法法性分別論》及其《註》之文字來闡明。此中嘗提及《中邊分別論》〈相品〉〈第三頌〉與〈第七頌〉，但卻沒有作出詳細的說明，所以，現在想將其中〈第三頌〉取出來加以考察。《中邊分別論》首先於〈相品〉〈第三頌〉對「顯現的識之無」有所說明：

arthasattvātmavijñaptipratibhāsam prajāyate /
vijñānaṃ nāsti cāsyārthas tad abhāvāt tad apy asat //
〔真諦譯：塵根我及識　本識生似彼
但識有無彼　彼無故識無
（《大正》三一，451b）〕

對於此偈最後之句世親釋曰：“arthābhāvāt tad vijñānam asat”〔真諦譯：「塵既是無，識亦是無」（《大正》三一，451b）〕，而安慧亦對此加以說明：

vijānātīti vijñānam /
〔tac ca〕grāhyābhāve vijñātṛtāpy ayvktam /
tasmād arthābhāvād vijñātṛtvena vijñānam asat /
na tv arthasattvātmavijñaptipratibhāsatayā //
（由於認識方為識。所取為無時而認識為有乃是不合理。因此之故，由於境為無而作為認識的識也是無。但境、根、我、識之顯現卻非無。）

很容易知道彌勒之「彼無故識無」一句應與世親之「塵既是無，識亦是無」一句相同。但此句也可解作「識之顯現是無」，可是根本上並沒有這一意思，此事要待安慧之解說才會清楚。依照安慧此一詳細的說明，可知《中邊分別論》之〈第三頌〉乃是專對於《法法性分別論》之「虛妄分別顯現卻非有」一句詳細的說明。[20] 即是說：〈第三頌〉之前半部在於說明「虛妄分別」（識）之作為 artha（此詳言之就是「六境」（artha）、「五根」（sattva）、「染汙意」（ātman）、「六識」（vijñapti），即「一切法」）而「顯現」；後半部則在於說明此「顯現」的「虛妄分別」之為「無」。又於漢譯可見，真諦譯以虛妄分別為無，玄奘譯則有排斥真諦譯之以虛妄分別為無乃是不合理的意味。

【真】（頌曰）彼無故識無
（釋曰）識所取四種境界，謂塵根我及識所攝實無體相。所取既無能取亂識亦復是無。

【玄】（頌曰）境無故識無

20《法法性分別論》之引文（2）之開首。

（釋曰）所取義等四境無故，能取諸識亦非實有。

真諦譯之「亂識」就是「虛妄分別」，即意謂「依他性」。[21] 因此，「亂識亦無」唯指「虛妄分別之無」。慈恩之《辯中邊論述記》有以下之述說：

> 論曰：境無故識無者至亦非實有。述曰：前成境非有，此成心無。舊論文意先遣所執後遣依他皆不合理。此中亦是遣所執。如下論言，許滅於此得解脫故。但如煙頂遣境，忍等遣心。非除依他。依能緣心執有能取除此識也。[22]

正如慈恩所言：真諦譯有「虛妄分別為無，意謂遣依他性」之意思。對此慈恩認為不合理而加以排斥。因此，玄奘譯之文句表面看來好像與真諦譯一樣，可是，我們知道其意思並沒有「虛妄分別為無」之意義。於玄奘譯之立場，不可能承認虛妄分別為無的。若細究玄奘譯之立場，則虛妄分別必須真實地為有，方可能變現出見分、相分。如果虛妄分別為無，便不可能變現出見分與相分。如果沒有相分、見分之變現，便無法說明「諸法唯識」了。由於「識」到底必定是有，所以不能為無。與此相反，如前面所已見出：若依世親，pratibhāsa 有「雖無卻可得知」之意味，則識必定為無。

「能取亂識亦復是無」之真諦譯思想，毋庸待言乃是與《法法性分別論》及其《註》中「虛妄分別雖無卻顯現」之思想相同。因此，也很容易理解：安慧對同一《中邊分別論》〈第三

21「亂」（bhrānti）一詞依安慧所言是指「亦恰如幻之（象等），無實體而形狀卻被得知（顯現）一事。」（山口本，p. 21, *ll*. 1-2）

22《大正》四四，4a。

頌〉之 tad apy asat 解釋為「稱為識者（vijñātṛtva）是無，但 arthasattvātmavijñapti 之顯現卻非無」，這也是屬於相同的思想。真諦譯之「亂識亦復是無」，與開頭一句言「本識生似塵等」有兩立之意義，而沒有「識顯現為無」之意思。tad abhāvāt tad apy asat，如果說沒有包含觀「境之無」，則更進一步觀「識之無」，從而悟入「境識兩空」之意義便是過分之言；不過，說及此悟入的則是〈第六頌〉、〈第七頌〉二頌，而〈第三頌〉應了解為表示由於「artha（分別性）之無」而成立「虛妄分別（依他性）之無」（即「二無性之無」＝「真實性」）。所以，安慧也說「識為無、但 artha 之顯現則非無」，這表示「識之無」並無意涵「識之顯現之否定」。識是無然卻顯現。安慧也將同樣的思想表達為「依他性由於分別性而為空」。[23] 準此，依他性由於分別性而為無，依他性與分別性就是能緣與所緣之關係，因而，所緣之無，必然導致能緣之無。慈恩之說明中，謂安慧視八識之全體為有執，可以證明這點。八識（虛妄分別）之全體就是能取，其所取就是分別性之我、法。如於他處所已討論：[24] 於世親、安慧，「我、法」並不像於護法般為在「識」之「所變」上所假說，而乃是在「能緣」（識自身）之上所假說。由於在此「能緣」之「識」上所假說的「我、法」就是「識」之「所取」（所緣），所以說「我、法」就是「識」（能緣）之「所取分」（grāhya-bhāga）。[25] 因此，「識」之「所取分」並沒有「依他性」之「相分」的意義。「識」（能緣）本身就是「能取」，它就是「依他

---

23 parikalpitena paratantraḥ śūnyaḥ (*Triṃśikābhāṣya*, p. 40, *ll*. 10-11).

24 〈「識」に関する二つの見解——能變と能緣〉。

25 山口益、野澤靜證，《世親唯識の原典解明》，頁 163。

性」，而這裡所假說之「我、法」離「識」便是無，所以乃係「識」中之「所取分」，這就是「分別性」。可知所謂「能分別為依他性、所分別為分別性」的真諦譯之思想，於安慧亦可見出的。此一思想乃是以「虛妄分別為無」（依他性是空）的思想。主張「虛妄分別之無」的思想，不外是主張「虛妄分別為無卻顯現」的思想。由此我們可知自彌勒始，世親、安慧、真諦所傳承的都屬於同一之思想。

若依護法，則識是能變，而相分、見分為從識所變現出來的。此相分便是境，屬於依他性、而非分別性。因此，於護法之說，境有「依他性之境」（＝相分）與「分別性之境」（我、法）兩種。但是，於彌勒等，則境一定是分別性之我法。所以，於護法「分別性之境」與「依他性之識」並非「所緣」與「能緣」之關係。因此，「分別性之境之無」也不會導致「依他性為無」。究竟「識」為「能緣」抑或是「能變」？「識」由於分別性（境）為「無」抑或是「非無」呢？此正是相異之所在。

七、「虛妄分別」之廣狹二義

1. 狹義之分別與無分別

真諦譯之《攝大乘論世親釋》中有以下之記述：

> 解相有兩種，一無分別、二有分別。無分別即是五識。意識或有分別或無分別，若無分別六識同是證知，若有分別則是比知。[1]

這裡所謂「解相」，正如前嘗已述，[2] 應該就是玄奘譯中譯作「行相」者，乃係指心及心法（心王心所）之作用方式這方面。「解相」區分成「有分別者」和「無分別者」二種。五識常屬無分別。意識則有「無分別者」與「有分別者」二種。如果在意識為無分別之場合中，則由於六識全是無分別，所以六識之知就是「證知」，亦即是「現量」。如果意識為有分別，則它就是「比知」，亦即是「比量」。以上就是前之引文的意義。不過，這裡應該注意：意識不單只有「有分別」之場合，也有「無分別」之場合。即不單只是根

---

1 《大正》三一，176a 。

2 上田義文，《佛教思想史研究》，頁 327。

智，而於意識中也有現量，此點陳那與法稱都承認。同書於其他地方有如下之記述：

> 六識之中但以意識為分別，以意識具自性憶持顯示三分別故。五識則不爾。[3]

準此，六識之中單單只有意識是有分別，五識則非，因為僅是意識具有「自性」、「憶持」與「顯示」（玄奘譯「自性」、「隨念」與「計度」）三種分別。這無疑是指前面之引文中所言的意識之「有分別」的場合。

陳那與法稱於「現量」之定義中言「離分別（kalpanā）」上亦持相同的看法，即不用說也接受狹義之無分別與分別之區別。因明在佛教思想史中能佔有極大的比重乃是陳那以後之事，而且，無分別與有分別之差異，首先就是現量與比量之差異，這都是人人所皆知者。

此一「無分別與有分別」之差異，大略對應於西洋哲學中「直觀與思維」或「感覺與理性」之對立，「無分別與有分別」之差異問題有必要更進一步從新的觀點來加以考察。

2. 廣義之分別與無分別

以上所見的「無分別與有分別」之差異，同樣都是屬於虛妄分別之中的差異。換言之，此一「無分別」也是就與無分別智相對立的虛妄分別而言的。廣義的虛妄分別乃是就與般若之區別而

---

3 前引《大正》三一，186c 。

言，若自般若來看，即使現量之識也屬於分別。感覺的直觀、理性的思維，於日常生活中，乃至科學與哲學等學問，若自無分別般若來看，則全部都只不過是分別 vikalpa、kalpanā、saṃkalpa、parikalpa。依照「分別是菩薩繫縛」、[4]「無分別智是真菩薩」、[5]「憶想分別是煩惱根本」之說法，[6]則分別有與菩提相對立的煩惱、與悟相對立的迷之根本性格。在這裡此一分別中便沒有如「無分別」（現量）與「有分別」（比量）之差異般大問題。於直至陳那為止之印度之大乘佛教思想史中，很明顯地乃是以這種意思的分別與無分別，即虛妄分別與無分別智之對立為中心的。眾所周知，無著與世親對於因明有相當之知識，但是，《攝大乘論》及其《世親釋》、《唯識三十頌》等唯識說之代表性的系統著作中並沒有收入因明。陳那以後因明方面大盛，現量與比量的問題方佔有比過往更大的比重。在從現量與比量的觀點來看，則無分別智中的根本智為現量，而後得智與加行無分別智都是比量。即是說：虛妄分別中有現量與比量，而無分別智中也有現量與比量。但是，陳那與法稱對於現量之說明中並沒有這樣的區別。在言及瑜伽行者現量時，無疑舉出了與散心之場合有所區別的定心之場合的現量，但此中不是特別要注意虛妄分別於與無分別智相對立之區別，因此，這並不是無分別智中之「有分別與無分別」的區別問題。陳那亦在關於五根智之現

---

4 上田義文，〈竜樹に於ける実践について〉〔〈關於龍樹的實踐〉〕，見《大乘仏教思想》（此文中譯見陳一標譯，《大乘佛教思想》，頁 60，註 4。〔《大正》三一，248b。〕）

5 《大正》三一，241b。

6 前引上田義文，《大乘仏教思想》，頁 60，註 4。（《大正》三一，248b；《大正》二五，520a。）

量處說及「似現」，[7]但這顯示此等「現量」並不是「無分別智之現量」，而係「虛妄分別之現量」。由此可知他所討論的現量與比量之區分還是屬於虛妄分別。

3. 關於虛妄分別之「分別」

安慧的《三十頌釋》中有「虛妄分別屬於三界之心、心所」的文字。[8]這應是在說俗諦。[9]若就三性而言，則是指分別性與依他性，而在這些心、心所以外者都是屬於真實性。依《大乘阿毘達磨經》「真實性」有以下四種，而這種說法為《攝大乘論》所忠實地繼承。一者「自性清靜」，就是真如、空、實際、無相、真實（paramārtha）、法界。二者「無垢清淨」，就是離一切之客塵的障垢，即「諸佛如來得顯現」。[10]三者「道清淨」，就是為得到清淨菩薩所行之道。般若波羅蜜與念處等之助道之法都屬於它。四者「境界清淨」，就是從道以及助道法自身生出來的所緣之境界。亦即修多羅等之十二部的正說。這四種清淨構成了真實性。因此，在它以外之東西全攝於分別性與依他性之中。分別性與依他性的全體均被包含於虛妄分別之中。而虛妄分別的全體則窮盡於十一識之中。[11]當然由於十一種都是識中之區別，因此「虛妄分別」與「識」

---

7 上田義文，〈陳那と法稱とにおける自證分について〉〔〈關於陳那與法稱的自證分〉〕，見《大乘仏教思想の根本構造》，頁 187 以下。

8 *Triṃśikā* éd. par S. Lévi, p. 39, *l*. 25.

9 《大正》三一，181c。

10 《大正》三一，191c。

11 《大正》三一，181c-182a。

（vijñapti）乃是相同的意義。十一識作更大的彙集便變成四識。這就是「似塵識」、「似根識」、「似我識」與「似識識」。[12] 這四種順次就是「六塵」、「五根」、「染汙識」與「六識」。

此四識盡見於分別依他兩性之全體，作為煩惱之根本的阿賴耶識，無論如何都不屬於清淨，所以不可能在此四識之外。可是，於此四識之中，阿賴耶識卻沒有被枚舉出來。染汙識並非阿賴耶識，於玄奘譯相當於末那識。此點於對十一識作調查上也是一樣。十一識中的身識、身者識與受者識為六根，應受識為六境，正受識則為六識。十一識以此五識為本，其餘的六識只不過是從另外的觀點對此五識作分類而變成的，[13] 所以五識便窮盡了十一識全體之內容。至於此十一識之分類與前之四識之分類的不同處，在于於四識之場合中將列為五根的似根識之外的染汙識立為獨立的一識，但於十一識說中意謂染汙識的身者識則包含在六根之中。倒過來說，於四識之場合六根是由似根識和似我識來代表，但與此相對，於十一識之場合則舉出了身識（五根）、身者識（染汙識）與受者識（意根）三者。由此可見：染汙識亦可說是染汙意，但是卻並沒有說是與意根為完全同一的東西，而非意根之外的任何東西；同時可知：於「六根六境六識」所謂「十八界」之分類中，它並不列入六識，而列入六根。簡單地說：「與其說它是識不如說是根」。這樣子的《攝大乘論》之思想，明顯地不同於將末那識稱作「第七識」，作為與其他七識完全相同意義的識來看待的《成唯識論》之思想。關於此十一識之說見於《攝大乘論》之本文，而且，對於此一部分所有譯

12《大正》三一，181c。

13《大正》三一，182b。

本都一致，所以亦可視作無著本人之思想。因此，第七識之思想明顯地是屬於後來的思想，恐怕是護法以後方有的。

稍微偏離來說，從這樣子的十一識說中可得出關於染汙意之本質的重要顯示。但同樣地也可從此十一識說中得出關於阿賴耶識之有益的暗示。如前所述於與四識相同的十一識中，阿賴耶識也沒有於十一識之中被枚舉出來。不過，阿賴耶識作為虛妄之根本亦非清淨，因而不得為於十一識即虛妄分別以外的東西。如前面所述：雖與六塵、六根、六識以至與十一識之全體相同，即攝分別性與依他性之全體，但阿賴耶識卻不是十八界之內任一法。不過，亦非於十一識以外的東西。這顯示阿賴耶識，不能被看成像與六識並列的第七、第八般，作為與六識同義的識。阿賴耶識一方面被包含於十一識內，另一方面卻並非其中的任一者。

《攝大乘論》嘗云：「若攝一切分別 vikalpa 復有十種」，即以十種來攝盡所有的分別。[14] 對於此十種之第一言：「一根本分別謂本識」，真諦譯之《釋》中此處記作：「是一切分別根本，自體亦分別，即是阿黎耶識。」阿賴耶識是一切妄分別之根本，它作為分別之根本、並非隱藏在分別以前的東西，而明顯地其自體亦為分別。

阿賴耶識就是這樣子的分別，不過，據世親之《三十頌》，阿賴耶識與意識判然有別。意識與五識不同，它在一切之時都現起，但於無想天、無想定、滅盡定、無心之睡眠與悶絕之場合卻不現起。[15] 可是阿賴耶於這五種場合都現起，因而在真正意義上於任何時間都現起。因此可知：廣義的分別於悶絕及無心定等失去意識的

14《大正》三一，189a。

15《唯識三十頌》〈第十六頌〉之釋。

場合、即無意識之場合也出現。虛妄分別之分別包含了這些東西。

為了知道阿賴耶識之分別是否這樣，可從此識被說為常與觸、作意、受、想、思等五心所為伴的文字來加以考究。依安慧釋，[16] 十分清楚，觸就是當根、境、識三者和合之時根之變異，所以可知：跟一般之六識的場合相同，此識之場合也有根和境，它們與識合起來便即有分別起現。此點與六識之場合並無任何不同。所以於此一分別中心向所緣而動（仿如鐵由磁石之力而動）的意義上有思之心所，而心向所緣，心於其所緣也有作意，而在決定此所緣是青色而非黃色上也有想，但因而亦有受。準此而觀，十分明顯，阿賴耶識與其他六識同樣是有分別的識。

由於「常」伴這五種心所，當然於悶絕與無心定之場合亦是如此。無疑這些心、心所之作用，在普通人的意識中並無明顯地被自覺。〈第三頌〉說：「彼有不被感知的執受和住處之了別」就是這一意思。其中的「了別」（vijñapti）即是識，所以與「分別」相同。阿賴耶識就是我、法之分別的習氣，作為「執受」，乃是以與身體一起共安危的方式來與身體相合致的執受。這些執受無法通過「此即是彼」之方式來一一感知，所以稱作「不被感知的執受」。住處就是器世界，對此亦無明顯的感知，所以稱作「不可感知的住處之了別」。安慧說：「不能說在滅盡定等之位識完全不存在。因為這既與理相矛盾，也與經相矛盾。」不過，世親對於這樣在滅盡定等亦存在之識，則強調為與觸等五心所常伴在一起。

《攝大乘論》亦有如安慧在解釋執受時所說的阿賴識與身體合致而同安危這點，不過卻把此一場合中之阿賴耶識稱為「阿陀那

16 以下依安慧《唯識三十頌釋》〈第三頌〉之釋。

識」。[17] 至於在《三十頌》中「執受」就是 upādi 即 upādāna，然而它是與阿陀那 ādāna 同義。即是說，我們身體之生理的生命也包含於阿賴耶識之意義中。阿賴耶識之「分別」即「了別」的意義連這樣身體也包含在內。我們之主體不僅是心，而且也是身體。這全部都是會消滅、無常的東西，所謂剎那滅，然而這些東面就是我們的主體。這就是阿賴耶識作為根本的虛妄分別的意思。於是，當我們自己作為這樣的虛妄分別而自覺時，就成為——真之主體——無分別智或般若。這可以說：虛妄分別「就是」無分別智。[18]

狹義之分別與無分別的區別可看成只是知識的問題。但是，廣義之分別與無分別之問題，則是關於包含知識在內的主體之全體的絕對的覺醒——宗教的覺醒——之問題。

---

17 關於《攝大乘論》之阿陀那識思想，前引上田義文，〔《大乘仏教思想の根本構造》〕，頁 138-142 有詳細的考察。

18 對於此點請參照拙著〈瑜伽行派における根本真理〉〔〈瑜伽行派之根本真理〉〕。（中譯見本書〔十〕）

八、敬答長尾雅人教授

在這一機會中，想對長尾雅人教授對於拙論之賜評（〈唯識義の基盤としての三性説〉〔〈作為唯識義的基盤之三性說〉〕，《鈴木財團研究年報》，1967〔頁 1-22；現收於長尾雅人，《中觀と唯識》〔《中觀與唯識》〕，東京：岩波書店，1977，頁 455-501。〕作「只是一言」的回答——此種程度之所言很難稱作回答，毋寧應叫做道歉才對。實際上，不能「只是一言」，而必須充分回答方可，只不過現在每天均忙於以英文書寫講義，根本無暇兼顧他事，與本文同期〔於《京都女子学園仏教文化研究所研究紀要》1〕發表之〈攝大乘論講義（一）〉一文〔參：上田義文，《攝大乘論講読》（東京：春秋社，1981）〕也是利用復活節之休暇方好不容易地完成。但是這一假期已經終結，所以不可能寫得更長一點。不過，既然得到一個特別對唯識思想發表意見的機會，對於長尾教授之賜評，一言也不回答則是很沒有禮貌，而這樣持續下去乃是不可能的，故此想將代替道歉之文字，改以陳述「只是一言」的私見。

首先開頭想說的，乃是關於在批評拙論時長尾教授之態度。眾所周知，在我國「種種事情的禍因，就是由於沒有發展出各種嚴格的批評之傾向」，而於《鈴木財團研究年報》中「書評」一欄開始時，在編集後記便有上述的文字。準此，遂在有意補正這一缺點上肇始了該雜誌的「書評」。此後，在其中所刊載出來的「書評」各式各樣都有，不能一概而論，不過，可以說，在相當程度上已達到了最初之目的。然而，或仍感到不能很確定地說：肯定最初之意圖已十分地有成果。在此種學界實情之中，長尾教授對於拙論之批評，值得稱為真正嚴格之學問的批評。對於敢進行這樣批評的態度，不得不表示衷心的敬意。這一點必須首先表白出來。

其次是內容之問題，依長尾教授所述，長尾教授與我之間關於唯識思想之理解「存在著根本的相異」，這一相異即使在拜讀長尾教授之懇切教示時亦無法消解，想這點可能對於長尾教授而言恐怕亦是同一樣。以下所述者，在結果上我想也許只能做到進一步釐清究竟是如何地相異而已。

個人認為作為根本的相異點第一點，就是長尾教授之論文的開頭（除去〈前言〉）中所說之點。在那裡唯識說被解釋為「識論」。可以看出：這是一種認為可以把「唯識論」中之「唯」字脫離而當作「識論」來考察之理解方式。若從我之理解而言，則把唯識說視作「識論」乃是不成的，而「無論何時」都必須視之為「唯識論」。換言之，「唯識」之「識」不僅只是「識」，很清楚必須是作為「唯識」之「識」這樣子來把握的。所謂「只是識」，乃是指普通一般人、或是瑜伽行者還未立於稱得上「唯識」（vijñaptimātratā）之人的立場之「識」的意思。但是，「唯識」之「識」則是指已立於稱得上「唯識」（vijñaptimātrata）之人的立場之「識」。換言之，前者是就還未達到「見真如」之無分別智的人們之立場所言之「識」，後者則是就已經得到無分別智、且變成後得智而作用的人之立場所言之「識」。

長尾教授又說：「此一（即於唯識說中）知覺和認識之考量，

大概是從最直接的感覺出發。……例如像『現在看見白色的東西』或『現在看到白色的東西』那樣子，乃是從最直接的知覺開始，而從這裡演變出『這是白壁』、『我看見它』這樣的認識和判斷，方有問題出現」。準此，依長尾教授之解釋，在「能見的我是主體，而所見的白壁是客體」這樣的反省出現之前的直接的「識」之事實，便叫做「認識活動本身」。

從我之理解則有以下之看法。此一直接的識之事實，乃至「所謂識的活動」在覺者與未覺者共通存在，而非只限於覺者方可說的。最直接的感覺，用唯識說之術語來說就是五識之作用。五識是「無分別」。[1] 與這些五識同時無分別之意識 [= 意現量] 也在作用。「能知是我，所知是白壁這種反省」，乃係意識（護法說中所謂的第六識）之作用，此一意識乃是「有分別」的。這些無分別之五識、意識和有分別的意識，乃是未覺者和覺者均擁有的。究竟長尾教授所說之「直接的識之事實」或「認識之活動本身」是有就未覺者（尚未得到無分別智——根本智及後得智——之人）之心而言呢？抑或是就覺者之心而言呢？這一區別乃係非常重要之事。長尾教授並沒有對這兩種立場明晰地作出區分。若從字面來看，其乃係就一般人間之心而言，所以可看成至少包含未覺者，或也可看成是只就未覺者之心而言。長尾教授由於以將「唯識」僅視為「識論」來作為考察的出發點，可以見出這表示其是就尚未變成為覺者（立於唯識之人）的未覺者之識而言的。但是，我之理解則是「設身處地」從稱得上「唯識」（vijñaptimātratā）出發的人之立場來考察的。所謂「設身處地」是指能「聞唯識之教，並服從它來理解」，即是

---

1 《大正》三一，176a。

《攝大乘論》中所謂的「意言分別」(manojalpa)，亦即是聞慧、思慧。當從這種立場來理解時，「識」必常是「唯識」之「識」，所以不可能當成僅單單是「識」，而必須把「識」當成常與「唯」結合在一起者這樣看來加以考察。

至於「唯」字，依世親在《二十論》開頭部分所述，乃係「遮境的意思」。此與調伏天說「唯識就是離所取、能取之心、心所」場合中之「離所取、能取」處相當。而且，不言而喻，調伏天所言之「心、心所」乃是與「唯識」之「識」相當。至於所謂「遮境」或者「無境」，為什麼相當於「離所取、能取」呢？而若要知道「無境」乃是在一種怎樣的立場立言，最好就是細察《唯識三十頌》之〈第二十八頌〉：

> 然而識不得所緣之時，即立於唯識(vijñaptimātratā)。
> 當所取為無之時，能取亦無之故。

「識不得所緣之時」就是指瑜伽行者到達根本無分別智之時。此時可說是立於「唯識」。而由於立於「唯識」之人的心於境無所得，所以稱作「無境」。這就是「無境」之根本的意思。既然此中所取之境為無，因此可得知心也是無，所以說「離二取」。所謂「唯識」，就是離二取（境智兩空＝無分別）的識或「心、心所」(有分別)。這也就是無為（真如）與有為（心、心所＝識）無二的法身作為應化二身而展開。這就是後得智。後得智並沒有離開無分別（即真如），而係一如無分別地為有分別，所謂「不動真際（＝真如）而建立諸法（說明諸法）」、「應無住（＝無分別）而生其心(分別)」。「唯識」之「識」，就是在這樣的「無分別之分別」中的「分別」、「心，心所」。因此之故，「唯」乃是包含於與「境之無」為伴的「識或心之無」中，這與安慧所述之「由於分別性（＝境之無）而依他性（＝識）是空」（《三十頌》〈第二十二頌〉之釋）同一意思。這也就是真諦所言之作為「依他分別兩性之無」的真實性。此外，由於此一依他性的「識」作為緣生是有，所以「唯識」這一概念蘊涵「識有且無」的意思，因而含有邏輯上的矛盾。一言以蔽之，前面所言的「識」之所以必須常常結合「唯」而被考察之意思，乃是由於這並非從一普通人的立場，而係從覺者（後得智）之立場來說的。對比之下，尚未得無分別智的人之識就是「僅是識」，而非「唯識」之「識」。長尾教授所謂從「最直接的知覺」出發的識論，我想就是從此一「僅是識」考察之方式發展出來的。果真如此，那麼在這一點上，便成為我與長尾教授之一根本的相異點。

第二個相異點，乃是關於三性說之理解。長尾教授說「識論」與三性說「成立之由來完全不同」，即認為是由原本完全分開各別地而成立的「識論」與「三性說」加以結合起來作考慮的。這與長尾教授並沒有將「唯識論」當作常是「唯識」之說來理解，而單單作為「識論」來進行理解有所關連。假若長尾教授能夠理解常與「唯」結合起來的「識」，那麼在對「識」之考察上，便亦必得出它常是與「唯」結合起來之考察方式。換言之，說「無境」之識或者說「離所取與能取」之識，必須只作為三性之識（即唯識）來被考察。

然而，與此點相關連的還有一點值得注意，就是長尾教授關於「唯」之意義的理解。我之見解，簡言之，如上所述，就是認為「境（分別性）之無」同時包含了「識（依他性）之無」的意義。因而，「唯識」之「識」涵具「識」為「無」與「有」二義，於邏輯上這是矛盾的。但是，於長尾教授之見解中、可見出「唯」並沒有「依他性的識之空」的意義。此中「唯識說」被解說為「世界只是表象而已」（同論文 頁七）。「簡要而言，就是：識見識。在識之內側，設定同作為識之部分的見分和相分，因而就是作為見分之識見作為相分之識」（同論文 頁十）。在這種意思上說世界「只是識」。——這種對於「唯」的理解，當然沒有「唯」就是「識本身之空或無」的含意。

十分明顯，對於「唯」之意義，從而對於「唯識」之意義的理解，長尾教授與我乃是完全不同的。所以，在長尾教授談到「識論」時，此中「唯」之意義便是按照這種〔「只」之〕含意來了解。「唯識」如果就是「世界只是表象而已」這種意思，則其「表象」相當於「識」，而「只」相當於「唯」。

對比之下，依我之理解：如果單單只說「識論」，則只是關於尚未到達二取之空，即無分別智的人之識；但如果說「唯識」，則是指已經到達無分別智的人之識。因此，言「唯識」抑或單只是「識」，乃係有根本的不同之意義。所以必須對「識」是那一種意思加以釐清不可。關於「唯識」，我並不主張如長尾教授那樣所謂「世界只是表象而已」的意義，從而亦不主張「在識之內側設定同作為識之部分的見分和相分，而見分見相分」一說法。這種「見分、相分」的見解，在結果上，乃是與護法之三分說相同的見解。在這種三分說的看法中，由於作為相分之境常常是「有」（因緣性＝依他性），即使作為遍計所執性之境是無，識也還可有此境作為所緣。因此，與所取之境的無（不可得）之同時，並不含有心（＝識）本身（依他性）的無。梵文《三十頌》之〈第二十九頌〉中 acitta（無心），玄奘之所以將之譯作「不思議」，目的就是要避免

「識之無」的思想。不過，如果「唯識」就是「識無論如何都不得所緣」這一立場根本上不成立的話，那麼這便不是世親的意思。〔依世親，〕由於見（識）出無論如何所緣都不可得（境識俱泯）方是「唯識」，而這樣的「唯識」不外就是「真如」(《三十頌》〈第二十五頌〉)，從而可以見出諸法之真實 tathatā 。

準此而觀，對於能識與所識之關係的理解方式造成了我們二人之間根本的差異。(從關於三性說的理解之相異點來區別，則這可列為第三之相異點。）一方認為在「識」之內部有能識與所識之關係的成立。與此相反，他方則將「識」之全體恆視作「能識」(能分別)，從而不承認在識之內側中有所識（依他性之相分），而且所識並非識（而由相對於識而為所識），這其實就是分別性（所分別的東西＝ parikalpita-svabhāva)。長尾教授在批評我的關於三性說之理解，即主張「依他性是識，且為能識，分別性則是所識，且為非有」之理解時說：「如果識之對象全部是分別性非有的話，那麼識到底見什麼呢？對於這些點筆者已經覺得不可解了」(頁 17)，這可說是二人關於能識與所識之關係的理解之根本差異的由來。而我對於能識與所識之關係的理解，在關於 pratibhāsa 之解釋之拙作及其他論文中已略有所述。又本《紀要》之《攝大乘論講義（一)》〔譯者按：請參照《攝大乘論講読》〕中對於分別性與依他性之關係的解明部分，對此亦有若干的澄清。現在所說者無論那一點都不十分充分，不過，由於這裡不能詳述，唯有等待下日再補充。

這裡關於我對三性說之理解，只想就它與「唯識」之意義的關連上作簡單的陳述。正如上面亦已述及，依我之理解，「唯識」就是「於無二取（境、識）之處、即於無分別的識（＝分別)」的意思。「識」屬於生死，這就是有為，二取之無即「唯」屬於涅槃，這就是無為。而且，「唯識」就是生死與涅槃之無二，就是生死即涅槃。這樣的「唯識」又可通過三性說來加以說明。「唯識」之「唯」就是「二取之無」，這就是分別、依他兩性之無（從 subject-object dichotomy 中脫離），這就是真正的真實性。而且，「唯識」之「識」，就是「心、心所」，亦就是虛妄分別、依他性，這也就是「能分別心」。其所分別的境，就是「分別性」。「於識（依他性）中，其境（分別性）為無」就是「唯識」（vijñaptimātratā）。如若按照觀行之進展的過程而言，這就是「識不得所緣之時」。前者，即通過三性說所釐清的「唯識」之意思，這是《攝大乘論》〈應知勝相品第二〉所說者，而後者，即按照瑜伽行（觀行）之過程所說的「唯識」之意思，這則是〈入應知勝相品第三〉所說者。

當說分別性「恆無」（nityam asat）時，意謂這種說話的立場本身已經是「識不得所緣」之立場了。因為「識」是緣生，故說是依他性，而由於這一依他性又被說成為空，所以此中承繼了言「緣生即空」（＝依他性即真實性）的龍樹之思想。在存有論的層面上，這種依他性（有）與真實性（無或空）之「即」的關係，在認識論的層面上，就是「無分別的根本智」一如「無分別」成為「有分別」（＝識）因而成立「後得智」的關係。這就是通過三性說來對「唯識」加以釐清所作的說明。準此，長尾教授所言之「識論」乃是離開三性說而成立的；相反地，我所理解之「唯識說」若無三性說，則同一之思想體系便不能成立了。即我認為是在建立於三性說之上，方有瑜伽行派之「唯識說」作為同一之「理論體系」成立。例如，可以推定只有早已於《解深密經》中所言的「定心之所緣必不異於定心」這種定中的體驗之上，方有唯識說作為理論體系的成立，而這就是三性說。所以，即使於《大乘起信論》中也有阿賴耶識思想，但卻由於欠缺三性說而並非唯識說。因此，這裡也沒有說及作為其理論之基礎的「行」之體驗的唯識觀（入應知）。在這一意義上，必須區別《大乘起信論》之阿賴耶識思想與《攝大乘論》之阿賴耶識（它形成三性之一部分）思想。此外，《大乘起信論》之「三界唯心」思想，亦不能被看成與《攝大乘論》及《唯識二十論》所說之「三界唯識」（亦稱作「三界唯心」）思想為同一。[2]

---

2 關於此點請參照上田義文，〈仏教における「心」の概念〉（〈佛教「心」的概念〉，收於久松・西谷編，《禪の本質と人間の真理》，FAS 協會綜合研究〔名古屋：創文社，1969〕）。〔譯者按：此文現收於氏著，《大乘佛教の思想》（東京：第三文明社，1982 增補版）。中譯見：上田義文著，陳一標譯，《大乘佛教思想》。〕

九、「安慧說」與「護法說」之根本相違何在

在對初期瑜伽行派彌勒、無著、世親之學說作解釋時，普通所做的都是僅透過梵文文本作批評與比較對照諸譯之方法，但這是不足夠的。正如宇井〔伯壽〕博士所主張，這是需要特別之工夫的；然而，此一特別工夫若依博士之方法，則不可能用來確定彌勒、無著、世親之學說。我曾對之加以批評：此頂多在可能的範圍內做到與之相近而已；並已指出：一種專為確定他們的學說是否如此的方法是必要的。[1] 不過，那時由於篇幅之關係，未能具體地將此一確定的方法展示出來。這裡將嘗試對此一方法做出具體的陳述，可是，由於恐怕沒有餘裕之篇幅來對此一敘述作一充足的開展，只得滿足於作一大概的考察。因此，將縮窄於以標題所示之點為目標來考察。

世親之唯識說要怎樣來確定一事，就方法論之觀點所見，我們不得不說安慧之《唯識三十頌釋》與護法之《成唯識論》都是難得的好資料。於兩人對同一世親之《唯識三十頌》所寫之註釋，經過精密地比較兩人之註釋而見出的幾個相違點中，如果能找出二者擇

---

1 〈初期瑜伽行派學說之研究方法問題〉，《鈴木学術財團研究年報》，14 號。（中譯見本書〔一〕）

一的關係，這樣便得到可以確定世親之說的材料了。在這二者擇一的關係中所有的東西，如有關於一個問題的世親之見解，只能是如安慧所述之說法，或如護法所述之說法的其中之一種立場，而除此二者以外就沒有第三種考察之途徑了。如果這樣做是可行的，則會確定出在關於此一思想之範圍內何者為世親之說。不過，為了要找出這樣子的二者擇一的關係，只單單檢舉出安慧說與護法說在字面上的相違點乃是不足夠的，而必須對此一相異之所由來的根本問題加以分析來看兩者之相違。

在以這樣的觀點來看之時，首先應該注目而非要舉出不可的，就是作為安慧之思想的「vijñānapariṇāma 之所緣非有（asat）」一主張。這裡顯示與非有之所緣相對的「能緣」就是 vijñānapariṇāma。此一安慧之思想，從追問與護法說之相違的根本之角度來看，是含有相當重要之意義的。如果 vijñānapariṇāma 就是「能緣」的話，那麼此 pariṇāma 一詞之意義，依隨《成唯識論》解釋為「轉變」之意義——變是所謂識體轉似二分，相、見俱由自證起故——乃是行不通的，而且，此一意義之相違，是不單止於 pariṇāma 一概念之意義上的相違，我們認為此乃是安慧與護法這兩種唯識說之體系本身的相違。

安慧說：「非有（asat）就是所緣，所以 vijñānapariṇāma 稱為 vikalpa」。[2] 自不待言，這段文字乃是《三十頌》〈第十七頌〉開首之「此 vijñānapariṇāma 就是 vikalpa」一句之解說。即是說安慧將《三十頌》〈第十七頌〉之 vijñānapariṇāma 解作「能緣」。而安慧之見解就是《三十頌》本身之思想這點依以下所見便很容易可以知

2 《唯識三十頌》〈第十七頌〉之《釋》（S. Lévi ed. p. 35, *ll*. 16-17）。

道。

〈第十七頌〉之「此（ayaṃ）」是指示代名詞，不用說是指理解作由〈第一頌〉一直至〈第十六頌〉為止所說明的三種 vijñānapariṇāma。三種 pariṇāma，就是異熟、思量與了別，順次序意謂阿賴耶識、末那識與六識（〈第一頌〉與〈第二頌〉）。由於這樣的三種 vijñānapariṇāma 是意謂八識，且意謂「識」（vijñāna）與「識別」（vijānāti），因此十分清楚 pariṇāma 就是「能識」，即「能緣」。可是，對於此一「能緣」（能識 vijñāna）所對之「所緣」（所識 vijñeya）之為「非有」一點，則非此所能言明。彼為「非有」一事，乃是由此等八識即三種 vijñānapariṇāma 為 vikalpa 一點而得明瞭的。「在 vikalpa（妄分別）中，被妄分別之物是非有」（〈第十七頌〉,〈第二十頌〉），「此分別性就是 parikalpitasvabhāvā」（〈第二十頌〉）這些《三十頌》的文字都表示了此點。這 vikalpa 也分成三種，由於它是阿賴耶識、染汙意與轉識的自性之故，[3] 所以三種 vikalpa 與三種 vijñānapariṇāma 完全相同。「vijñānapariṇāma 與 vikalpa 為相同之物」一點則是愈來愈明白。vijñānapariṇāma、vikalpa 與八識，一邊各有不同的名稱，另一邊則不外是完全同一之物。而此就是能緣，與此相對之「所緣為非有的諸法（我與法）」一點，在〈第十七頌〉與〈第二十頌〉中有很清楚的顯示。在這二頌中，vikalpa（妄分別）與由此所妄分別之物二者，是作為能緣與所緣之關係而成立。在所緣方面所有之物，無論什麼東西（yad yad vastu vikalpyate）都是分別性，故是非有。而且，能緣方面所有之 vikalpa（＝ vijñānapariṇāma ＝八識）就是依他性（〈第二十一

3　同〈第十七頌〉之《安慧釋》（S. Lévi ed. p. 35, *l.* 14）。

頌〉)。可知此依他性與分別性，就是能緣與所緣之關係。

以上乃是對安慧之「vijñānapariṇāma將非有當作所緣」一句加以追索而自然獲致的結果。在以上有關之範圍內，安慧與梵文《三十頌》之作者間的見解並無見出任何相違之點，這也可同時明瞭的。

這裡有少少旁論，就是對此梵文《三十頌》所言之「依他性」要加上若干註釋性的說明。此因為學界關於初期瑜伽派之依他性思想的理解眾說紛紜，故必須從梵文《三十頌》對於「依他性」之理解問題來加以思考。在此梵文《三十頌》中，依他性被說為「緣生」(pratyāya)，而作為緣生，此依他性並不是指「由染淨二分而成」之意義的依他性。但是，宇井博士以後之著名學者，都將梵文《三十頌》中之「依他性」說成是「由染淨二分而成」者，所以，現我要想弄清楚：這樣的解釋是與梵文《三十頌》之文字並不一致的。

梵文《三十頌》是說vikalpa即八識之心、心所是緣生，故為依他性，vikalpa乃是從其種子為因業、煩惱之習氣而生，因此，它有由於繫屬於種子而為「依他」的意義。所以，此種依他性，乃是只就虛妄之物即不淨品而言的依他性。與此相對的由染淨二分而成的依他性，如果不將不淨品與淨品二種法結合在一起便不能稱作依他性了；並且，由於此二種法不是同時成立，如果沒有任一方成立之時、他方便不成立之關係，則也不能稱作「依他」。正如真諦譯《攝大乘論釋》所言：「由隨一分不能成就故名依他」。[4]「緣生意義的依他性」與「由染淨二分而成之意義的依他性」，其名為「依

4 《攝大乘論講》，頁204。

他」的理由乃是完全不同。雖是在字面上為同一「依他性」，但其意義內容則有所分別。所以，《攝大乘論》說「依他性有兩種」，以明此一分別。如果將《論》與世親之《釋》合起來讀的話，則可明瞭這二種依他性之區別，而毫無混同之餘地了。可是，現在之學界，卻不理會《攝大乘論》本身「依他性有兩種」一言，和〈應知勝相品〉第二之詳述此二種之依他性。[5] 專家學者們對於此二種之區別都不明白[6]（因而也不會明白二種依他性之關係），遂以「由染淨二分而成之依他性」來解釋《攝大乘論》之「三性說」。例如宇井博士下列所述：「《攝大乘論》中之三性說，是與此（《解深密經》與《瑜伽師地論》之三性說）不同，依他性是染汙分清淨分之和合的染汙清淨分……此種三性說是起源自《大乘阿毘達磨經》、《大乘莊嚴經》、《中邊分別論》而有的，是明顯地與前者在系統流派上有所分別」，而「《唯識三十頌》中三性說就梵文上所見是全與《攝大乘論》之說相同」。[7] 這樣的完全以「由染淨二分而成的依他性」來解釋《攝大乘論》之「依他性」。而對《攝大乘論》自身言「依他性有兩種」那自「由染淨二分而成的依他性」區別開來的「緣生義之依他性」之意義則完全完全沒有看見。這種理解之方法，不只是宇井博士，這也是今日許多之研究者所贊同的。而且，梵文《三十頌》之「依他性」，亦如博士所言，以這樣的「由二分而成

5　關於此點請參照《攝大乘論講読》，頁 203。

6　戒定清楚二種之別，但其對此二種依他性之解釋卻是錯誤的。他將一種等同於《成唯識論》者，不過，分別之處於下面考察依他性之空、不空問題時會有所述；其他一種則等同於《大乘起信論》，但這也是有所不同的。《起信論》主張真妄和合，但是《攝大乘論》之染與淨，當一方成立之時他方便不成立，並非同時和合。

7　《攝大乘論講読》，頁 386-387。

的依他性」來解釋的比較多見。以這樣的理解之立場出發，《三十頌》之〈第二十一頌〉的後半部「全部，在這裡，常常地、遠離前者便是圓成」（宇井譯）一般文字，亦解作「由染淨二分而成的依他性」，遠離此一分別性就是真實性。可見這表示《三十頌》之「三性說」乃係以「由染淨二分而成的依他性」作為中心的「三性說」，因而〈第二十一頌〉之前半部「妄分別為依他性之所有，由緣而生」也是解作在「不淨品」方面顯現場合中的「由染淨二分而成的依他性」。但是，這樣的解釋卻是不合理的，這從〈第二十一頌〉後半部為「常常地（sadā）」一詞便可以明白的。如果〈第二十一頌〉是說染淨二分之依他性，則必然不是「常常地」而是「遠離前者之時」。依《攝大乘論》中「金藏土之譬喻」所說，當虛妄分別（不淨品）用般若之火燒煉的時候，淨品方成立。例如宇井博士也說：「當依他性在作為清淨分而顯現的時候，便是既非染汙清淨分之依他性，也非染汙分之分別性的真實性」。[8] 同時，長尾教授亦這樣說：「虛妄分別全離如此之執時，便稱作圓成實性……當遠離在依他起之上所遍計之物時，就是圓成實性之顯現」。[9] 不過，梵文《三十頌》之〈第二十一頌〉卻沒有這樣的意思，這由「常常地」一語便可很清楚地判定。宇井博士一方面引用〈第二十一頌〉之「在其他地方前述之依他常常地遠離前之遍計性而在者即是圓成性」，[10] 卻另一方面對此文中「常常地」一詞輕輕地帶過去，以致沒有發覺前引之一般地述及染淨二分依他性的「當依他性作為清淨分

8 《攝大乘論講》，頁 386。
9 《中觀と唯識》，頁 193。
10《印度哲學研究》，第 6 卷，頁 456。

而顯現的『時候』」這一他本人之文字，是與此〈第二十一頌〉之「常常地」相扺觸的。宇井博士之學風，乃是所謂一字一句都不忽略，而一般來說確實如此；但是這裡卻未及注意到「當……的時候（when）」與「常常地（always）」這些簡單字句所引起之關鍵性的相違。

〈第二十一頌〉說：在依他性中，常常地遠離分別性之二取（我、法）者便是真實性。此「常常地」與在《中邊分別論》中說分別性為「恆無」（nityam asat）的場合中之「常常地」乃是相同的。相對於《中邊分別論》只就分別性而言，《三十頌》用「在依他性中所有」來述說此分別性之二取（我、法）之恆無。所謂「在依他性中所有」，如前所見乃是依他性與分別性、能緣與所緣之關係，因此，所謂分別性恆無，乃是說作為「依他性」的 vikalpa 即 vijñānapariṇāma 之所緣恆無。而且，此所謂「在依他性中所有」，則是意謂：由於所緣之境之無，能緣之依他性也是「常常地」為「無」（空），且同時表示：分別、依他兩性之無（空），是在依他性（緣生）中成立，這表示依他性之空（無）是與其緣生（有）同時成立的。「所緣之境」（二取或我、法）與「能緣之識」（vikalpa）兩方之「無」（空），在《三十頌》之〈第二十九頌〉稱作「無所得」與「無心」，這就是前面已見到的「真實性」（無分別智與真如，這裡是「境智不二」）。因為分別性恆無，而基於分別性的依他性之空，也是「常常地」空。因此，真實性亦「常常地」成立的。在這裡，「有為」（緣生二有）與「無為」（由於分別性而依他性之空＝二無性之同一的無性＝真實性）都屬於作為一個自性的依他性。以這樣的「緣生」意義之「依他性」作為中心的三性說，表示了已得無分別智，而住於唯識中的菩薩所見之世界（這並非與他相對立的對象世界，而乃是他自身之主體，也即是包含了主體與客體之全體的世界）。換言之，表示了諸法之實相。[11] 依他性與分別性，乃是得到「根本智」後，由「後起智」所見之世界，因此，《三十頌》之〈第二十二頌〉說：「當此（真實性）不得見之時，則彼（依他 ＝ 緣生之諸法）亦不得見」。「有為」之「一切法」是「依他性作為自體」，[12]「無為」之「真實性」則是它的「法性」，這些一切「法」（相）與「法性」（性）如前所述為「無二」，所以乃有「性相相融」之關係。在這根本智、法身中，「有為」與「無為」乃是「無二」。當根本智起分別而成後得智看見有為之世界的時候，也意謂：不只是「有分別」，同時也是「無分別」。有為之「諸法」（相）與無為之「真如」（性）相融通，就是後得智之有分別，常常地可依無分別來貫通。換言之，後得智不只是有分別，而係「無分別之分別」。後得智之見諸法，乃是「不見之見」。所謂「依他性（緣生 ＝ 有）是空（無）」，就是指這樣的諸「法」與「法性」之「融通」、「分別」與「無分別」之「二而不二」。（詳細請參照下面）。

現在我們結束以上的旁論而回到本論，下面是關於在《護法釋》中所可見到者。梵文本之〈第二十七頌〉之〈玄奘〉漢譯如下：

是諸識轉變　分別所分別
由此彼皆無　故一切唯識

---

11 《攝大乘論》（《大正》三一，195a）。

12 《三十頌》〈第二十五頌〉之《安慧釋》（S. Lévi ed. p. 41, *l*. 22）。

在梵文本與《安慧釋》中〈第十七頌〉中之 pariṇāma 乃是名詞，是指 vikalpa 即「八識之心、心所」的意義，漢譯卻把它作動詞解，因而便非指「八識自體」，其功能遂有「識之自體變現為相分與見分」的意思。在文字上，梵文本與漢譯是一致，但是在意義上卻並非同一。其次，漢譯第二句中之「分別」，如果是譯梵文本之 vikalpa，則在譯語上可見是大致上同一的。不過，由於《成唯識論》將它解釋為八識心、心所之「見分」，因此這是比在梵文本中 [之原義] 為狹窄。因為，如上面所見，梵文本之 vikalpa 乃是指八識之心、心所的「全體」。所以，雖然在譯語上並無相違，而在意義上卻與梵文《三十頌》相違。此外，如果「所分別」乃是梵文本之 yadvikalpyate 之翻譯，則在譯語上並無相違。可是，《成唯識論》之解釋卻是作「相分」，因而是屬於「依他性」，所以，在意義上完全違背了梵文本之 yadvikalpyate 是「分別性之我、法」的意思。第三句之「由此」若是譯梵文本之 tad，則這也在文字上並沒見出任何之相違。然而，此代名詞所涉及的名詞乃是梵文本的 yadvikalpyate，即是「分別性之我與法」；但是，在漢譯中「彼」一代名詞所涉及的名詞在〈第十七頌〉中卻不得見；此由於 yadvikalpyate（所分別）被解作「相分」之故，所以它絕不能被涉及。在《成唯識論》中，這是指〈第一頌〉中所說的「我、法」。因此，在這一場合中，雖然不論在譯語上或意義上均無相違，但是卻造成了漢譯在文章結構上的不合理。在梵文本中，tad 是言及 yadvikalpyate，此乃極普通的表達方法；不過，於漢譯中，「彼」一代名詞所言及之物並不在〈第十七頌〉中，因而非得遠溯至〈第一頌〉不可。至於最後之「故一切唯識」一句，在文字上也完全與梵文一致，可是其意義卻迴然不同。漢譯由「識之轉變（識體轉似二分）」一思想而說「萬法唯識」之「唯識說」變成了一種「觀念論」的體系，但是不持這樣子的「轉變」思想之梵文本的唯識說之體系，卻是與觀念論完全異質的思想體系。

由以上的比較可以見出：漢譯中相應於梵文本之各詞而給出的漢語，若單就字面所見，都是很好的翻譯，不過，這些譯語所意味的思想，卻是與梵文本之所有者完全不同。而與漢語最顯著不同的思想有兩點：其一，在梵文本中，依他性與分別性乃是能緣與所緣的關係；但是，在漢譯中，能緣與所緣就是見分與相分，此兩者之關係乃是依他性與依他性之關係。在梵文本中，「識」（vijñānapariṇāma ＝ vikalpa）之「境」全都是「分別性」（非有），而沒有「依他性」（緣生＝有）之「境」，即「識」之「內部」並無「所緣」（「識之全體」都是「能緣」）；然與此相反，在漢譯中所有「相分」均屬「依他性」。此中「境」就是「依他性」，乃是「識」之「內部」所有之「物」，這由於此一「境」乃係「識之所變」的緣故。[13] 所謂「識體轉似二分」的「轉變」思想，支持了所謂「識之內部之境」的說法。因此，在梵文本之唯識說中「識之轉變」一思想中所沒有者，就是這種「識之內部之境」的思想。

另一者就是 vijñānapariṇāma 一詞的意義與漢譯之「識轉變」的意義完全不同。在梵文本（安慧釋）中有如下述說：「現在剎那之識即能緣，與先前剎那之能緣（識）相異」一事就是 vijñānapariṇāma 。此是指涉及「不同剎那」中之能緣與能緣之間的相違；然而與之相對反，在漢譯中卻是指「於現在一剎那中識之自體變現為見分、相分」一事（變現），以及「於同一現在剎那中阿

13《成唯識論》卷七，19a 。

賴耶識之種子生起八識心、心所之自體與見分、相分」(生變)。此「變現」與「生變」都是於「現在」一剎那中出現、而絕沒有涉及「二剎那」的，這是此種「轉變」之思想的特徵。此種「轉變」之思想在(世親、安慧)梵文本中並沒有根據，而乃係在漢譯之《成唯識論》以後才有的，這一點是非要注意不可。

這兩個相違點乃是密切地結合在一起的。只有在「護法說」中，這種「轉變」之思想上才可有「相分」這種「依他性之境」，即「識之內部之境」的成立。

無論梵文本說或漢譯說都是宣稱「一切唯識」，在此點上可見是同一的思想，但是，實質上它們是完全異質的兩種思想體系。後者是一種「觀念論」的體系，然而與此相反，前者則是一種與觀念論無緣的思想。在梵文本之思想中，「識」(能緣)是「緣生」(有、依他性)，識之「境」(所緣)則是「非有」、「分別性」，所以，只有「能緣」(識)是「有」，而「所緣」(境)則是「無」。因此之故，這方是「唯識無境」。此中根本沒有「識變現其境」之見解，不僅「識」之「外邊之境」是「無」，「識」之「內邊之境」也是「無」。〔譯者按：上田此處所言之「內邊之境」乃是如「心所」等心理狀態，而非《成唯識論》義之「相分」。〕這不可能是觀念論。

與此相反，在漢譯中，「諸識轉變出現了見分、相分」，在此種「所變之見、相分」之上，第六與第七二識妄執我、法(這裡我、法並非有，有者是見分、相分，然而，不知道此點而妄分別的六、七二識卻執之為我、法)。這些「被妄執的我、法」就是「遍計所執性」。此種妄執在唯識觀之修行中會被消滅，而且諸識洗落其染相而成為淨相，「見分」見「相分」便是見「一切法」。這裡「識」

見其「內部之境」（相分＝依他性），而不是見識（依他性）以外之萬法。因此，所謂「識之轉變」（「生變」之意義也包含在內），支持了「萬法在識外為無」之主張。漢譯之〈第十七頌〉及其《釋》中所言之「依此正理彼皆無」，便是指這種「轉變」的道理。所以，如果沒有此一正理的話，我們知道這種唯識說乃是無法成立的。與之相反的梵文之唯識說，卻是沒有這樣的正理而成立的思想體系。

由此之故，〈第十七頌〉之梵文本之思想與漢譯之思想根本上不同。引起此一相違的根本原因是在於究竟主張 yadvikalpyate（所分別）全都「無」（nāsti），抑或認為此中「有」（依他性之境）。這裡問題完全不在於《成唯識論》中作為困難問題之一的所謂究竟是「一分說」，抑或是「二分說」，抑或是「三分說」，抑或是「四分說」的問題。問題乃是在於「承認」或「不承認」所謂「依他性之境」上二者擇一。這裡並不存在與此二者相異的第三種之見解。因此，世親之見解，必可於兩者中任一方得到明言。由於一方是梵文本，另一方是漢譯，以梵文本為世親之說乃是常識，然而，是否現存之梵文本一如世親所書之原樣而完全沒有後人之手所加，則是不可以說的，又斷言漢譯之原本與現存之梵本有異則亦是絕對不可以的，因這樣說也是沒有學問的。我們大家認為梵文本是傳世親之說大概是沒有錯的，不過，現今不想作出這樣的斷定，而僅欲指出它是確定世親之說的「二者擇一」中之一而已。

由上所見梵文本之 vijñānapariṇāma 並沒有所謂「識變現為見分、相分」的意思，假定 vijñānapariṇāma 之全體就是「能緣」，由於單單 vijñāna 也是相同的「能緣」，那麼 vijñāna 與 vijñānapariṇāma 是否沒有任何不同呢？當然疑問是在於 pariṇāma

之意義為何。因此必須先弄清楚 pariṇāma 之意義。

假定梵文本 pariṇāma 的意義與護法之解釋不同，則為了知道其意義必須依照安慧之解釋。vijñānapariṇāma 一詞作為唯識說之術語乃是世親最初使用的，[14] 不過，他本人並沒有說明此語之詳細意義。當然也無法於在他之前的人身上尋找此語之意義。在真諦譯之諸書中可以見出種種註釋的說明，但是卻沒有說明「識轉」（此乃《轉識論》之譯法）是什麼者。除了護法釋外，安慧之解說乃是目前能夠詳細地知道 vijñānapariṇāma 之意義的唯一之文獻。他在《三十頌釋》中常常言及 pariṇāma 之意義，不過，從此下三段文字便可以知道 vijñānapariṇāma 之意義是什麼了。

（a）pariṇāma 就是自前之位而生變異。(〈第十八頌〉之《釋》)

（b）pariṇāma 就是變異。即 pariṇāma 就是在與因剎那滅的同時，產生與因剎那不同的果。(〈第一頌〉之《釋》)

（c）pariṇāma 區分為因之場合與果之場合。其中因之 pariṇāma 就是全部在阿賴耶識中的異熟與等流之習氣的增長。又果之 pariṇāma 則是指由於異熟習氣起作用，在牽引前世之業至圓滿時，於其他之眾同分之中生出全部阿賴耶識，以及由於等流習氣起作用，諸轉識與染汙意全從阿賴耶識生出。(〈第一頌〉之釋)

---

14 這點首先在上田義文，〈"Pariṇāma" について〉，《名古屋大学文学部十周年記念論集》（中譯見本書〔三〕）加以釐清，其後服部正明教授雖沒有指出我的名字卻表示了相同的見解（《佛教の思想 四：認識與超越》〔東京：角川書店，昭和 45 年〕，頁 21、109），所以，可以料想我的說法是得到學者之贊同。

從這三段文字所見大抵就可以知道安慧所言的 pariṇāma 之意思。首先，pariṇāma 最基本的意義就是「變異」。而且，此一「變異」，並非於同時的東西之間所見之相違，而是於「異時」的東西之間方成立之相違，這點可以由（b）、（c）知道。（b）是說「因之剎那」之「識滅」而「果之剎那」之「識生」，由於這是說此二剎那之滅與生乃是「同時」，這表示此二剎那乃是透過於在前之東西之滅與在後東西之生之間毫無小間隙而結合為一的。此一「後之剎那之識」成為與前之剎那之識的「異」就是 pariṇāma 。（a）之所謂「自前之位生變異」，就是這個意思。這就是（c）點所說的「果之場合」。果乃是種子所生的意思，是指諸識。與此相對的所謂「因之場合」，就是在作為生識之因的種子中之 pariṇāma 。阿賴耶識中所有的種子，由於在各個現在一剎那中為諸識所熏習，經歷時間而愈來愈增長，後之剎那的種子遂便是我的變成與前之剎那的種子有所不同，此一變異便是 pariṇāma，由於這是種子與種子在不同剎那之間的差別，因此乃是 pariṇāma 的因（種子）之場合。它與上述之果之場合即識與識在不同剎那之間的相異合起來便滿足了（a）之「自前之位生變異」之意義。（c）點在說明「果之場合」時，說「生阿賴耶識」與「生諸轉識與染汙意」就是 pariṇāma，這因為是在「現在剎那」中「生」了「識」之「後」才成立「與前剎那之識」的「異」之故。「識」只在其「生出」之一剎那即「現在」之一剎那中存在，而於一剎那之前與一剎那之後都不存在，因此可見「生出」與「有」在實質上乃是同義的。[15] 在唯識說中，「識是只於現在一剎那中之存在」一事必須常常地放在心上。所以，《安慧釋》中說

15 梵語之 bhūta 在漢譯中譯作「生」或「有」正顯示出此點。

pariṇāma「就是生出一事」，也不是《成唯識論》中以種子生出諸識這種意義的「轉變」（即「生變」）。Pariṇāma 之意義當然必須按照（a）、（b）之敘述結合起來加以理解。當這樣做，則可以知道諸識從種子生出一事並不是 pariṇāma 的意思，而乃係在生諸識中與前剎那之諸識「變成不同」的現象上成立，這才稱之為 pariṇāma。而且，於安慧，「諸識從種子生出」一事乃是發生於「現在」一剎那中，而非跨越二剎那的。

若依《安慧釋》，則 pariṇāma 便是這樣子的「時間」概念。與此相反，《成唯識論》中的「轉變」並不是這樣。「諸識轉變而出現出見分、相分」乃是於「同一剎那」中的事情，而絕非跨越二剎那的。此外，「從種子生諸識」（生變），也是「現在一剎那」中之事，而非跨越二剎那的。「識之轉變」全部都是於「現在一剎那」中進行的。

如果這樣看的話，則安慧所解之 pariṇāma 與護法所解之「轉變」乃是完全不同的個別之思想。Pariṇāma 若是《安慧釋》這樣子的意義，則由於其結果乃是識一事，vijñānapariṇāma 之為「能緣」乃是理所當然的。但是，若是護法之「轉變」的意義，那麼說「識轉變就是能緣」便屬全無意義的文字了。如果世親所說之 pariṇāma 是《安慧釋》這樣之意義，則必得說《護法釋》之「轉變」思想是與世親之唯識說全無關係的。相反地，如果世親所言之 pariṇāma 乃是《護法釋》這樣的意義，則安慧所解之 pariṇāma 便變成完全脫離了世親之說法。世親之 pariṇāma 的思想，必定是這兩種見解中的任一方。我們在這裡可以見出確定世親之說的「二者擇一」的場合之一種。上述之「二者擇一」的關係，在邏輯上是說於此二者以外沒有第三種考察方法，不過，於這場合的「二者擇一」卻並非這樣的邏輯關係。因為對於 pariṇāma 一詞的解釋，會有在以上所見的二者之外的其他解釋，這在邏輯上也是可能的。不過，事實上，我們所能找到的只有這兩種註釋，加上 vijñānapariṇāma 一詞作為唯識說之術語乃是於世親方開始採用，而他本人並無對此語加以解說，所以，對於 pariṇāma 之解釋不得不依此兩種註釋。然而，此兩者乃是完全不同的思想，故此世親之說必須是兩者中的其中之一。在這種意義下，這裡可見出「現實上二者擇一」的關係。這也是可以確定世親之說的一種材料。在此一場合中，安慧之解釋也與梵文《三十頌》很一致；與之相反，護法之解釋如前所述則是與梵文《三十頌》之意義不同。基於這一事實，主張安慧之解釋為傳承世親之思想，大概是確實之言。不過，現在我們不想下斷定，而止於視之為一種用以確定的材料。

前述的兩種二者擇一的關係，乃是不能互相分離的關係，所以，在任何一種的二者擇一的關係中，如果決定了那一個是世親之說法，則必然地在另一種二者擇一的關係中，也決定了那一個是世親的說法。在〈第十七頌〉中之 yadvikalpyate 究竟為如於梵文《三十頌》與安慧釋中之被看成為全部是「無」（nāsti）、抑或如於玄奘譯「所分別」（yadvikalpyate）之被理解為「相分」（依他性），而被視作為「有」（緣生）這種「二者擇一」上，如果世親之說是主張為「有」（即世親主張「識之內部之境」）的話，那麼，在關於 pariṇāma 的兩種解釋之中便不得不選擇護法之解釋了。理由是：於「識轉變」時，如果沒有「從識現出其境」的話，那麼便沒有說「識」一樣地與其「境」為「有」（緣生 ＝ 依他性）之根據了。與此相反，如果 pariṇāma 乃是安慧所解之意思的話，則 pariṇāma 便只不過是表現「能識」與「能識」在「兩剎那」之間的

「相異」而已，這完全沒有表示「識」與「境」（能識與所識）之關係，因而，由此一 pariṇāma 不可能證明「識之境離識為無」的主張。「對於世親之 pariṇāma 一詞的見解，究竟《安慧釋》與《護法釋》那一方才是正確」一事，乃係與「究竟應視 yadvikalpyate（所分別）即全部之分別性為『無』、抑或認為它與依他性（緣生 ＝有）一樣都是『有』呢」一事必然地有關聯。這樣意義的兩種之「二者擇一」的關係，如其中之一已決定的話，那麼另一者便自然地由此而得到決定了。

其次，《安慧釋》與《護法釋》之重要的差異，是在於「依他性之空、不空」的問題。安慧於對〈第二十二頌〉之《釋》說：「如果圓成與依他是相異的話，那麼依他便不會由於分別（性）而為空了」，十分清楚，「依他性是由於分別性而為空的」。但是，護法對〈第二十一頌〉之《釋》則說：「前之所述，在意義上是表示依他不是空的」〔譯者按：原文作「前言義顯不空依他」（《大正》三一，46b）〕，因而頌中所說「在依他性中常遠離遍計所執性之我、法（所取、能取）之性就是圓成實性」〔譯者按：原文作「圓成實於彼，常遠離前性」（《大正》三一，45c）〕，乃是特別地預先宣告「在遍計所執性之無的同時、依他性並不會變成空」的意思。所以，安慧之見解與護法之見解乃是剛剛相反的。護法之文字正是為了要打消安慧之文字才這樣說的。對於這點，梵文《三十頌》說「依他性是緣生」，這只是說「此並非自有（svayaṃbhāva）」，因而沒有明言「依他為空或不空」。所謂「並非自有」就是「緣生」的意思，不過，「緣生」可直接地解作「空」的龍樹之立場與世親者是否相同呢？這是不能簡單地說的。世親就是因為不贊同龍樹之「空觀」的立場方建立其「唯識觀」，所以，根本不會說「緣生」（依他性）就是「識」之「空」，即如龍樹般以「緣生故即為空」；而乃係如《安慧釋》所言之主張：由於所識之「境」就是「分別性」（恆無）因而「能識」也是「空」。關於「識是空」這點龍樹與世親都不會有變的，但是在它之所以為空的理由上，龍樹與世親便有所不同了。在龍樹中，「緣生」同時就是「空」的意思。而且，「緣生」、「空」所說者就是「一切法」，這裡沒有「識與境之區別」問題。但是，在世親中，「緣生」所說者只是「識」（妄分別）而已，因而識之「境」並不是緣生，作為「被妄分別的東西」乃是「無」（分別性）。此外，由於所識之境是無，因而能識也是空（這是假定安慧說與世親說為一致）。這樣，龍樹只言諸法，與之不同，世親卻區分識與境，此乃是由於踐行唯識觀所致，此一「識與境的區別」產生了「依他性」（緣生＝有）與「分別性」（無）這些於龍樹所無的概念。依此區別，安慧方說：「依他性（識）之空乃是由於境就是分別性而來的」。所以，「依他性（識）就是緣生」，這也是說：並非自有而只是緣生，換言之，如果不是由於分別性的話，則依他性便沒有說為是空的理由了。

然則護法說「依他性不會因遍計所執性之二取（即我、法）之無而空」是什麼意思呢？自不待言護法之立場也同樣是處於唯識觀的。於安慧的立場是：「由於分別性之我、法（即二取）之無而言依他性之空」，那為什麼於護法之立場卻不能這樣說呢？此與上述之二者擇一的關係有不可分割的關連。於安慧的立場，「依他性」（緣生）之「識」，其全體就是「能緣」（能識），而「所緣」（所識）則全部是「分別性」，所以，「因分別性之所識（境）為無而成為空之能識（依他性）」，就是「依他性（識）之全體」。但是，於護法之立場，稱作「依他性」（識）者之全體並非就是「能緣」（能識），識之「所變」之「相分」，而只是因「不離識」的緣故（識之所變故），[16]亦屬於「依他性」。「遍計所執性之我、法（即二取）」，乃係在識之「所變」之上所假說者（玄奘譯《三十頌》之〈第一頌〉），此「遍計所執之諸法」，乃是第六識與第七識二識在「識之所變」之上執為有之物，所以，「由於遍計所執性之境即我、法（或二取）之無，而成為無執的依他性」只有「能遍計的第六、第七兩識」，前五識與第八識在這裡全無關係，而自始以來便是被視作無執的。而且，「能遍計之兩識」與「遍計所執性之境」依唯識觀也是「無」，但作為所執性之境之「所依」的「識之所變」乃是「依他性」，所以「非無」，與其所變相對的「能變之識」也是「依他性」，所以亦「非無」，這些「能變與所變之依他性」，由於遍計所執性之境為無，洗落了作為能執之執只不過是成為了「清淨的識」，「能變所變」從而成為「能緣所緣」的關係，其本身並沒有變成無，所以不能說：「依他性由於遍計所執性之境之無而為空」。的確，護法之說比起安慧之說更為複雜，但是，依他性之不能說為空的根本理由，乃係在於「識」（能緣）之「所緣的境」並非全都是「分別性」（無），而在「境」之中除了「遍計所執性之境」外、還有「依他性之境」（相分）。如果「境全都是無（遍計所執性）」的話，那麼，「依他性（有）便只是能緣之識」，因此就可以說「依他性因遍計所執性之無而也是無」。可是，「境是有（緣生＝依他性）」一事乃屬可以證明者，而此就是「識之所變」（相分）。跟安慧不同，護法並不會由於遍計所執之境之無，而同時說依他性也是空，這乃是與他對於「識之轉變」（識體轉似二分）所持之見解有

16《成唯識論》卷七，19a。

一必然的關連。

於安慧的場合 pariṇāma 的意義與護法者完全不同，此因為沒有「自識變現境（相分）」之思想，所以，識之境全部都是作為被妄分別的東西之分別性（無）。因此之故，依他性全都是能緣，於是，「依他性便由於所緣（所識）之境之無（分別性）而成空」。

由此可見，說「依他性由於分別性而為空」的安慧之思想，乃是「以識之境的全體為分別性」，而「以依他性之識為能緣」。換言之，「依他性與分別性」和形成「能緣與所緣」之關係的思想是有不可分離的關係。同時 pariṇāma 也不可能有護法之所說的「轉變」那樣的意義，所以，我們知道這亦是與 pariṇāma 一思想有不可分離之關係。因此，「世親是主張依他性為空抑或不空」這一「二者擇一」的問題，很清楚地是與上述之兩種的「二者擇一」密切地連結在一起。所以，上面所見出之三種的「二者擇一」，歸根到底是要知道一種之「二者擇一」。就是上述有關之三種之「二者擇一」的任一個，如它能確定世親之見解的話，則其他二種也與此相伴而自然地對之有所決定。

《安慧釋》說：「圓成如果是與依他相異，那麼依他便不會由於分別（性）而為空了」，因此，我們可以知道：所謂「依他由於分別（性）而為空」，就是「依他與圓成不異」之意義。換言之，當依他由於分別（性）而為空之時，此「成為空的依他」就是「圓成」。這從安慧之文字「圓成就是以無為自性」，[17] 便可作這樣的確定了。這裡所謂「無」，就是「分別性之無性」（相無性）與「依他性之無性」（生無性）之「同一的無性」之意思。因為，在唯識說

17《三十頌》〈第二十四頌〉之《安慧釋》（S. Lévi ed. p. 41, *l.* 24）。

中，言「無」首先是指「分別性」。《中邊分別論》便作「分別性恆無」(nityam asat)。而且，於安慧，「依他性與分別性」成對地構成了「能緣與所緣」的關係，所以，「分別性之無」必然地變成「依他性之空（無）」。「分別性之無」與「依他性之空（無）」的「二無性」歸根到底只是「一種無性」。然而在此一「無」之外，於安慧說中便沒有應說為「無」之物了。值得注意的是：安慧的思想乃是與「以分別無相、依他無生之二無性的同一無性作為真實性」的真諦之思想相一致的。

由於依他性（vikalpa ＝緣生）是因分別性而為空，因而如果依他性與真實性不異，那麼依他性便是在它之為「空」(二無性之同一無性）方面而與真實性為同一，然在它之為「緣生」(有）方面則與真實性有異。這樣的「依他性與真實性」之「不異而異、異而不異」關係究竟是什麼意思呢？首先，「依他性是緣生（有)」意謂「有為的諸法即三界之一切法的成立」。一切法是以「依他性」(即 vikalpa）作為「自體」。[18]「依他性之空」，對於諸法言就是「法性」，就是「無為」、「真如」。因此之故，「依他性與真實性」成為了「諸法與法性」的關係。[19]「依他性」含有「緣生」與「空」二義，這顯示於依他性與真實性之異而不異，可是，此不異的意義，乃是虛妄之有為法與真實性之無為法互異的二者以「一」之依他性作為自性中而融合為一的意思。當瑜伽行者修畢唯識觀後達至住於「唯識」(vijnaptimātratā）時，他任何境都看不見（境全都變為空)。此「境之無」(即分別性）同時就是「識之無」即「依

18《三十頌》〈第二十五頌〉之《安慧釋》。

19《三十頌》〈第二十五頌〉之《安慧釋》。

他性之空」，因而住於唯識中之行者乃是「無心」（acitta）、「無所得」（任何境都無得知）。此無心就是依他性（識 =vikalpa）之空。[20] 無心、無所得之智就是出世間之無分別智。此智與作為其境之真如平等平等，此就是境、智全幅不二。此無分別智、真如就是法身。此無分別之根本智現分別而成為後得智，而法身展開為應化二身，不過，法身是以「有與無之無二」（bhāvābhāvādvaya）、「有為與無為之無二」（samskrtāsamskrtādvaya）、「多與一之無二」（nānātvaikatvādvaya）作為特質，[21] 所以，無分別之根本智一如無分別而成為有分別，[22]「法身」不失其「有與無」、「有為與無為」、「多與一」之各種的「無二」而成為「應、化二身」，從而顯現出「有與無」、「有為與無為」、「多與一」之各種的差別。無分別之根本智一如無分別而分別，這就是無為、無分別性之真實性與有為、虛妄分別之依他性（生死界之一切法）的不異。同一之事，自主體方面稱之為「無分別之分別」，自客體方面則言之為「無為」、「真實性」與「有為」、「依他性」之「不異」。「依他性」包含有「緣生」與「空」二義，不過，這所謂「依他性與真實性之相異的二種自性之不異」的意思，乃是說得到住在這樣子的「唯識」（vijnaptimātratā）中之無分別智、具有如來之三身的菩薩所見到的世界，[23] 能見此的菩薩之智就是「無分別之分別」。「三性」便是用

20〈第二十九頌〉。此「無心」一詞，是指「在無分別智、真如中，心識（依他性）變成空」的意思，因此，奘譯避用「無心」（真諦譯作「非心」）此一譯語而譯作「不思議」，正是要排斥「識之無（依他性之空）」這樣的思想。

21《攝大乘論》〈智差別勝相〉第十（《大正》三一，251b）。

22 這裡不能詳細說明此一問題，不過，由於在本文前面多處已簡單地述說了其要點，希望藉此可得到一大概的了解。

23《攝大乘論》（《大正》三一，206c）。

以釐清這樣的無分別智所見之世界，即諸法實相之邏輯構造。[24]說「依他性」就是 vikalpa，乃是指依在這樣子的無分別智中所見的三界之一切法之自體，而「分別性」則是指此依他性之 vikalpa 將實際上是「無」卻執為「有」的我、法（一切法），（總而言之，一切法都是由依他性之 vikalpa 與由此所妄分別的非有的我、法所構成），而「真實性」就是意謂這些緣生法（其自體為 vikalpa）之「空」（分別、依他兩性之無）。〈第二十一頌〉之「真實性」之定義中「於依他性」一片語，表示真實性與依他性乃是不異。三性之構造的根本要點，就在於萬象之差別有有為之諸法（依他性與分別性）與無差別、平等的真如、無為（真實性）之「異而不異、不異而異」這點上，而這就是如前面所述，見到這樣的世界的法身之菩薩之智一如無分別而有分別乃是不二。於此前述之依他性與真實性之不異——虛妄的有為法（其體為依他性）與真實性之無為法作為互異的二者在以一之依他性作為自性而融合起來——可以很明白地知道是與所謂於「法身」中「有與無」、「有為與無為」、「一與多」之各種之「無二」的思想為同一的。

這樣子的安慧之思想，當它與護法之思想作對比之時，便更清楚地顯出其特色。如前所述，護法言「當遠離遍計所執性之二取時」，是說「依他性同時不空」，因此宣稱「二空（所取與能取之空）本身並非就是圓成實性」。[25]這顯示了與安慧之主張「依他性因分別性為空」，而以此分別、依他兩性之「無」為真實性之自性的說法有不同的見解。亦可以見出兩人之間對於真實性（圓成

24《攝大乘論》（《大正》三一，195a）。
25《成唯識論》卷八，30b。

實性）即所謂「悟」這回事的見解有根本的相違。安慧認為由於二空（二取之無）、依他（識）也是空，而此分別、依他的兩性之無（空）本身就是真如。但是，護法則區別空和真如，真如乃是由於空所顯示出來的實性，而不是空之本身。所以，於護法之立場，「空」與「空性」（空之實性）二語有完全不同的意義。在意思上。空性與真如相同，但空與真如則是不同。可是，於安慧空本身就是真如。由於空就是真如的意思，所以，「空」一詞在關於「因分別性而來的依他之無（就是分別依他兩性之無）」上使用，而在關於「分別性之無」上則不會使用。關於分別性方面，無論什麼時候都言「無」（asat，na vidyate，na-asti），而不言「空」（śūnya）。śūnya 與 śūnyatā 於安慧只是形容詞與名詞這種語型上的不同，然在意義上並沒有改變。好比說「砂糖是甜的」與說「砂糖之甜度」，「甜的」本身之意義並沒有改變。這樣的「空」之意思並非只限於安慧，而是世親、無著和彌勒全體所共通的。即使追溯至龍樹與《般若經》，śūnya 與 śūnyatā 之區別亦只是語型上之不同而已，而非如於護法所見那樣之意義上的不同。所以，無論羅什或真諦，都把 śūnya 與 śūnyatā 譯作「空」，此乃由於其在意義上並沒有相違之故。至於玄奘譯則將「空」與「空性」二語分開來使用，與其說是緊守語言學上的嚴密，毋寧說是植根於護法所主張那樣的意義上的相違這種立場來得更根本。而主張於安慧那樣子的空本身就是真如，乃係主張悟這回事的本質就是無，即認為佛之本質就是無。

由於安慧與護法關於這樣的真實性（圓成實性）的見解方面有所不同，因而對於〈第二十二頌〉說「真實性與依他性非異、非不異」的文字兩人的解釋自然必有所不同。於安慧，所謂「非異」，乃係指有為的諸法（依他性＝緣生＝有）與無為的真如（分別依他兩性之無）之「無二」的意思，但於護法卻沒有這樣意義之「無二」，所以「真如為彼（依他）之實性」係指「圓成實與依他不即不離」的關係。[26]於安慧的立場，所謂「不異」就是「無二」，因此是嚴格意義上之「不異」；但是，於護法之立場僅是指「不離」而已，依他（有為）與圓成（無為）之「區別」儼然存在（此所謂「相性永別」），因此可知，這不能說是嚴格意義上之「不異」。

於安慧的場合，依他由於分別性而為空，其「空」（無）就是真實性之自性，但是，於護法之場合則只有遍計所執性之「無」，而這並不同時就是依他之「空」，所以此「無」並非圓成實性之自性，而圓成實性只係由此「無」所顯出者而已。安慧之思想在論及有為之諸法與無為之真如的關係上，與所謂「如來藏緣起說」乃是同一的。兩者都認為當行者完成重重之修行而達至究竟之淨界時，「相」（有為之法）便於「性」（無為之真如）中歸滅。與之相反，護法卻認為即使達至究竟之淨界「相」也會於「性」中歸滅，但這只是洗落「染相」變成「淨相」，而與「性」共同地實在。[27]關於主張「性相融通」這點，安慧之唯識說乃是與《大乘起信論》及華嚴其他之大乘一般相同。「以依他性因分別性而為空」的安慧之思想，如果因此之故而為一種共通於大乘佛教一般的根本思想的話，則我想將它看成為也是世親與無著的思想乃是十分諦當的說法。不過，此「性相融通」的思想，如果見到主張上述之「法身」中「有

26《成唯識論》卷八，30b。

27 這是結城令聞《從心意識論所見的唯識思想史》（東京：東方文化学院東京研究所，1935，頁 268）中可見的表達，由於這是一容易了解的說明故在此處引用。但是在同書中，此只用作說明「真如如來藏緣起說」與「法相阿賴耶識緣起說」之相違。

為」與「無為」之「無二」的思想在《攝大乘論》及《世親釋》中都有被論及，那麼便可確定此乃世親與無著之思想了。依此，前面於斷定上有所保留之兩種之「二者擇一」，也分別地可得到決定了，即「識之境」全部都是「分別性」。但是，那種如護法所言之「相分」，則卻一邊是「境」，一邊又是「依他性」。換言之，所謂「識之內側之境」的思想於世親並不存在；因此，於世親，「分別性與依他性」就是「所緣與能緣」的關係，而與此關連之vijñānapariṇāma 一語之意義，亦非護法所言那樣子的「轉變」（識體轉似二分），這都一定可以透過安慧所說之意義來加以確定的。

依以上之考察，三種之「二者擇一」就個別而論，可以確定二者之中那一個會是世親的說法了。這可從迄今為止完全沒有納入考慮的《三十頌》之真諦譯，即《轉識論》與此三種之「二者擇一」是有怎麼樣的關係見出。如果真諦對於《三十頌》之解釋，是與在這三種之「二者擇一」的範圍內所確定世親之說的做法相一致，那麼以上之確定便變得更加確定了。但是，如果與此不一致，而卻與護法之解釋一致的話，則真諦之說便變成與世親者相異了。而且更甚者，如果它跟此兩者都不一致，因而變成跟任一都相違的說法，那麼，在上面所考究的「二者擇一」，遂變成了實際上並非「二者擇一」，這樣一來以上的論證都必得變成落空了。

然而，當憑著上述那樣對於《三十頌》的理解來看《轉識論》，會很驚奇地察覺出，上面作為第一種之「二者擇一」的《三十頌》思想，在這裡有著十分新鮮的開展。第一種之「二者擇一」乃是「究竟識之境全都是分別性（無）抑或承認有依他性（緣生 = 有）之境」，換言之，這是所謂「依他性全都是能緣抑或依他性之中也含有所緣」的「二者擇一」，而《轉識論》在其〈第十八頌〉以及〈第十九頌〉之解釋中很清楚地選取了「二者擇一」的一方，且此乃正正與世親之說相一致。

（1）起種種分別等者、一一識中皆具能所。能分別即是識，所分別即是境。能即依他性，所即分別性。

（2）宿業熏習即是所分別、為分別性。宿業熏習執即是能分別、為依他性。所即為境，能即為識。

此中顯示出「依他性與分別性」乃是「識與境」之關係。至於「依他性」之全體就是「能分別」，即是「能緣」，「所識」即「所緣」，全都是「分別性」，在此二段文字中亦已是十分清楚了。然而，若更進一步參照〈第一頌〉的話，則對此事會有更加明瞭的說明。在〈第一頌〉中 vijñānapariṇāma 一詞出現過兩次，前者譯作「識轉」，後者譯作「能緣」。「識轉」是照字面的譯法，「能緣」則表示了其意義。正如本文開頭所述，於安慧與世親，vijñānapariṇāma 就是「能緣」，這就是 vikalpa，亦如上面所見，這就是「緣生」、「依他性」。與此「能緣」相對的「所緣」則是「眾生（我）與法」，遂乃言「一切之所緣不出此二」。而當述及「此二實無」，則清楚地指出「所緣」全都是「分別性」。可見在這樣子的第一種之「二者擇一」上，《轉識論》與世親之說完全相一致。

因此，正如上述所指出，關於其他二種之「二者擇一」也相同地必然與世親之說相一致。其中，關於第二種之「二者擇一」即 pariṇāma 一詞的意義，由於《轉識論》並沒有像安慧與護法般詳細的解說，同時在其他之真諦譯著中也不曾得見，所以不能舉出明文來證明真諦之說為與安慧、世親相一致。不過，由於對於第三種之「二者擇一」有像以下所述之證明其與安慧、世親相一致的明文，因而可以確言於第二種之「二者擇一」中其也是與安慧、世親相一致。這點在下面關於第三種之「二者擇一」即「依他性之空抑或不空」一問題上，會在《轉識論》以及其他之真諦譯著中看到。

關於此問題在〈第十七頌〉中有十分清楚的敘述。

所分別既無，能分別亦無。

無境可取，識不得生。

此「所分別」正如我們從前引之《轉識論》的兩段文字所知道的，乃是「分別性之我、法」的意義。所以，言之為「無」，這就是「境」。「能分別」就是「識」，也就是「依他性」，這由前引之二段文字便可知道。這裡說「能分別，即是識為無（不生）」，明顯地是承認「依他性之無」的思想。

所謂「因境（分別性）之無，故識（依他性）亦為無」的思想，另在〈第十八頌〉的解釋中也有說明。這很清楚地是與《安慧釋》之「依他性因分別性而為空」的思想相同。因此之故，於第三種之「二者擇一」上，亦可以知道《轉識論》與安慧、世親相一致。

但於護法之說，如上面所見並沒有「依他性因分別性之無而為無」的思想。因此，主張「因分別性之無、故依他性也是無」的真諦之說，常常地受到來自玄奘之高足慈恩及即使屬於其反對派然還是玄奘之弟子的圓測之攻擊，都被認為是譯者真諦之錯。舉一二個例子來說，真諦譯之《中邊分別論》〈相品〉之〈第三頌〉之解釋中「所取既無，能取亂識亦復是無」一場合之「亂識亦無」、與上引之《轉識論》〈第十七頌〉之文的「識不得生」所言者乃是相同的思想；但是，慈恩之《辨中邊論述記》中卻說：「舊論文意，先遣所執，後遣依他，皆不合理」，[28] 顯然認為真諦譯是不合理的。這裡所謂「理」，當然是玄奘所傳護法之唯識說所顯示的「真理」之意義。又圓測在《解深密經疏》卷十四中比較《顯揚聖教論》與《三無性論》時說：《三無性論》「通遣依他故不同此（《顯揚論》)」，同書卷十三引《佛性論》之文時說：「此譯家謬，遣依他起違自所宗瑜伽等故」，認為主張「因分別性而遣（空）依他」乃係作為譯者的真諦之錯。準此而觀，真諦譯之說，連《轉識論》也在內，在關於「依他性之空或不空」的問題上，與安慧、世親之說相一致、而與護法之說不同，這也是可以清楚地知道的。

依以上之考察，可想舉出三種之「二者擇一」的做法乃是能夠用來確定世親之思想的；不過，這三種之中第二種「二者擇一」為從屬於其他二者，而其他兩種中之一應會成為世親之唯識說之體系的基礎。即「依他性（緣生＝有）與分別性（無)」就是「能緣與所緣」之關係，而且「依他性因分別性而為空」，因此，「依他性」含有「緣生」(有）與「空」二義，此「依他性之空」即是「真實性」。以此構造作為基礎，在其上之複雜建構就是所建築出來的全部之深遠的思想之體系。在此一唯識說的體系中並沒有所謂「識之轉變」(識體轉似二分）一思想的。這樣子的「轉變」之思想是於護法時方開始有的，在其以前並無所見。即如上述所見 vijñānapariṇāma 一詞乃是世親之《三十頌》最初方有的，而且此詞與護法所解之意義有完全不同之意義。護法之唯識說，如果除去其所言之轉變的思想的話，那麼其唯識說便不能成立了。但是，世親之唯識說儘管沒有這思想卻仍然可以成立：「識（能緣）有、境

28《大正》四四，3c。

（所緣）無，故為唯識無境。」於前者由於「緣生」（有）是「識轉變」所生出之「相分」，因而含有在「識之內部所見之物（所緣）」，所以這裡是「識見識」，而沒有「看見識外之境」這回事，因此並不是「唯識」的意思。然而，若假定世親之唯識說所言者乃是這樣的話，則在「境是無」的部分，便會產生「為何只有識方是有」之疑問。正如長尾教授所言：「如果識之對象全都是分別性、非有的話，那麼結果識所見者為何呢？對於此點筆者完全不能理解」。[29] 然而即使在《安慧釋》中也有「vijñānapariṇāma 是以非有為所緣」這樣的文字；不過，這當然不是以「非有」（無）作為「對象」來思維之意。世親之唯識說在其體系之中心實包含有這樣的對於通常的知性來說為屬於不可解的東西。但是護法之說則沒有任何這樣不可解的東西，所以，雖然屬於複雜的思想體系卻於邏輯上乃是透明的，此是一種對於通常的知性來說容易理解的「觀念論」。不過，世親之唯識說中這樣的不可解的東西，如在前引之《轉識論》的二段文字中所見那樣的表現，也於《三無性論》與《轉識論》等真諦所譯之諸書中至少有五次的出現；[30] 可是，這些文字在真諦以後，直至現代為止，在整個中國與日本之範圍內都沒有得到解明，即使如宇井博士這樣嚴密的學者，也竟以完全錯誤的見解來看待這些文字。[31] 但此之未能得到解明，簡直就是說世親

---

29 《中観と唯識》，頁 490。

30 依宇井博士，《印度哲學研究》第 6 卷所示，見其頁 256、417-420 等。

31 宇井伯壽，《印度哲學研究》，第 6 卷，頁 463-465。此中一面引用如「能分別是依他性，所分別是分別性」這些《轉識論》與其他之書的文字，一面卻無法通順地理解這些文字。對於這段文字博士說：「能分別起妄分別所現之能取、所取就是分別性」，顯乃係以「染淨二分之依他性」的說法來理解；可是，這樣理解則是與此段文字為不一致的。首先，第一點：這一依他性由於

之唯識說亦未能從其中得到解明。在中國於真諦之後，直至玄奘為止之唯識思想之流向，主要是以攝論宗作為代表，然而，其中心思想卻是以《大乘起信論》之方向來理解唯識說。此一流向在玄奘以後為華嚴宗之系統所接受與繼承而漸漸地成為一種傳統，這在日本方面則經歷了普寂、戒定而到現代。由於這種影響，現代之學者們當理解其實與護法說相異的無著、世親之唯識說時，也採用「以依他性為由染淨二分而成的三性說」，因而說「本識是依他性」，就是說「阿賴耶識被視為是染淨和合」的意思。[32]但這樣一來，結果無著、世親之唯識說變成了從「如來藏緣起說」來考察。因此，上面所釐清之世親的「依他性（緣生＝有）是能緣，分別性（無）是其所緣」這樣的「三性說」，遂變成完全不可能理解了。更進一步地，妨礙正確地理解無著、世親之唯識說的一個有力的原因，就是在於所謂「識之轉變」（識體轉似二分）的思想乃是於護法中方開始的這一事實。所以，我們認為需要擴大至彌勒、無著、世親等初

是「妄分別」（vikalpa），所以是「虛妄」、「不淨」的，因而並非染淨和合。然後，第二點：因為它是「虛妄」的，如果是「二分和合之依他性」之說的話，則一定是顯現為「染分」之場合的「依他性」，而且在此場合中「能分別與所分別」之兩方一定是作為「能取—所取」的「分別性」。亦正如博士所言（《攝大乘論研究》，頁 386）若是作為「分別性」而顯現的話，其全體便只為是「分別性」，則此中既無「依他性」、也無「真實性」。但是，這裡是明說「能分別是依他性」。此外，第三點：「能分別與所分別」就是「能緣與所緣」，此兩者乃係相關的：有一方之同時此中便有另一方，所以，「能分別」所「顯現」的東西就是「所分別」、「分別性」，這並非分開來說而有的。因為當依他性（能分別）顯現「分別性」時，此中「依他性」（能分別）並非「真實性」，所以，在沒有「能分別」的地方，絕對不會有「所分別」的。

32 「依他性之說明並不很複雜，依他性不外就是指本識」（宇井伯壽，《攝大乘論研究》，頁 378）。又「依他性如常言道就是染淨和合。」（同上書，頁 449）。

期之瑜伽行派之全體來理解唯識說。而若要正確地理解世親之說，則既不能往《大乘起信論》方向來理解唯識說、也不能依靠護法所解的「識之轉變」的思想，而必須於理解唯識說上作出努力。

十、瑜伽行派之根本真理

1. 虛妄之外無真實

(1) 關於「真理」與「真實」二詞

在佛教的聖典可找到「真理」與「真實」二詞，現代日本語的「真理」和佛教術語的「真理」意思一樣嗎？抑或「真實」在意義上比較接近現代語的「真理」呢？既然佛教術語之中有「真理」一詞，此問題大體上就非加以考慮不可。

「真理」的比較古老且意義明瞭的用例之一，見於無性的《攝大乘論釋》卷四：

> 諸菩薩十種分別者，謂諸菩薩能發語言他引而轉 ，不稱真理十種分別，何以故？證會真理若正現前不可說故。
> （《大正》三一，405b）

由此看來，可知「真理」同於「真如」。「理」在舊譯已用為「真如」之意，因此以「真理」一詞代替真如，並非不可思議。《成唯識論》卷二說：「空無我所顯真如，有無俱非心言路絕，與一切法非一異等，是法『真理』故名法性」（《大正》三一，6c），意思相同。不過，在新譯中，「真理」的用例少，而「真如」很多。

到中國佛教，賢首大師法藏比較常用「真理」一詞。法藏喜歡「理」這一個字，因而喜歡「理」這個概念，例如《五教章》卷下述說如下：

> 若依始教，於阿賴耶識但得一分生滅之義，以於真理未能融通，但說凝然不作諸法，（中略）若依終教，於此賴耶識得理事融通二分義，故論但云不生不滅與生滅和合非一非異，名阿賴耶識，以許真如隨熏和合成此本識，不同前教業等種生故。（《大正》四五，484c-485a）

即使說「真理」以代替「真如」也完全相同，只說「理」以代替也是一樣。

茲舉日本佛教中的一例如下。親鸞在其主要著作《教行信證》的〈總序〉說：

> （前略）故知：圓融至德之嘉號轉惡成德正智，難信金剛之信樂除疑獲證「真理」也（下略）。（《大正》八三，589a）

在此，「真理」與「正智」相應，「名號」是「正智」，「信樂」是「真理」，這些「名號」和「信樂」乃是一而二的關係，等於「正智」和「真理」是一而二的關係。這種真理顯然同於真如。

從以上數例來看，可知佛教術語的「真理」乃是「真如」的意思。無性的《釋》明確地說：真如只因立於不可說之處，而為我們所知。立於不可說之處，於我們自身中實現我們的無我，因此由主體之最深根底而起的轉換成立。可是，現代日本語的「真理」，以普通學問上「真理」的意思為代表，所以視「真理」為客觀存在的傾向很強。「真理」在理性的立場，乃是通過概念來明瞭的，但「真如」（＝「真理」）現成於概念的放下、脫落。若果現代日本語的「真理」強烈地具有這種意思，則不可不說它完全異於作為佛教術語的「真理」。佛教術語中的「真理」有別於那被思惟、被語言所述說者，而特別地顯示為「不可思惟、不可說者」所想出來的語詞。若果僅就可與現代語的「真理」相近的用例，則乃是真諦所用的與作為「道理」之同義詞的「理證」。（《大正》三一，182c）

「真實」比「真理」更常見於佛教的聖典中。龍樹以 tattvasya lakṣaṇam 之語說諸法的實相（《中論》〈第十八章〉〈第九頌〉），但彌勒在《中邊分別論》設〈真實品〉（tattva-pariccheda）一品，在《大乘莊嚴經論》亦置〈真實品〉（tattva-adhikāra）。依彌勒，「真實」雖也意味真如，但不只止於真如，且意味虛妄法。彌勒在《中邊分別論》稱「三性」為「根本真實」，但三性中與真實性包含真如一起、依他性包含虛妄分別。真如乃是清淨，而虛妄分別則是雜染。從這點來看，可得知「真實」比「真如」意義較廣。「真實」的意義之所以較廣，乃是因為真實之中含有與自己相反的虛妄。極端地說，虛妄既是虛妄卻也是真實。在此點上「真實」有獨特意義。若果以此來看，則對於彌勒而言，最根本者必得說並非真理而乃係真實。而且，這點也通於無著和世親。職是之故，〈瑜伽行派的根本真理〉這一標題所意味的，與其稱為「真理」，不如稱為「真實」。

(2) 三性就是根本真實

在前項已說：真實包含虛妄。說真實包含虛妄，並非顯示真實不純粹，反而意指它才是真的真實。單有真實——即從自己裡面排除虛妄的那種真實，乃是與虛妄相對的，這尚屬於分別的領域。只有以虛妄為自身的真實、虛妄之外無真實的這種真實，才是屬於無分別領域的真實，這方為真的真實。因為只有無分別者才是真實。此為般若的真實，也是大悲的真實。

《中邊分別論》說：「真實有十種」。又說：此十種之中，「三性是根本真實」。說那是因為所有其他的真實，都立足於此三性之中。若是如此，則我們由知三性、便知一切真實的根本。

可是，關於此三性，《中邊分別論》如何看待呢？首先，分別性恒無為真實，因為它是無顛倒。其次，依他性雖有、但真實上卻非有（sat na ca tattvataḥ）。這也是真實，因有迷亂。最後，真實性亦有亦無，這就是真實。（只有玄奘譯，在此以「有空性故」為表示理由的句子，但梵文和其他諸譯沒有表示理由的句子，我們認為本來沒有此一句，因為《大乘阿毘達磨經》的頌也說：本來自性清淨、無垢清淨、道清淨、道生境界清淨的四種清淨，都屬於真實性，但從依他性和分別性來看則便不是清淨。在說此非清淨的依他性和分別性（虛妄之識及其境）是真實上，若果必得要表明其理由，則只取真實性作為真實，因而毋須特別述說其他二性為真實的理由，即只闡明其真實的內容就足夠了。）

從以上得知，三性總之都是真實。不僅只有被稱為真實性的方是真實，連被稱為分別性的和被稱為依他性的也都是真實。不僅依他性和分別性滅而轉入真實性時才開始成為真實，而係稱為「分別

性」的和稱為「依他性」的本來就是真實。《大乘莊嚴經論》也這樣說：[1]

> **偈** 真實以常不離二，迷亂之依，於一切處不可言且無戲論為自性。
>
> **釋** 常不離二之真實為分別性。因所取與能取之相畢竟無。迷亂之依為依他性。因（二取）彼（依他性）妄分別。而不可言無戲論為真實性。[2]

漢譯之《釋》也說：「此中應知，三性俱是真實」。準此，分別性之為真實，乃是此真實的分別性「常」離所取與能取。此分別性的真實和依他性的真實不可分，此二取之無乃是由於依他性。即是說：二取乃基於作為依他性的虛妄分別所妄分別出來的，因此說是恆無。所謂二取恆無，即為了有分別性真實成立，而不得不肯定依他性的「虛妄分別」妄分別二取之存在。 此亦是所以說依他性為真實的理由是「有迷亂故」的原因。二取恆無的分別性真實和有迷亂的依他性真實，乃是一真實的兩面，兩者並不分離。只要二取之無為恆無，見到虛妄分別之有（＝識緣生），就不能不說是恆有。同一真實，就「境非有」這點稱為「分別性」，而就「非有之境妄分別為如實有」這點稱之為「依他性」。

此二取之無與虛妄識之有，如上述，乃是一種真實，但此真實並非與真實性的真實有所不同的真實，於考察「真實不得有二」上，《大乘莊嚴經論》也明確地說：「二取之無」和真實性真如毫無

---

1 《縮刷藏經》，第 4 卷、22ab 。

2 S. Lévi, *Mahāyānasūtrālaṃkāra*, 58, XI. 13, 14.

差別。

真實相是如。它其實妄分別的一切法的無及有，因其無而有。而（偈的）有無平等，是因為這些「無」和「有」是「無別」（abhinnatva）。[3]

二取，即被妄分別的一切法的畢竟無義之無，和真實性的實有義之有，乃是無別的。所以，真實性的實有與依他性的識的緣生（＝假有），也一定不離。此中「『有』迷亂」，可知是依他性被稱為「真實」的理由。虛妄的識為「緣生因」而是真實，這裡真實就是實有。依他性之識於「緣生」上便是虛妄，這就不是真實，然而並不是於此虛妄之識滅後方成為真實。

可是，虛妄之識乃屬緣生，為何可以說是真實？若果虛妄之識的緣生就是真實，則說此虛妄即真實便變成矛盾了。依照真諦譯諸書及安慧《三十頌釋》，[4]依他性的識具有這樣矛盾的性質，但《成唯識論》之說則不然。根據真諦譯諸書，分別性之無必然有依他性之無為伴。理由是：分別性是境、依他性是識，所以，若果沒有所識，能識也自然不得有。（於《成唯識論》之說，則遍計所執性與依他起性並不是境與識這種能所相關的關係，反而在依他起性之中有能所分別、即境與識這種關係，因此，依他起性不會因遍計所執性之無而成為無）。所以，如於前面看到的《大乘莊嚴經論》中，分別性之無與真實性的實有並非無別，而分別性之無與依他性之無的同一之無，則與真實性的實有無別。分別無相和依他無生二無性的同一無性就是真實性，這是由真諦譯可知的思想。可是，由於此

3 S. Lévi, *Mahāyānasūtrālaṃkāra*, 65, XI. 41.

4 參照上田義文，《佛教思想史研究》，頁 48 以下。

真實性也被稱為「分別依他兩性的無所有」，因此就此點而言，或許要說：如果依他性是無所有（有而無），則虛妄之識並非緣生。不過，此兩性的無所有，就是是法的「如如」即「法性」，而與之相對，分別、依他兩性就是「法」，[5] 因此，於「法性」中當然就有「法」。此兩性之無所有即是真實性、如如，即是作為法虛妄之識的緣生。法性並非於法無之處而獨存 。職是之故，依他性為無所有，但卻是緣生。依他性具有「無而有」這種性質。此依他性之識所謂「有」是虛妄「有」。說此識非有，意味著其虛妄有是真實。說有「虛妄」（abhūta）的東西，其實是說有不存在的東西的確為真實，而且其中有物，因此說為虛妄。所以說識「無而有」，意味著識既是虛妄又是真實。

說識「無而有」，是矛盾的，但此矛盾也是說識是虛妄是真實的矛盾。真實由於否定自己而入於虛妄之中。換言之，由於以虛妄為自己，始成為真的真實。虛妄之外，與虛妄對立的真實，還不是真的真實。這種真實尚止於分別之域。虛妄之外無真實的那種真實，始能為大悲的真實。大悲是無分別智的作用，大悲的真實同時是大智的真實。將虛妄與真實視為不同，是立於分別；而以為真實如虛妄之外無真實那樣，才是立於無分別智即般若。

說虛妄之識緣生，或說有迷亂（即依他性），是在真實（智）之中說的。在虛妄之識自身，即在迷亂中者，並不以自己為虛妄之識，也不認為自己是迷亂、顛倒的生活。自覺到虛妄為虛妄的智，方是真實智。於自覺虛妄為虛妄之外，並沒有真實之智。大乘佛教的真實就是這樣的真實。真實之智具有「虛妄之外無真實」這種性

5　上田義文，《佛教思想史研究》，頁 48。

質。準此而觀的智與其境即三性具有虛妄之外無真實這種構造。如前所見，虛妄之識「無而有」，那是說「虛妄之外無真實」，所謂虛妄之識「無而有」一事之中，含有依他性、分別性、真實性此三性全體（關於這一點，後述）。自覺到虛妄為虛妄，不外就是自覺這樣的三性。相反地，也可以說：以智看三性，不外就是自覺到自己為虛妄之識。

（3）關於真妄交徹，古唯識與法藏的相異

以上從真諦譯諸書得知的思想，在安慧的場合也是一樣。這點從安慧說：「依他性因分別性之無而為空」可以獲悉。[6] 此同於真諦譯說「遣分別性時，連起來也遣依他性」。但圓測等卻斥為「真諦之謬」。

所以，在極力排擊這種以「分別、依他兩性的無所有為真實性」的思想之玄奘系唯識說中，虛妄和真實的關係不是如此。虛妄之識緣生並非真實。換言之，並不是虛妄之外無真實，而是基於真實乃是虛妄之識的所依，虛妄與真實作為能依與所依根本不同。遍計所執性之無、圓成實性的「勝義無」（實有）、以及依他起性的緣生＝似有，乃是三重並行，而不是緣生之有以外便沒有無。換言之，並沒有依他起性之識「無而有」這樣矛盾。依他性之識「無而有」，就是「虛妄即真實」。按照《大乘起信論》的說法，這就

---

6 在說「真實性既不異於也非不異於依他性」的〈第二十二頌〉的《釋》，安慧說：「若果真實性異於依他（性），則依他（性）不因分別（性）而空」。在此說「依他性因分別性（＝恆無）而空」（S. Lévi；*Viṃśatikāvijñaptimātratāsiddhi*, 40, (*ll*.10-11)）。

是「真如隨緣」而成妄法。而以法藏的話來說，則這就是「妄徹真源、真該妄末、真妄交徹、性相融通」。在玄奘系的唯識說，真妄並不交徹，這點從古以來即為人所知。依他性之識和真實性的真如，一直都是平行的、絕對沒有交徹，只是止於作為「性」之「真如」乃是作為「相」之「識」的所依。真實只不過是虛妄的所依而已。所以，相反地，如果真妄交徹，則真實性的真如便徹於虛妄之識的全體，又虛妄之識徹至真如的源底，因此說：虛妄之識緣生本來直接地就是真如。

說虛妄之識緣生本來就是真如，是說依他性之識「無而有」，三性全體含於此事之中，這點前面已言及。今對此點略微詳加考察。首先，分別性恆無，但此「無」稱為「相無性」。基於分別性＝恒無＝相無性，說「分別性恆無」，並不含有的意思，這些在此要特別注意。其次，依他性「似有」或「假有」，此「非實有」這點，含藏「無」或「否定」的意思。「假有」雖暫時存在，卻是假的存在，並非「真實地有」義之「有」。此「假有」含無，稱為「生無性」。所以，依他性＝生無性。依他性為無，乃是依真實的立場而說的。因此，說「假有」，也同樣出自真實的立場。準此，言「分別性恆無」，也同樣出自真實的立場的反省。而且，此相無性與生無性的同一無性，乃是真實性（如前述，真諦、安慧，以及《大乘莊嚴經論》都這樣說）。[7] 所以，真實性當然也可以說是相無性與依他性的同一。此說法見於《轉識論》在為真實性下定義時宣稱「此前後兩性」（分別性和依他性）未曾相離，即是真實性」。相無性與分別性乃是同一，所以，自不待言，說「分別性與依他性不

7 上田義文，《佛教思想史研究》，頁 73-75。

得分離」、和言「相無性與生無性不可分」意思相同。此分別性和依他性的同一性，即相無性與生無性的同一無性。簡言之，二無生的同一無性，和相無性之無比起來，完全無異，因此稱此為「勝義無性」。相無性是依他性的「假有」和「相對的無」、與依他性之識被說為「有」屬於同一維度，才被稱為「無」。可是，二無性的同一無性，是在超越其「有」與「無」的維度，更高或更深之處說是「無」。它不是在「假有」的維度，而是在真實有的維度的「無」，若果以另外之話來說，則可說相無性之無和依他性的似有，乃是相對世界的「無」與「有」，而二無性的同一無性則是「絕對世界的無」。可是，相無性、生無性和勝義無性，稱為「三無性」，因此勝義無性不外就是三無性的同一無性。根據這點，三無性也稱為「一無性之理」以及「三無性真如」。[8]

若果以為相無性是相對無。勝義無性是絕對無，則在勝義無性即絕對無之中，即含有相無性。絕對無不是相對無，它超越了相對無。在相對無與絕對無之間，如前面所說絲毫沒有連續性乃至同一性。分別性和真實性被加以區別的緣由在於此。儘管如此，在「勝義無性乃是三無性的同一無性」這點上，相無性和勝義無性之間存有同一性。因此可知：此同一性並非簡單的同一性（即形式邏輯的同一性），而是相對無與絕對無、即與絕對無之間同一性者的同一性。再者，此絕對無就是真如＝真實性，如前面所已見乃是分別性（二相無性）和依他性的同一性，此為無與有的同一性。前面說依他性無而有，就是指此無與有的同一性。因此，所謂依他性的識「無而有」，作為真實性、真如，於「無」這點上「相無性」含於

8　上田義文，《佛教思想史研究》，頁 77。

其中。而相無性同於分別性。如是可以理解三性全體含於識「無而有」之中。

說識「有」，乃是說虛妄分別「有」，此識為虛妄，作為其境而被見聞覺知的東西乃係「無」，所謂「境無」同時不外就是「識之無」，因此說「識為虛妄」，含有說「識無」的意思。虛妄就是「無而有」。但是，境無與識無、即分別性的無性和依他性的無性的同一無性就是真實性，所以說虛妄（分別＝識）「無而有」，就是顯現真實性。說虛妄之外無真實，在此就可更加明瞭了。《中邊分別論》開頭的頌宣稱：「虛妄分別有，彼處無有二，彼中唯有空，於此亦有彼」（《大正》三一，451a），若知「空」為「真如」的別名，則藉著對上述的有與無、以及虛妄與真實的關係之理解，便可以透徹地理解此偈。這裡虛妄分別之中有空（＝真如＝無相＝真實＝法界）、空之中有虛妄分別，就顯示了虛妄與真實（＝空）的交徹。只有一點乃是前面的理解所不及的，即於此交徹之成立上，虛妄分別之境（＝二取）無，成為決定性契機。由於虛妄之識為緣生，所以於言「緣生即無性」上，直接就可從此緣生歸結出識之無，這乃是龍樹的思惟方法，然而彌勒、無著、世親等絕對沒有這種思惟方法，這點不可不注意。[9]於彌勒等的場合中，緣生者一定就是識（＝能分別＝能取），此緣生者的無，一定是藉其境（＝所分別＝所取）之無而說的。這是因為唯識派與空宗有所不同。依唯識觀而實修，此點就是唯識派不同於空宗的根本特色所在，故於對唯識說的理解上乃是非常重要的一點。以法藏為代表的中國佛教徒，在對唯識說的理解上之致命缺陷，就是在於這點。識與境的關

9 上田義文，《佛教思想史研究》，頁 247-248。

係乃是唯識說的核心，此與唯識觀（觀境無而遣妄分別的識）的實修不可分，然這事卻一直以來沒有被理解。現以《五教章》的「三性說」為例，對此點稍做考察。

從唯識說——於玄奘系的場合事情有所不同，故必得另處再作考察——的立場來看，《五教章》的「三性說」之中，最引起爭論的就是以「依他的似有與所執的情有為同一」這點。法藏自身也知道此中有問題，因而寫道：「問：依他似有等，豈同於所執是情有？」此種先提起問題，然後通過回答的形式來解明問題。不過，法藏在此中所見出之問題，乃是由於預想到玄奘系唯識說可能會對性宗的立場加以打擊之處，方出現此一問題。 即在玄奘系唯識說中，「似有」和「情有」乃是完全不同種的「有」，然而法藏卻視之為同種的「有」，而只不過是在程度上有所不同而已。於玄奘系唯識說，「似有」乃是從理的立場、即後得智的立場來看、方說是「似有」的。但「情有」則不是從理的立場、而是從虛妄分別的立場來看才說的「有」。被稱為「情有」的，從理的立場來看乃是「無」。所以，立足於相同的理之立場來看，則必得說：僅似有是有、而情有則是無。此等似有與理無、有與無，乃是相反的，絕對不能說是同一的。可是，法藏將「似有」和「情有」視為同一。因而將「似有」解作真如由於無明而起動者，而「情有」則是對此似有更進一步執著而產生者，作為真如的起動之妄所進一步開展出者，因而說「似有」與「情有」為同一立場的「有」，只不過是存在根本和枝末這種程度的差異而已。於法藏，「情有」乃是對「似有」所進一步開展出來者，因此在說「似有」為「有」的立場、即理的立場，也得考慮「情有」。「情有」的意思，其實就是「依他起性」的意思，即「緣生有」的意思。在說情有乃是真如隨緣者這點，與言「似有」在本質上相同。可是，在玄奘系唯識說中，「似有」是「因緣有」、而「情有」則並非「因緣有」，與「因緣有」比起來，則其體性全無，所以「似有」和「情有」，「有」的意思完全不同。說「因緣有」與「體性都無」乃係完全差異。玄奘從印度帶回來的這種新思想，法藏全部都反對，因而主張這些都是同一的。所以顯然在此有問題出現，法藏當然需要對之加以說明這些緣何可以說是同一的。

在這種意思上，法藏肯定「似有」和「情有」之同一性引起了問題。不過，我們認為此問題並不是出於玄奘系唯識說的立場，而是出於安慧和真諦等的古唯識說的立場。從古說的立場來看，在完全不同的意思上，此法藏的見解成為問題。在古說中，依他性和分別性，乃是識與境、或能分別與所分別，這是相關地相對立的，略相當於現代語中的主觀與客觀、或主體與客體。可是，於玄奘系唯識家，依他起性和遍計所執性的差異，不能說前者是識（＝認識作用）即能分別（例如相分無論在任何意思上，都不能說是認識作用乃至能分別，但卻是依他起性），又後者未必是相對於前者的境（例如相對於依他起性即相分，絕對不可以說是其境）。依他起性和遍計所執性的不同，依古說，不在於認識者（能識 vijñāna）與被認識作用（所識 vijñeya）這點上，而在於因緣有與非因緣生體性都無這點上。如我前所已指出：古說的三性說是以「認識作用與被認識者」這種認識論的關係為中心；與此不同，玄奘系唯識說則是以實有、似有、無這種存有論的關係為中心。[10] 所以，在古說中，「似有」指認識作用（能識）為因緣生，因此說依他性和分別性為

10 上田義文，《佛教思想史研究》。

同一，意味著「認識作用和被認識者」貫通於同一性。此同一性就是「所識之境無、因而能識亦無」，這是建基於唯識觀的實踐之思想。而此所識與能識都無，乃是說「境識俱泯」，此為真如（真實性），所以，此同一性就是二無性的同一無性，即三無性的同一無性。此不單單只是無、即並非相對無，而是超越相對的有與無、同時又包含兩者，或兩者交徹，而將依他性的「似有」（＝相對的有）持有於自己之中。真妄交徹的真，乃是具有「不變」與「隨緣」二義的真如。可是，於這場合最重要的是：分別性被說為無，而不被說為有。在古說，不以「情有」為分別性，只說分別性恆無。只要採取「三性都是真實」這個立場，「情有」就不能採入三性之中。因為「情有」的「情」，如前述乃是虛妄分別的立場，此非真實。只要以為分別性是真實，這就恆非「情的立場」、而為「理的立場」者、它可以說「常無」。在古說，說「凡夫不知諸法唯識、而執人法為實有」，這包含於說依他性的「似有」中。說「凡夫如是執人法為實有」，乃是由因緣而起。所以，此中到那裡都是因緣有，不說為「情有」，就人法而言是「無」，僅就識而言乃是「有」。

古說的三性說是以「認識作用與被認識者」這種認識論的關係為中心；依據古說，凡夫不知諸法唯識、而執人法為實有，這都是包含於依他性的似有之中。說凡夫如是執人法為實有，乃是由因緣而起。所以，都是說因緣有，而不會說為情有。就人法而言乃是無，僅識為有。

說此被說成只為恆無的分別性乃是境，這是重要的。因為境恆無，所以唯識說成立。分別性的恆無與依他性的似有同時成立，這就是「唯識無境」。而顯示唯識無境立場的乃是三性：境＝分別性＝無，識＝依他性＝因緣有，而藉此所識之無與能識之有，表示能識乃係「無而有」，此中真實性被顯示為二無性的同一無性。唯識無境就是真如。虛妄之識本來就是真實。如前面所見，這就是真妄交徹，但對於三性的關係，卻異於《五教章》之說。於古唯識說，只有「似有」是妄，分別性之中並不含「情有」、單單只有「理無」，所以分別性不入於所謂「妄有」之中。這點與法藏的理解有著根本的差異。被說為「有」的，只是依他性。所識（＝境）恆無，僅能識被說為有。此種三性之說，法藏（為首的中國佛教徒全體）完全不知道。其中真妄的交徹，就是三無性與依他性的似有之交徹、有與無的同一、三無性與似有的同一。 法藏之言「由真不變、依他無性、所執理無，三性同一際無異」，大略等於古唯識說所言的「三無性為一無性」。此與玄奘系唯識說不同。不過，其言「由真如隨緣、依他似有、所執情有三義，亦無異」，也異於古說。若依古說，則必得說真如的隨緣和依他的似有無異。法藏與古說之間產生這種差異，原因是由於法藏於遍計所執性之中承認「情有」，其對遍計所執性的理解完全依照玄奘系唯識說，而對古說的理解卻完全不理會所致。相對於玄奘系之說認為三性的關係乃是隔歷不離，法藏則是肯認三性之間的交徹融通關係。這點和承認真妄交徹、說性相融通、說空有無二的古說，顯現出同一思想。在此限度上，法藏的理解與古說一致。不過，在重大點上，古說則和法藏的理解不同。於古說，真妄的交徹、性相的融通、空有的無二，全都是以識和境的關係作為基礎，而於其上成立的；但是法藏缺乏此一基礎。由於法藏缺乏此一基礎，所以即使說「真妄交徹、性相融通」，其交徹的方法、融通的方法也異於古說，而其所言之空有無二的關係也異於古說。其以為依他的似有與所執的情有為同一，就是一例。此中真與妄、性與相、無與有這些交徹，乃至融通，被認為是二項之間的關係。最早認為此二者的關係乃是這樣的融通之人就是龍樹。龍樹於《中論》開展了這種思想 。此中二者於終極上乃是絕對與相對的關係。法藏率直地接受了這點。因而法藏所論述之真妄、性相、空有等二個相關觀念的都是如此。可是，彌勒、無著、世親，在此之上更添加了識與境的關係。換言之，將「相對」分為識與境這二項來考察，通過識、境、絕對三項來闡明「相對」與「絕對」的關係。這是基於彌勒等唯識觀實修的方法。於龍樹只是「妄」、「似有」、「相」的，彌勒都等分為「識」與「境」二項。此中三性說得以成立。因此，當法藏將三性說只看成為真妄交徹、性相融通的關係來理解，等於忽視了三性說出現的思想史意義。其根本原因在於其不能理解「依他性和分別性」乃是「識與境」的關係。法藏稱「真妄交徹之說」為「一相孤門的法門」，且更將「妄」開為「多」，藉多之妄與妄的關係，來顯示妄與真的關係，稱此為「事事無礙」。此事事無礙乃是眾多事物之間的關係，絕對不是二個事物之間的關係，在這點上顯示出龍樹所無的新之發展，但其一一的「妄」僅是存在者，此中並無顯示識和境的關係這一點，無異於一相孤門的法門。「事」只不過是存在者（＝法）而已，其主體性未被闡明。因為主體性未被闡明，所以其「時間性＝無常性」亦未被闡明。 與此相反，於闡明識與境的關係之唯識說，即在其三性說中主體性得以闡明，職是之故，一切存在者所具有的時間性方能得以闡明。

2. 虛妄之外無無分別智

於前節，以「三性」作為中心考察了「虛妄之外無真實」。在本節中，想從「智」這一面來考察此同一問題（虛妄即真實）。此為對識與智的關係的究明。識乃是虛妄分別，由於智相對於虛妄分別而言乃是無分別，因此識與智的關係也是分別和無分別的關係。若就與龍樹的思想作比較而言，則三性相當於諸法的實相，而「無分別智」與「般若波羅蜜」名異義同（無著）。根據龍樹說：空、畢竟空、般若波羅蜜、阿耨多羅三藐三菩提都是諸法實相的別名，實相與智為不可分的關係。同樣地，三性與無分別智也屬於難分的關係。因此，三性的真妄交徹，乃是識與智的交徹，也是分別與無分別的交徹（＝無分別的分別）。同一的根本實在之存在面就是三性，而其智之面則是「無分別的分別」。

從後得無分別智、即簡稱「後得智」的立場來看二乘與凡夫，可以說：「二乘凡夫不了依他性，執分別性有人法」（《大正》三一，204b）、「此執本無有境」。[11] 當二乘凡夫執人法有，此中虛妄分別緣生。當虛妄分別有，則二乘凡夫於此存在。因而當他進行虛妄分別時，便意味著其境無。《中邊分別論》的開頭將此「境無」稱為「二取無」。當虛妄分別有，即此人的意識不是智而是虛妄分別，其中便含有其境無的意思。二乘與凡夫也可改說為世間。後得智被稱為「清淨的世間智」，這意味著二乘與凡夫作為虛妄分別無非就是後得智的具體內容（關於這點，後述）。可是，說虛妄分別緣生，乃是指依他性的識有。此識常執著。因而「此執有境本無」，顯現為分別性。被說為恆無的乃是分別性。

此虛妄分別執境為實有。即對此虛妄分別而言，其境為實有。所以，不認為自己是虛妄分別，而以之為實在的自我（當知自己為

11《大正》三一，204b。

虛妄分別，即是知境無）。若取這點而說「此境無有」，則那是從後得智而說的。它同於說「虛妄分別有」是後得智，因此，若說「虛妄分別有」，則其中顯示出於後得智立場的真實，此真實具有二面或二重的構造。這樣說，乃是因為後得智為「無分別的分別」。後得智異於根本智 、為有分別。不過，「虛妄分別的分別」與「後得智的分別」的根本差異在於：前者是「執顛倒的分別」——執非有為實有的分別，而後者則是「無顛倒的分別」——如看、想事物那樣的分別。後得智的分別儘管是分別，然卻不顛倒，這是因為它立於真如所致。虛妄分別覆蓋真如，但後得智除去此覆蓋而立於真如。[12] 真如乃是無分別。立於真如，意味著不離無分別。以不離無分別而分別，就是後得智。《般若經》說：「佛有大恩力，於諸法（平）等中不動而分別諸法」就與此相同，[13] 言「不動真際而建立諸法」。準此，後得智是無分別和分別相反而為一。無分別和有分別乃是相反而矛盾的，到底很難將它們完全合一，能令它們合一的是要靠真的無分別智。[14]

虛妄分別有＝識緣生＝二乘與凡夫執非有之境（＝人與法）為實有，如前述，乃是後得智的內容。後得智在世間不顛倒地運作，世間指二乘和凡夫，就是虛妄分別，而不顛倒地運作指視二乘與

---

12 後得智是根本智成為有分別時的智。根本智成立於入觀，而後得智是出觀之智，由於後得智單考慮分別，遂似乎有忽略它具有無分別之意的傾向。「入觀時所緣境後得智，緣此生故 」（《大正》三一，239a），「後得智自無倒智生故無倒。無倒故是如理智」，「出世智及出世後智所緣一切法真如境 」（《大正》三一，205c）。又，後得智是應、化二身，應、化二身依止於法身，法身展開自己之內的有為時，由於成為應身，因而後得智失去無為的意思。

13 《大正》八，415a 。

14 〈體驗と反省〉《大乘仏教の根本構造》，頁 151。

凡夫為虛妄分別，因此視其境為無，即視虛妄分別為虛妄分別。後得智不以人法為實有。人法無，它不外就是識的所見，於後得智自身，人法（識所取之境）無，對它能取的虛妄分別也滅。成就了後得智之人的主體，不是虛妄分別，而是「後得智」。所謂「境識俱泯」已成就。越出主觀與客觀相關對立的立場。此人是諸法不以為人法（＝諸法），而以為諸法無非是識，諸法是識的似現。換言之，不見諸法只見識，此識必定類似某一法，例如色，沒有識這種東西。在此，所識即實境，和能識即實自我都滅。此識不是能識（vijñāna），而是 vijñapti 。此為緣生之識，即依他性之識。此與分別性不離，為「無而有」。vijñapti 不僅是有，其自身含有「無」乃至「否定」的意思。此顯示 vijñapti 作為「所識」的意思。從 vijñapti 被譯為「了別」即具認識作用的意思，意味「能識」（vijñāna），但並不只有這個意思，更有「所識」的意思。於 vijñapti 被譯為「表」的場合，明顯地「現形的識」是在意味「所識」。於言「似色之識」（rūpa-pratibhāsā or rūpa-ābhāsā vijñapti）上，意謂「色乃是無」，有的只是「識」（vijñapti）。且因而此中就色所見者乃只是識（vijñapti）。可是，被見者是所識，而非能識，所以其中含有「識」（vijñapti）之否定的意思。然而，必須注意：於此場合中，vijñapti 是如色般的所見，此 vijñapti 亦非玄奘系唯識說所說之依他起性的相分。相分屬於依他性自不待言，而與作為所見的相分相對的，另有見分、即見相分之識存在。可是，於言似色之識的場合中，此識乃是依他性之識的全體，除此之外便沒有依他性了。所以，它就是能識、就是見者，此識並不分為相分和見分。這裡並沒有像相分的思想。於似色之識，無的色即分別性就是境，就被說為僅有識者的識乃是依他性，此就是能識。在《攝大乘論》

中，以十一識之說來表示此點，而在《中邊分別論》中則以四識之說來表示之。[15] 職是之故，vijñapti 作為依他性就是能識，於此識之外並無執色為實有的識。所以，若說及所見如色者的識，則此識就是作為能識的 vijñapti 之所見（所識）。說「能識直是所識」是矛盾的。玄奘系的唯識說，為了避免此矛盾，於主張「能識不是所識」上，宣稱從能識之中所變現出來的相分方是能識的見分之所見者。此係護法三分說成立的理論根據所在。不過，三分說，如慈恩在《述記》所傳，乃是護法出現後才有之說法，在此之前，「安惠等古大乘師」不說相分 ，因而亦不說見分，而只以識的自體分作為依他性。準此而觀，[16] 本來就沒有像相分般的思想，因此於說「能識也是所識」上，不得不承認這是一矛盾。

此矛盾就如於前節所已見：分別性、即相無性與依他性之同一性上所見的矛盾一樣，前節中已見出此就是真如，然而所已見到於能識與所識間相反的同一性之矛盾，顯示其中存在無分別智 。前面已見出後得智不離真如，所以具無分別一性質，在此顯現其無分別智。而且，跟能識和所識者的同一性共存，能識和所識之區別亦不與之相違。於根本智的場合，不會完全沒有能能識和所識的區別，因為後得智就有這樣的區別。表示這就是後得智的分別。由於後得智作為「無分別的分別」而為有分別，所以有能識和所識之區別與之共存，此中因為無分別，所以如根本智、並無能識和所識的區別，即能識與所識平等無差別。於「似色之識」所見的矛盾 ，無非就是於「無分別的分別」所見的矛盾。後得智與這種二乘和凡夫的

---

15 詳參上田義文，《佛教思想史研究》，頁 38-40。

16《佛教思想史研究》，頁 72。

虛妄分別（＝世間）相即，方始成立，二乘凡夫乃是虛妄分別（＝識的緣生＝識無而有＝似色等的識＝識之外無境＝境不外就是識（所見不外就是識）），藉由此顯示後得智 。虛妄分別有、二取無，這就是成就境識俱泯。當虛妄分別並不以自己為實我（人），但亦不以自己所見之境（法）為實有 ，而是以自己為虛妄分別、以自己的境為無時，這就是無分別智。於「存在」的一面說虛妄之外沒有真實，而於「智」的一面說「虛妄分別之外沒有無分別智」。此可說是「真妄的交徹」，但若果二乘和凡夫就是生死，則無分所智相當於涅槃，因此虛妄分別與無分別智的關係，可以說和龍樹所說「涅槃的邊際就是生死的邊際，兩者之間看不出任何微細的差別一致」。[17] 此中，重要的是要注意虛妄分別、生死、妄法被否定又被肯定，具有「無而有的構造」這點。二乘凡夫以無為自性，即以無為本質，於時間上以無常性為本質，立於絕對的虛妄之上，同時說二乘凡夫不是獨立的實在，而為無分別智真如所交徹，這種事的智的成立，乃是無分別智的成就。在虛妄分別不知自己的實相時，它被稱為「虛妄分別」，而當虛妄分別曉得自己是虛妄分別時，它被稱為「無分別智」。生死即涅槃、真妄交徹、虛妄分別即無分別智。虛妄分別之外並無無分別智、然而虛妄分別亦「成為」無分別智。

3. 虛妄分別轉成無分別智

虛妄分別成為無分別智，如上所見，是因虛妄分別覺知自己為虛妄分別所致。此覺知的過程就是唯識觀。因此，所謂唯識觀就是

---

17 *Madhyamaka-kārikā* XXV. 20.

虛妄分別自己從以為自己不是虛妄而是真實的那種誤解中跳出來、而回歸真正的自己。唯識無境，如上述，乃是指虛妄分別有、而其境無，因此唯識觀也可以說是「虛妄分別觀」。唯識觀首先於大乘十二分教中、從聽聞唯識之教開始。由聞教而成立的聞慧，乃是無分別智之最淺者。從聞慧進到思慧、修慧，不久到根本無分別智。此中，全部的分別消滅、而成為完全的無分別，立於真如。至此，此人開始被稱為「法身」。在此之前的無分別智，即使說是無分別智，其根底還存有主客對立的虛妄分別，因此尚有執著，不免有漏。此間的無分別智稱為「加行無分別智」。加行無分別智自聞熏習而生，乃是無漏、已超出主客對立的立場，但因其根底尚存有虛妄分別，所以此人不免有漏。

在邁向根本智的加行無分別智的階段，所謂「唯識無境」（＝三性），對個人而言，只不過是於思維中成立。於此個人而言，唯識變成是思維的對象，此思維稱為「意言分別」。不同於虛妄分別，此是無顛倒，因而是無漏，然仍有是分別。到根本智時，此意言分別才開始停止，而能所分別的對立被衝破。此中，任何所分別（＝境）都不成立。諸法唯識這種想法即分別。到此，此人實現真正的無境。真正的無境實現的同時，此人境智兩空、所緣與能緣完全平等。這裡，此人被說為如實地立於唯識無境。於此人，任何意義的境都無。於加行無分別智的階段，只不過是所分別為無的「唯識無境」，於根本智，所有的「被分別者」（所分別）為無，主體與世界全體成為唯識無境。三性不是當作教法來思維的，這裡，三性實在地成為主體及客體的現實。

此中，完全立於無境，由於這就是無分別，無境雖現成 ，但唯識（識有）在此尚未現成。不過，在此已包含識有。識有指有為存在，然法身以有為和無為的無二為相（特質），[18]因此法身之中包含識有。「唯識無境」之中，「無境」故無識，所以乃有作為二無性的同一無性的真如，就這點乃是無為，而就「唯識」這點則是有為。於根本智可以見到真正無境的現成，因此同時也意味著唯有識的現成。

可是，法身就是無為，由於以有為和無為的無二為相，故此有為未能充分展開。法身一定要展開為應、化二身。這不外是法身於自己之中所展開出的有為。[19]這就是後得智。後得智乃係唯識無境之究極。所以，後得智可說比根本智更一層究竟的智。[20]於此，唯識無境於完全的意義上現成。

這就是後得智，不過就此智的內容加以分析而觀，即不外是法身中展開有為，當展開「無分別的分別」時，這就是唯識無境，所謂「虛妄分別有而二取無」。若果除去虛妄分別有或唯識，便不會有後得智了。這裡，境識俱泯，而且識緣生。識緣生是指作為現實而現成，虛妄分別自覺其為虛妄分別——後得智——，此中自我超越被執為客觀實在的境，同時執此境而成之自我的實在，亦都被空掉。主觀、客觀對立的立場——虛妄分別的立場——被超越了。因而成立完全不同的立場——後得智的立場。

此立場被顯示為「唯識無境」。於加行無分別智的階段，所謂「唯識無境」只止於所分別——所思惟＝思想。不過，到了後得智，唯識無境已沒有所思惟，而只有思維主體的現實。對此主體

18　上田義文，〈體驗と反省〉，《大乘仏教の根本構造》，頁 150。

19　上田義文，〈體驗と反省〉，《大乘仏教の根本構造》，頁 145-147。

20　上田義文，〈事實と論理〉，《大乘仏教の根本構造》，頁 8 註（1）。

而言，其境之為無，即此主體不僅是識，且是真如舉體隨緣的識，它「無而有」、它就是「無分別的分別」，此識就是智。此主體所看見的，並不是超越識的客觀實在，而乃係識本身。識不見外界的色、而見自己自身。不過，若只是識（虛妄分別），則不可能看見自己自身的。然而，此識貫通真如，為所緣與能緣、分別性和依他性之間的同一性。識雖不能看見自己，但除識之外，不見其他。這等於說不可見而見。唯識含有這樣的矛盾、實不可思議。[21] 此顯示似現。似色之識，不是色而是識（因此識見色就是見自己自身），而且如就所見為限，識已不是識（能識的否定）。實有的色與實有的識都被否定，這超出了客觀（外界的實在）與主觀（自我）對立的立場。有所識之處便有能識，就是與境為伴的識，所以無境便無識，這樣的識，換言之，具「無而有」之構造的識，即假有或似有的識＝緣生的識，於此存在。後得智之人自覺到自己為這樣的識即智。

此中，「識之外無境」（主觀之外無客觀），反面而言，同時具有「境之外無識」（客觀之外無主觀）這種意思。後得智不離真如而為無分別智，境識俱泯（主客的無差別同一性），而且分別即識與境的分裂（主客對立）存在，因此若要同時滿足主客無差別同一性及其分裂對立這兩點，則識之外無境這點的反面，必定是境有識無。境和識兩方同時有，乃至存在，就是主客對立的立場、虛妄分別的立場。於後得智的立場，當境明顯地被知時，識顯然沒被視為有（境有識無）；相反地，當識明顯地被知時，境顯然沒被知（唯識無境）。物像映於鏡的場合，同時清楚地看見鏡面及映於其上的

---

21 上田義文，〈事實と論理〉，《大乘仏教の根本構造》，頁 32-33。

物像。在這個場合中，鏡面和像都是我們眼識的對象，鏡沒有看見像，看見像的是我們。不過，於後得智，與此不同，由於是鏡見像的關係，當識有時、境無。境被清楚認識時，識變無而進入境之中。道元言「證一方時，一方消失」，[22] 表現出相同般若的立場。真實的大乘佛教的思想係立於無分別般若，因此與常識、科學、一般哲學的主客對立的立場有所不同，然而後者站在主客對立的立場，[23] 境與識的關係，不同於其他一切場合，而變成這樣。

結語

瑜伽行派的根本真理，應是以上三節所述的三性、無分別、唯識觀三者。阿賴耶識緣起乃係展開三性中之依他性即「識有」。此三者是互相不離的關係，要了解任何 一個，就非得言及其他二個不可。依《中邊分別論》，三性就是根本真實，其中含有四諦，因此包含道諦。《大乘莊嚴經論》中的〈真實品〉（tattva-adhikāra），也用幾乎耗費半品來敘述相當於後來所說「唯識五位」的修行階位。這些表示，於瑜伽行派的「真實」（tattva）不只是存在，而是行為者、不，應說是主體者。於以現代語稱此「根本真實」為「根本真理」時，要特別顧慮到這點乃是很重要的事。因為在現代的日本，「真理乃係是客觀者」這種思想很流行。不過，在佛教的場合，從以上那種思想來看，只說「主體性就是真理」也不妥當吧。根本真

22 上田義文，〈龍樹における實踐にっぃて〉，《大乘仏教の根本構造》，頁 51。

23 關於這點，參閱上田義文，〈龍樹における實踐にっぃて〉，雖然該文沒有說得很充分。

實就是真如與般若的二而不二、不二而二，因此既是主體性也是世界性。

〔譯者按：本章原文之版本與許洋主老師所採用者有所差異，故此於譯文方面存在頗大的出入。〕

附錄一

上田義文與陳榮灼的通信

作者上田義文（1904-1993）與編譯者陳榮灼教授的書信往返，分別為：1983 年 11 月 4 日、1984 年 12 月 22 日、1989 年 2 月 2 日、1989 年 12 月 27 日，信中提及授權陳教授編譯其著作。

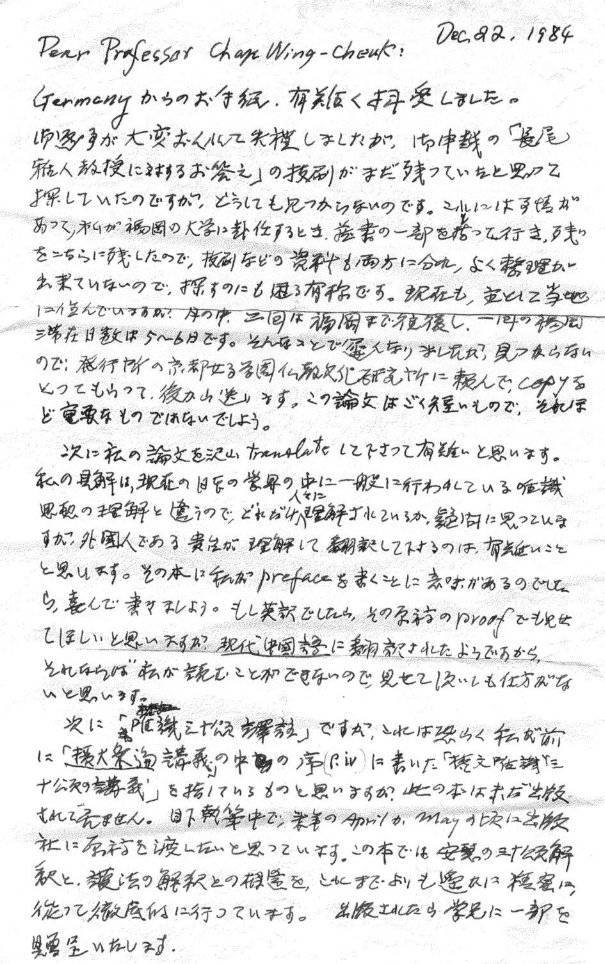

Dec. 22, 1984

Dear Professor Chan Wing-cheuk:

Germanyからのお手紙、有難く拝受しました。

御返事が大変おくれて失禮しましたが、御申越の「長尾雅人教授に対するお答え」の抜刷がまだ残っていると思って探していたのですが、どうしても見つからないのです。これには事情があって、私が福岡の大学に赴任するとき、蔵書の一部を持って行き、残りをこちらに残したので、抜刷などの資料も両方に分れ、よく整理が出来ていないので、探すのにも困る有様です。現在も、主として当地に住んでいますが、月の中二回は福岡まで往復し、一回の福岡滞在日数は5～6日です。そんなことで遅くなりましたが、見つからないので、発行所の京都女子学園仏教文化研究所に頼んで、copyをとってもらって、後から送ります。この論文はごく短いもので、それほど重要なものではないでしょう。

次に私の論文を沢山translateして下さって有難いと思います。私の見解は、現在の日本の学界の中に一般に行われている唯識思想の理解と違うので、どれだけ人々に理解されているか、疑問に思っていますが、外國人である貴兄が理解して翻訳して下さるのは、有難いことと思います。その本に私がprefaceを書くことに意味があるのでしたら、喜んで書きましょう。もし英訳でしたら、その原稿のproofでも見せてほしいと思いますが、現代中國語に翻訳されたようですから、それならば私が読むことができないので、見せて頂いても仕方がないと思います。

次に「唯識三十頌譯註」ですが、これは恐らく私が前に「摂大乗論講義」の中の序（P.iv）に書いた「梵文唯識三十頌の講義」を指しているものと思いますが、此の本は未だ出版されて居ません。目下執筆中で、来年のAprilかMayの頃に出版社に原稿を渡したいと思っています。この本では安慧の三十頌解釈と、護法の解釈との相違を、これまでよりも遥かに精密に、従って徹底的に行っています。出版されたら貴兄に一部を贈呈いたします。

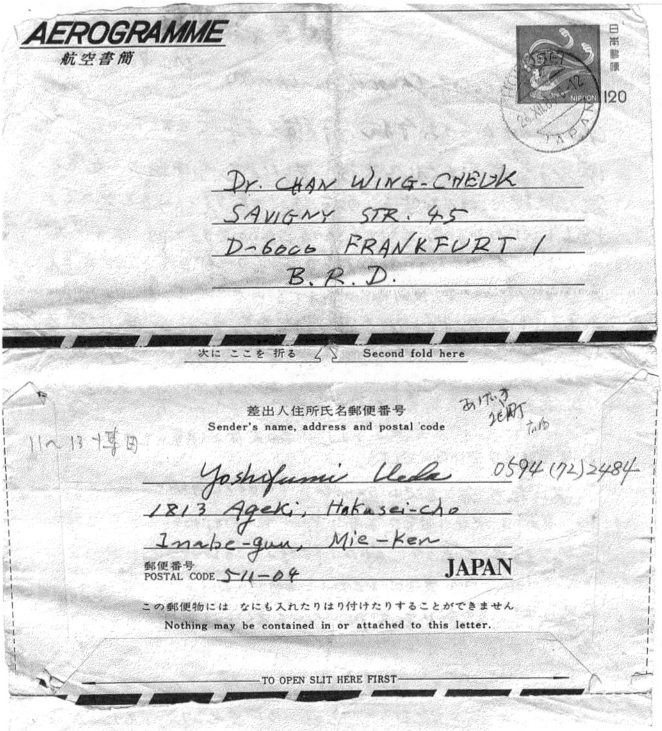
AEROGRAMME
航空書簡
日本郵便 NIPPON 120
JAPAN

Dr. CHAN WING-CHEUK
SAVIGNY STR. 45
D-6000 FRANKFURT 1
B.R.D.

次に ここを 折る Second fold here

差出人住所氏名郵便番号
Sender's name, address and postal code

Yoshifumi Ueda 0594 (72) 2484
1813 Ageki, Hokusei-cho
Inabe-gun, Mie-ken
郵便番号 POSTAL CODE 511-04 JAPAN

この郵便物には なにも入れたりはり付けたりすることができません
Nothing may be contained in or attached to this letter.

TO OPEN SLIT HERE FIRST

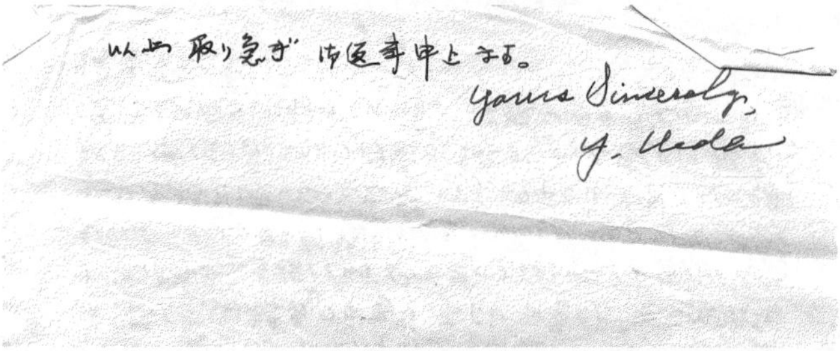
以上 取り急ぎ 御返事申上ます。

Yours Sincerely,
Y. Ueda

Dear Prof. Chan:　　Feb. 2, 1989

御手紙拝見しました。お元気の由で、大慶に存じます。
小生 先日来 風邪が気管支炎に移って(小生は慢性気管支炎があります)寝込んでいましたが、もう元気になりました。
Translation が出来上った由で、お喜び申上げます。Preface はお約束どおり書きます。貴兄が数年前、三重県北勢町阿下喜(Mrs. Suzuki といっしょに)の私の家にお出でになった時、私に下さった memo には次のように書いてあります。

世親の一分説に関する根拠
唯識古学 vs 玄奘
三性(対長尾論争)
依他性(摂大乗論講義の要旨)
横山批判について(ごく一般的に)
唯識三性説と法蔵三性説

これらは皆必要だと現在もお考えでしょうか。またこれらの外に~~必要なものを~~加えたいと思われるものがありますか。
これらについて、出来るだけ短く書きたいと考えていますが、余りに簡単なために、何をかいているのか、読者にわからない、ということになってはいけないので、余りに長くならないようにと考えています。困るのは、目下、私は一つの本のための原稿を書いているので、あなたの本のための Preface を直ぐ明日から書くということができないことです。この本はアメリカ人の学者と二人の共著で、英語の本です。March の終りまでに本が出来上らねばならないのです。その原稿が終ったら、あなたの Preface を書きましょう。

何卒御自愛を念じ上げます。　Yours Sincerely,
Y. Ueda

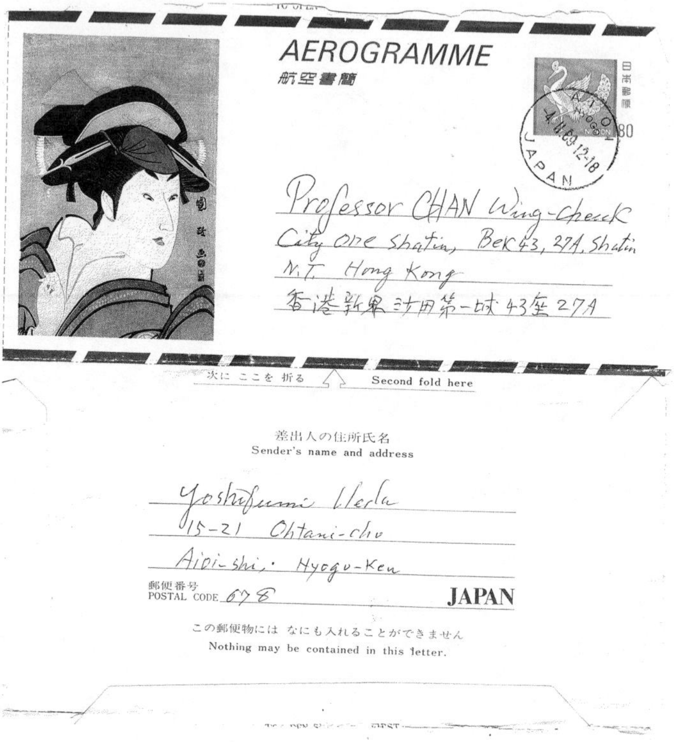

AEROGRAMME
航空書簡

日本郵便 80
NIPPON

AIOI HYOGO
JAPAN

Professor CHAN Wing-Cheuk
City One Shatin, Blk 43, 27A, Shatin
N.T. Hong Kong
香港新界沙田第一城43座27A

次に ここを 折る　Second fold here

差出人の住所氏名
Sender's name and address

Yoshifumi Ueda
15-21 Ohtani-cho
Aioi-shi, Hyogo-Ken
郵便番号
POSTAL CODE 678　JAPAN

この郵便物には なにも入れることができません
Nothing may be contained in this letter.

Dec. 27, 1989

Dear Professor CHAN:

your article 有難く拝受しました。現代中国語が読めないのが残念ですが、時々解る字から察すると、興味ある論文のようです。English translation があるとよいと思います。

長い間御無沙汰してしまって、誠に申訳ないと思います。今年のAugustからNovember初まで、U.S.A.に行ったので、その行く前にあなたにお知らせしておきたいと思っていたのですが、いろくなことで、それができませんでした。Massachusettsの Smith Collegeで行われた田辺元（前京大教授）の「懺悔道としての哲学」に関するInternational Symposeumにinviteされたためです。そこではいろいろな収穫がありました。München大学のDr. Johannes LaubeやCanadaのToronto大学のDr. Jeffrey Wattlesなどと親しくなりました。私は田辺に扱われた親鸞の思想について述べました。ここで読んだpaperを二倍の長さに書き直して、再びSmith College, Dept of Religionに送らねばならないので、それが終らないと、あなたの本のprefaceを書く時間がないのです。U.S.A.へ出発する前は、このSymposeumで読む論文を書くために、出発前の約2ヶ月は、費されました。そのためにSeptemberの終りまでに出さねばならない「親鸞の思想体系」(二)の執筆が中断され、November初にU.S.A.から帰った後の時間は、それを書くために費されました。その論文は昨日終って、鎌倉のD.T. Suzukiの松ヶ岡文庫の年報（Editor、古田紹欽）に送りました。今日からSymposeumのpaperを二倍にする作業を始め、

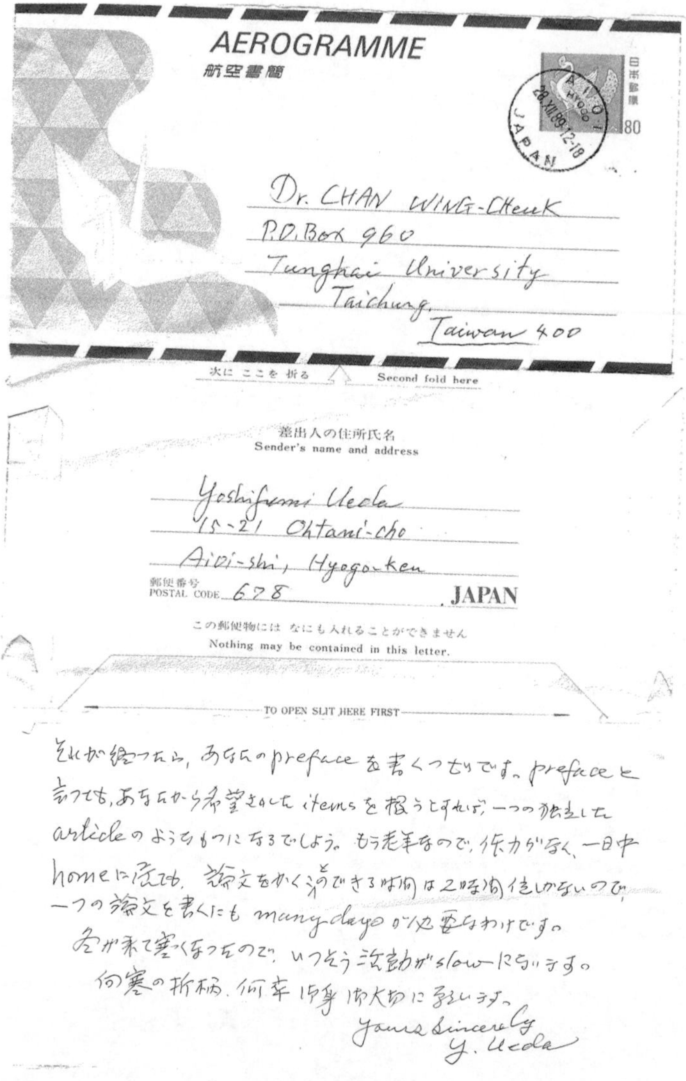

AEROGRAMME
航空書簡

日本郵便 80

AIOI HYOGO 28.XII.89 12-18 JAPAN

Dr. CHAN WING-CHEUK
P.O.Box 960
Tunghai University
Taichung,
Taiwan 400

次に ここを 折る Second fold here

差出人の住所氏名
Sender's name and address

Yoshifumi Ueda
15-21 Ohtani-cho
Aioi-shi, Hyogo-ken
郵便番号 POSTAL CODE 678 JAPAN

この郵便物には なにも入れることができません
Nothing may be contained in this letter.

TO OPEN SLIT HERE FIRST

それが終ったら、あなたのprefaceを書くつもりです。prefaceと言っても、あなたから希望されたitemsを扱うとすれば、一つの独立したarticleのようなものになるでしょう。もう老年なので、体力が無く、一日中homeに居ても、論文をかくことのできる時間は2時間位しかないので、一つの論文を書くにもmany daysが必要なわけです。

冬が来て寒くなったので、いっそう活動がslowになります。

向寒の折柄、何卒御身御大切に願います。

Yours Sincerely
Y. Ueda

陳榮灼博士殿

8月28日付の貴翰確かに拝受しました。返事が大変遅くなってしまったことを深くお詫びします。私は現代中国語がよめないので、貴翰の正確な意味が掴めません。それで京都在住の友人に貴翰を送って、よんでもらいました。また私の勤務大学は遠く九州の太宰府にあるので、三重県からそこまで往ったり還ったりしているので、中々思うように事を運ぶことができませんでした。

貴下が未だ入手していない本として挙げられた三本のうち、㈠、㈡ともに出版元では売切れになっており、古本も少なくて、時々古書目録に出ていることがありますが、すぐに売切れたりして中々買い難いようです。私の手元には自分の使っているものしかありません。

しかしこの二書は私の初期のものであり、これらの書で扱った思想は、さらに発展した形、換言すれば、より深く理解されたものとして、「摂大乗論講読」や下にあげる未刊の二書に述べられるので、これらの二書はお読み下さらなくても、よいと思います。私の唯識説研究の最後の到達点を示す一つが「摂大乗論講読」で、これは主として、地論摂論系、それを取り入れた華厳系の唯識

2

思想と，それを継いでいる現代日本の唯識説研究（その代表的学者は宇井伯寿博士―私の恩師）を批判して，無著・世親の説を明かにしたものです。今執筆中の第二の書は，私の唯識説研究の到達点のもう一つを示すもので，これは「梵文唯識三十頌講義」（仮題）ですが，この書は成唯識論の唯識説と無著・世親のそれとの相違を究明することを目的にしています。そして到達点を示す第三の書は「初期瑜伽行派の哲学」（仮題）です。これによって無著・世親の唯識説の体系を明らかにしたいと考えています。私の書を翻訳したいということも貴翰の中に書いてあるようですが，もし翻訳して下さるなら，これら三書を訳して下されば，その他は不要です。「梵文唯識三十頌講義」は第三文明社（東京都千代田区猿楽町2-5-4）から出ることになっています。来年春か夏頃には出したいと思っています。

三本の中の残りの一つ「大乗仏教の思想」は上記の第三文明社から出ている「レグルス文庫75」ですから，本屋に注文すれば，いつでも買えます。これは「大乗仏教」というものについての私の考えを表わしているので，御参考になるでしょう。（唯識思想だけでなく）

Ⅲ．論文

これらは買えないので，copyをとってair mailで送りました。挙げられた四つの論文の

3

中で③世親は一分説者であったは、私の書簡の中のどこかにある筈ですが、小さいので見つかりません。しかしこれは上にあげた三書の中に説かれたこと以外のことではないので、よんで下さらなくてもよいです。
④仏教における心の概念はuniqueなものでよいかのと思っていますが、レグルス文庫75の「大乗仏教の思想」の中に収録されています。

今日の日本の唯識思想研究は、宇井先生の流れをつぐ人は少なく、大部分の人々は成唯識論の思想の影響下にあるようです。「唯識三十頌」（梵文）や「摂大乗論」がほんとうに解っている人は稀れだと思われます。ということは、「成唯識論」も亦、それがあるままに真に正しく理解されているかどうか疑わしい、ということをも意味していると思います。西洋やインドの学者たちは唯識説をidealismと考えてしまっています。大乗仏教はidealismではありません。それとは全然異にした思想だと私は思って居ます。どうか十分な御研鑽をお願いします。

敬具

1983年11月8日

上田義文

附錄二
上田義文之著作
（含本書譯文出處）

A. 專書：

1957 《仏教における業の思想》。京都：あそか書林。

1957a 《大乗仏教思想の根本構造》。京都：百華苑（其第四章〈瑜伽行派における根本真理〉，頁 104-139，中譯見本書〔十〕；第六章〈虚妄分別の広狭二義〉，頁 157-166，中譯見本書〔七〕）。

1958 《佛教思想史研究》（改訂版）。京都：永田文昌堂。

1963 《仏教をどう理解するか》。京都：本願寺出版部。

1964 《唯識思想入門》。京都：あそか書林 。

1981 《攝大乗論講読》。東京：春秋社。

1982 《大乗仏教の思想》（增補版）。東京：第三文明社（陳一標中譯，《大乗佛教思想》，臺北：東大圖書公司，2002）。

1987 《梵文唯識三十頌の解明》。東京：第三文明社。

1993 《親鸞の思想構造》。東京：春秋社。

1989 [& Dennis Hirota] *Shinran: An Introduction to his Thought*. Kyoto : Hongwanji International Center.

B. 論文：

1934 〈無著・世親に於ける「唯識」の意味（1-4）〉，《哲学雜誌》57，頁 144-160、209-237、341-372、433-448。

1938 〈阿梨耶識の原始的意味〉，《仏教研究》2.1，頁 33-78。

1938a 〈三性說の類型的考察〉，《仏教研究》2.6，頁 21-54。

1942 〈唯識說解釋の二途〉，《哲学雜誌》57，頁 801-820。

1951 〈妄念論〉，宮本正尊編，《印度哲學と仏教の諸問題》。東京：岩波書店，頁 99-110。

1958a 〈「Pariṇāma」について〉，《名古屋大学文学部十周年記念論集》，頁 135-160（中譯見本書〔三〕）。

1960 〈仏教の歴史観について〉，《東海仏教》6，頁 114-122。

1960a "Vasubandhu was an Eka-bhāga (or Aṃśa)-vādin," *Proceedings of the IXth International Congress for the History of Religions*, Tokyo: 201-205.

1961 〈「顯現」の原意〉，《印度学仏教学研究》9.2，頁 411-416（中譯見本書〔六〕）。

1964a 〈「識」に關する二つの見解〉，《結城教授還曆記念——仏教思想論集》。東京：大藏出版社，頁 211-222（中譯見本書〔二〕）。

1964b 〈彌勒・無著・世親における Pratibhāsa の意味〉，《干潟博士古稀記念論文集》。福岡：干潟博士古稀記念会，頁 41-52（中譯見本書〔五〕）。

1964c "The World and the Individual in Mahāyāna Buddhist Philosophy" *Philosophy East and West* 14: 157-166.

1965 〈解說〉，宇井伯壽，《印度哲学研究第六》。東京：岩波書店，頁 820-840。

1965a 〈Vijñānapariṇāma の意味〉，《鈴木学術財団年報》2，頁 1-14（中譯見本書〔四〕）。

1966 〈Tattva を見る〉，《印度学・仏教学論集》。京都：平樂寺書店，頁 209-231。

1967 "Two Main Streams of Thought in Yogācāra Philosophy" *Philosophy East and West* 17: 155-165（蔡瑞霖中譯，〈瑜伽行哲學的兩大流派〉《國際佛學譯粹》1〔1961〕，頁 45-58）。

1967a "The Status of the Individual in Mahāyāna Buddhist Philosophy" *The Japanese Mind*, ed. C.A. Moore. Honolulu: University of Hawai'i Press, 164-178.

1971 〈長尾雅人教授に対するお答え〉，《京都女子学園仏教文化研究

所研究紀要》1，頁 138-146（中譯見本書〔八〕）。

1977 〈初期瑜伽行派の哲学を研究する方法の問題〉，《鈴木学術財団年報》14 ，頁 1-11（中譯見本書〔一〕）。

1979 〈解說〉，宇井伯壽，《安慧・護法・唯識三十頌釋論》。東京：岩波書店，頁 353-364。

1980 〈安慧説と護法説との相違の根本は何か〉，《京都女子学園仏教文化研究所研究紀要》10，頁 3-31（中譯見本書〔九〕）。

1984 "The Mahāyāna Structure of Shinran's Thought (I)" *Eastern Buddhist* (New Series) 17.1: 57-78.

1984a "The Mahāyāna Structure of Shinran's Thought (II)" *Eastern Buddhist* (New Series) 17.2: 30-54.

1986 "On the Emergence of Mahāyāna Buddhism." *Pacific World: Journal of the Institute of Buddhist Studies* Fall: 3-9.